跨越3个世纪震撼全球教育的育

亲密解读
卡尔·威特全能教育经典

吕巧玲 编著

嘿!
我是早教书

中国财富出版社

图书在版编目（CIP）数据

亲密解读卡尔·威特全能教育经典/吕巧玲编著. — 北京：中国财富出版社，2017.6

（嘿！我是早教书）

ISBN 978-7-5047-6525-3

Ⅰ.①亲… Ⅱ.①吕… Ⅲ.①儿童教育-家庭教育 Ⅳ.①G78

中国版本图书馆CIP数据核字（2017）第144540号

策划编辑	刘 晗	责任编辑	张冬梅 孙铂洋		
责任印制	梁 凡	责任校对	孙会香 卓闪闪	责任发行	董 倩

出版发行	中国财富出版社		
社　　址	北京市丰台区南四环西路188号5区20楼	邮政编码	100070
电　　话	010-52227588转2028/2048（发行部）	010-52227588转321（总编室）	
	010-68589540（读者服务部）	010-52227588转305（质检部）	
网　　址	http://www.cfpress.com.cn		
经　　销	新华书店		
印　　刷	北京竹曦印务有限公司		
书　　号	ISBN 978-7-5047-6525-3/G·0690		
开　　本	710mm×1000mm　1/16	版　次	2018年4月第1版
印　　张	16	印　次	2018年4月第1次印刷
字　　数	322千字	定　价	39.80元

版权所有·侵权必究·印装差错·负责调换

总 序

写在前面的话

可怜天下父母心，在培养孩子上父母都是不遗余力地使出浑身解数，目的只有一个，那就是让孩子成为有用之才。是的，孩子是父母最大的寄托。

在教育孩子上，方法有很多，但是哪一种方法更为有效呢？

研究证明，孩子接受教育越早越好，甚至早到孩子出生之前。于是，早教成了爸爸妈妈们必须温习和钻研的"功课"。

现在，早教已经被爸爸妈妈们所认可。许多父母都能如数家珍地说出蒙台梭利、斯宾塞、卡尔·威特等一大串儿权威的教育家的名字。

在这个领域，国外的早教经验比较丰富，开展得也较早，形成许多权威性的理论。但是在引进这些外国经验时出现了一些争议，有的认为必须全盘接受，有的认为西方的经验不适合中国国情，有的认为可以借鉴，不一而足。无论哪一种观点，都是出于对孩子的负责任，目的是让孩子能接受最适合的早期教育。

纵观当前许多流行的早教书，大多是国外名家的著述，鲜有详尽解读其精髓、按照本土的阅读习惯而精心编排的。由于国外著作理论性强，有些理论交叉在不同的章节中，大家在阅读学习时，显得既费时又费力，还很难懂。

正因为如此，我们才决定下大力气去研读国外的各种早教著述，找出更适合中国父母的早教方法。由于东西方文化的差异、历史成因的不同，在思想上和方法上也有着一定的不同。但是，总体上来说，基本规律还是相同的，那就是孩子身上所表现出来的特征差异不大。应该本着去粗取精、洋为中用的原则，根据是否适合本土的教育环境来取舍。这就是"嘿！我是早教书"系列图书出版的初衷。

我国家教作家吕巧玲、宋璐璐应邀担纲了本套丛书的编撰工作，她们以实际育儿经验和长期研读诸多家教典籍的心得，精心创作出"嘿！我是早教书"系列解读精髓本，呈献给广大读者。其特点是本土化、可读性强、突出重点，围绕孩子身上所出现的种种问题，进行详尽的解读、支招，理论和实践紧密结合，情节生动，说理性强。

本套丛书的最大特点是适合现代父母阅读，在孩子身上所出现的很多问题在这里都有解释。有精彩的案例，有详尽的理论解读，有具体的实施措施，通过这一环扣一环的解读，既点出了名家教育的精髓，又结合了本土实际情况进行逐一答疑，使您做父母更为轻松，在家里就能调教出一个聪明无比的小天才。

一书在手，尽享名家教育精髓。若广大读者在研读本套丛书的过程中能得到启发，将是我们最大的欣慰。

开卷一定有益！

后天教育决定孩子未来

　　卡尔·威特最大的成功，就是把自己的独生儿子小卡尔培养成了一代奇才。小卡尔8岁时就能自由运用德语、法语、意大利语等六国语言；并且通晓动物学、植物学、物理学、化学，尤其对数学十分擅长；9岁时进入了哥廷根大学就读；14岁就被授予哲学博士学位；16岁获得法学博士学位，并被任命为柏林大学的法学教授；23岁出版《但丁的误解》一书，成为研究但丁的权威。

　　小卡尔是天才吗？在卡尔·威特眼里，儿子和普通的孩子一样，没有一点先天的优势，甚至因为早产，有些方面的条件还不如普通健康的孩子。如果说他属于特殊的那一类孩子，绝对不是具有先天优势的天才，而是一个稍有缺欠的孩子。小卡尔之所以能出类拔萃，与卡尔·威特和妻子对他的信心以及细心照料和教养有着很大的关系。

　　卡尔·威特相信天才说，但不迷信天才说。他认为，后天的培养是十分重要的。因为，天才的孩子是比较少的，大多数孩子还是普通者。即便是天才儿童，如果不注重后天培养，或者培养方式方法不正确，原有的先天优势也会消失殆尽。他用自己孩子的成长见证了爱尔维修所言："即使是普通的孩子，只要教育得法，也会成为不平凡的人。"

　　纵观卡尔·威特的教育理念，我们不难发现，他不是一个理论家，而是一个实践家，是一个出色的家长。他用爱和心血，锲而不舍地付出，造就了一位奇才。

　　作为父母，必须让孩子得到全面的发展，努力挖掘孩子的潜力，才能使孩子的智力得到最大化的开发。使孩子养成良好的习惯，贯穿在这个教育体系中，是重中之重。事实证明，良好的习惯比成绩更为重要，习惯造就性格，性格决定成败。

　　耐心和爱心是做好父母的关键，在卡尔夫妇养育和教育小卡尔的过程中，他们付出了巨大的爱心和耐心——孕育时的谨小慎微，幼时的精心喂养等，都是常人所不能比拟的，这也能让我们感受到他们对孩子的爱是多么的炙热与执着；即便发现小卡尔是个智力稍有欠缺的孩子时，他们也没有放弃对儿子的爱，而是尊重他并给予其更细微全面的关爱。

卡尔·威特的育儿过程，就是一个爱的过程，让我们深深地感受到：孩子没有好与坏之分，只要给予孩子充分的信心、耐心和爱心，他就能茁壮成长。一个人的童年其实是很短暂的，人的发展和超越都在这短短的童年时期奠定下了基础。因为，童年是智力最佳的发展期。卡尔·威特正是抓住了儿子智力发展的最佳时期，才使小卡尔有了超越同龄人的资本。

卡尔·威特教育儿子的真正目的，就是要为他打开智慧的天窗，使他拥有敏锐的观察能力、思维能力、记忆力、想象力和创造力，让孩子从小就学会独立。

解读卡尔·威特教育孩子的理念，就是告诉父母们，教育孩子要有正确的方法，要培养孩子的生活自理能力和良好的行为习惯，要开发孩子的智力，引导孩子对周围事物的兴趣，养成勤于思考、善于思考的习惯，培养孩子发现问题、解决问题的能力等。本书作为一本早教佳作，借鉴了卡尔·威特的理念和教育精髓，结合本土的实际情况，专门为中国的父母量身打造，通过解读来了解发生在自己孩子身上的一些问题，针对这些问题，提出了具体的方法和理念，使读者方便快捷地了解如何做好父母，如何教育孩子。

爱孩子，就应详细阅读书中所有的内容，开卷就有收益。在陪伴孩子共同成长的同时，爸爸妈妈也会有一个质的飞跃。本书，就是您腾飞的羽翼！

吕巧玲
2018年1月于北京

第一章

英才早培养，抓住孩子智力发展的黄金期 / 001

养育一个天才孩子，是所有父母的心愿。卡尔·威特认为，0～3岁是孩子成长的关键时期，若尽早对孩子施以合理的教育，人天生具有的潜能就会被开发出来，从而为孩子的一生奠定良好基础。

每个孩子都是天才 / 002
- 后天教育与天赋的对决 / 002
- 教育，越早开始越好 / 006
- 0～3岁，模式教育正当时 / 009

关键期教育，开发孩子的最大潜能 / 012
- 良好的成长环境，孩子智力发展的摇篮 / 012
- 正确喂养，孩子才能健康又聪明 / 016
- 挖掘潜能，从训练五官开始 / 019
- 词汇灌输，开启孩子的语言之窗 / 022
- 体能训练，造就孩子健康体魄 / 026
- 敏锐感知孩子的需要，为教育提供感情基础 / 029
- 音乐，给孩子心灵与思维的滋养 / 032

第二章

快乐学习，让孩子在愉悦中增长知识 / 037

对于孩子来说，兴趣是最好的老师。只要能激发出孩子的兴趣，他就会乐于接受知识，并达到良好的学习效果。卡尔·威特主张寓教于乐的教育模式，认为游戏是孩子学习知识和提高能力的有效手段，孩子可以在游戏中获得快乐，增长知识，并体会到生活的无穷乐趣。

游戏，打开孩子智慧之门的钥匙 / 038
- 用游戏唤起孩子的学习兴趣　/ 038
- 游戏设计，要科学合理　/ 042

和孩子一起快乐学习 / 045
- 寓教于乐，孩子轻松学外语　/ 045
- 用生动有趣的游戏，激发孩子学习数学的兴趣　/ 049
- 睡前故事，让孩子爱上阅读　/ 052
- 抓住孩子爱模仿的天性，让孩子享受写字的乐趣　/ 055
- 大自然，孩子学习的动力之源　/ 058
- 百闻不如一见，在生活中增长见识　/ 061
- 角色游戏，让孩子体验人生真谛　/ 064
- 学习，重质不重量　/ 067

第三章

优秀品性，筑就孩子人生坦途 / 071

　　品德和性格是决定孩子未来成功的关键。卡尔·威特曾说过："相对于知识和能力来说，一个人具有高尚的品德和良好的性格更为重要。如果没有高尚的品质和美好的善行，那么即使他拥有绝顶聪明的头脑或者掌握足够丰富的知识，这个人也是百无一用。"

品德，人生最美的音符 / 072
- 诚实，才能赢得人生 ／ 072
- 节俭，不等于清贫 ／ 076
- 劳动者才是最美的 ／ 079
- 勇于担当，让孩子学会对自己负责 ／ 082
- 服从，帮孩子更好地适应生活 ／ 085

性格，成就孩子美好未来 / 088
- 让孩子学会勇敢 ／ 088
- 人性最美的一面——同情心 ／ 091
- 自己动手，独立性格早培养 ／ 095
- 笑对生活，做个拥有快乐的人 ／ 098

第四章

能力培养，为成功积攒拼搏的实力 / 103

　　孩子获得的能力越多，未来的生活就会越成功。卡尔·威特主张，应当从孩子年幼的时候就开始着手培养他的各种能力。这样，当他完成积累后，社会上的任何风险都能扛得住，任何难题也能轻松解开。

优秀的心理素质，孩子获得能力的关键 / 104
- 我能行——帮助孩子肯定自我 ／ 104

- 阳光总在风雨后——锻炼孩子的心理承受能力 / 108
- 不良情绪，走开 / 111

多种能力，给孩子插上腾飞的羽翼 / 114
- 给孩子一双会观察的眼睛 / 114
- 别学小猫钓鱼——孩子注意力的培养 / 117
- 过目不忘——培养孩子的记忆力 / 120
- 想象力，孩子幸福一生的源泉 / 123
- 创造力，智慧的"点金术" / 126
- 合理使用金钱——孩子理财能力的培养 / 129
- 分清是非善恶——提升孩子的辨别能力 / 132

第五章

良好习惯，造就孩子美好人生 / 137

养成一种习惯，就会形成一种性格，进而收获一种命运。卡尔·威特在日常生活中非常重视对小卡尔良好习惯的培养，他认为健康的生活和做事习惯对孩子一生的发展有着重大的意义。

好习惯，从小开始 / 138
- 干干净净讲卫生 / 138
- 得体的服装体现自尊 / 142

- 早睡早起，规律作息 / 145
- 良好的进食习惯别忽视 / 148
- 物归原处，让孩子做事有条理 / 151
- 告别磨蹭，敏捷做事不拖拉 / 154
- 坚持不懈，培养孩子的毅力和恒心 / 157
- 立规矩，莫错过习惯培养最佳期 / 160

让孩子远离坏习惯 / 163
- 冷处理，别"奖赏"孩子的坏习惯 / 163
- 预防不良习惯，先从爸妈做起 / 167

第六章
沟通与交往，连接人与人心灵的桥梁 / 171

卡尔·威特认为，一个不懂得与人交往的孩子，是不会有很大作为的。由于接触的东西有限，会使他的思维受到局限。这样的人即便天赋再高，最终也只会沦落为一个孤僻狭隘、故步自封的庸人。

与孩子成功沟通的秘籍 / 172
- 仔细倾听，让孩子敞开心扉 / 172
- 友好协商，增进亲子间的相互理解 / 176
- 畅所欲言，有效的家庭会议式沟通 / 179
- 拥有童心，走进孩子的内心世界 / 182

孩子与他人相处的智慧 / 185
- 尊重别人，就是尊重自己 / 185
- 懂得忍让和克制，才能交到更多朋友 / 188
- 教孩子正确择友 / 191
- 学会给人留面子 / 194

- 赞美他人的魔力　/ 197

第七章

理性的爱，卡尔·威特的家教智慧 / 201

父母爱孩子是天经地义的，但爱一定要充满理性和智慧。卡尔·威特认为，家长教育孩子最基本的原则是，在对孩子的教育和管束上尽量做到既能有效地制止他的不良行为，又能够减少或者不产生负面影响。只要合理教育，大多数孩子都会成为非凡的人才。

给孩子正确的教育 / 202
- 小孩子的大人格　/ 202
- 耐心解答孩子的提问　/ 205
- 不要迁就孩子的无理取闹　/ 208
- 你确定可以许诺吗　/ 211
- 正面管教，给孩子理性的爱　/ 214
- 赏罚分明，让孩子明辨是非　/ 217
- 别用拳头和孩子说话　/ 220
- 给孩子自由选择的机会　/ 223
- 让孩子全面发展　/ 226
- 孩子一定要自己带　/ 229
- 育儿日记，记载孩子的成长历程　/ 232

表扬，是一门大学问 / 235
- 孩子的好行为，越早夸奖越好　/ 235
- 夸奖，要适度　/ 238

后记 / 241

第一章

英才早培养，抓住孩子智力发展的黄金期

养育一个天才孩子，是所有父母的心愿。卡尔·威特认为，0~3岁是孩子成长的关键时期，若尽早对孩子施以合理的教育，人天生具有的潜能就会被开发出来，从而为孩子的一生奠定良好基础。

每个孩子都是天才

　　人生来就具备一种特殊的能力，隐秘地潜藏在人体内。天才并不是只有少数人才具有的禀赋，而是每个人身体里都潜藏着的。要想造就更多的天才，最重要的就是及早挖掘、诱导孩子自由地发挥出这种潜在的能力。

——卡尔·威特

阅读时间：<u>25</u>分钟　　　　受益指数：★★★★★

后天教育与天赋的对决

　　不要过于迷信天赋而对自己没有信心，好孩子是调教出来的。天才也需要努力，得当的教育方法可以使"笨拙"的孩子变得聪明起来。

故事的天空

　　辉辉和圆圆是一对可爱的双胞胎，两个小女孩不仅长得难以区分，就连脾气性格也比较相近，都属于比较乖巧安静的那种。由于乡下收入较少，她们的爸爸妈妈决定出去打工，可是两个只有一岁多的女儿却让他们犯了难。生活在县城的孩子姑姑没有小孩，她决定带走其中一个代为抚养。于是，辉辉到了姑姑家，圆圆留在了爷爷奶奶身边。她们的爸爸妈妈安心地出去打工了。

　　一年多过去了，在外打工的爸爸妈妈十分想念留在老家的两个女儿，他们决定牺牲节假日三倍的高薪，回家过一个团圆年。在他们的想象中，两个孩子还是当初走时的模样。可是见到后发现，两个孩子不仅长高了，变化也很大。辉辉在姑姑的介绍下，大大方方地喊着爸爸妈妈，而圆圆却一直畏畏缩缩地躲在奶奶身后，说什么也不肯叫出声来。

　　全家人团聚在一起有着说不出的高兴，辉辉一会儿指着画片给爸爸妈妈念上面的字，一会儿背唐诗，饭前还跳了一段从幼儿园学会的舞蹈。相比之下，圆圆只能做观众，用羡慕的眼神看着同自己一般大的辉辉在表现。

经过几天的磨合，圆圆才同爸爸妈妈亲热起来。看着一双小女儿，夫妻俩心里既高兴又酸楚，同样的孩子，在短短的一年多的时间里，反差竟如此之大。看来，后天的教育和环境真的是很重要的。

吕姐爱心课堂

人的先天禀赋和后天教育究竟哪个更重要？一直以来，人们总是为此困扰。有的爸爸妈妈看到自己的孩子不如别的孩子聪明，就认为他天生不是块好材料，于是早早地给孩子下了断言，如"这孩子五音不全，是学不会唱歌的""看你的脑袋笨得像个榆木疙瘩，怎么可能当上科学家！"这些话像魔咒一样，影响到孩子的自我评价，使得他们幼小的心灵受到伤害，从而变得"不思进取"，裹足不前了。

卡尔·威特告诉我们，人的天赋固然重要，但是如果不进行培养，或不努力，天赋优势也会大打折扣。而对于那些天赋不足的孩子进行着力培养，就会弥补先天的不足，使其成为一名优秀的人才。小卡尔就是一个现实的例子，作为早产儿，体质差，反应似乎也有些迟钝，可是卡尔·威特不离不弃，耐着性子对其进行教导，结果教出一个"神童"。

所以，对孩子的早期教育绝对不是可有可无的，而是至关重要的。早期教育之所以能够造就天才，把一个平凡的孩子教成可造之才，除了外界的努力，自身的潜力也是一个重要的因素。通过心理学、生理学、生物学等学科的研究发现，人天生具有一种隐藏在体内的特殊能力。这种能力靠自己肯定挖掘得不完善，还需要对孩子进行必要的教育。即使先天禀赋强的孩子，如果后天条件差，也会受到影响。

卡尔·威特强调，教育的理想境界是能让孩子的潜力发挥到十成。只要能够充分发挥出孩子的这种潜力，就能为他长大后做出一番事业奠定坚实的基础。

有的孩子可能生下来就在某方面有很高的天赋，而有的孩子可能没有。在这种情况下，如果对他们施以同样的教育，那么天赋比较高的孩子命运可能会相对更好一些。而现实生活却并非如此。绝大部分孩子并没有受到全面合理的教育，他们的天赋甚至连一半都没发挥出来。如果在这时抓住时机，对孩子进行有效的教育，即使禀赋一般的孩子，也会优于禀赋较好而未接受有效教育的孩子。

正确的教育方法是极其重要的，如果实施了错误的教育方法，不要说禀赋一般的孩子，就是拥有高超禀赋的孩子也会被扼杀掉他们本来拥有的天赋。辉辉和圆圆之所以会出现极大的反差，就是后天环境和教育方法不同的结果。

卡氏支招DIY[①]

要想让孩子"出类拔萃"，爸爸妈妈就不能偷懒，要及早挖掘、诱导孩子自由地发挥出潜在的能力，并对其施以科学合理的教育，使他们成为真正的"小天才"。

● **及时发现孩子的特长。** 孩子的天赋表现在方方面面，爸爸妈妈要做一个有心人，善于从生活细节中及时发现和捕捉孩子的特长。如果孩子喜欢动手，说明他是一个爱动脑筋、动手能力强的孩子，具有科学家或工程师的潜质；孩子对音乐或舞蹈痴迷，未来的天地可能就是舞台上的演奏家或舞蹈家。只要爸爸妈妈能够发现并及时加以关注，孩子一定能大有作为。孩子的潜能是否得到最大限度的发挥，关键在于爸爸妈妈的及时发掘和悉心引导。

● **为孩子创设良好的环境。** 孩子从一出生就已经开始自主学习了：通过"看"来认知世界，通过"听"来辨别世界，通过"触摸"来感觉冷暖、软硬等。在对世界的不断认知中，孩子逐渐表现出他各方面的能力。爸爸妈妈要对孩子的这些能力扬长避短，优先发展有天赋的能力。比如为喜欢绘画的孩子提供画笔、颜料和纸张，鼓励他坚持作画；为有音乐天赋的孩子，提供更多的"音乐奖励"；孩子有语言天赋，不妨多给他提供施展口才的舞台，让他给客人或小朋友讲故事。这些都可以帮助孩子更好地发挥自己的潜能，并使他们更加充满自信。

● **随时给予鼓励。** 对于孩子表现出来的天赋，爸爸妈妈要及时夸奖，给予鼓励，使孩子的天赋被强化并得以继续发展下去。

● **多给孩子提供各种机会。** 即使天赋极佳的孩子，如果没有适宜的环境和土壤，也诱发不出激情和兴趣。所以，要多为孩子提供各种机会，扩展视野。不要把孩子关在家中的小天地，要带孩子出去多走、多看、多听、多感觉才行。只有这样，他们才

[①] DIY是英文Do It Yourself 的缩写，直译为"己为之"，扩展开的意思是自己动手做。

能尽快"入戏"。这不仅可以使孩子拥有广泛的兴趣，也有助于发掘出孩子的天赋和特长。

🧒 卡氏小语 ♡

> 决定孩子成长的重要因素是教育而非天赋。良好的教育可以使禀赋一般的孩子，优于禀赋较好而未接受有效教育的孩子。从出生到五六岁时的教育，是孩子成才的关键。只要教育方法正确，大多数孩子都会成为杰出的人。

爸妈私房话

阅读时间：30 分钟　　　　受益指数：★★★★★

教育，越早开始越好

当迎来孩子的第一声啼哭时，就应对其进行教育。他们的大脑具有边发育边吸收的能力，孩子认知世界越早，越能促进智力开发，越有可能成为天才。

故事的天空

微风中，湖畔边，孩子的婴儿车就停放在岸边柳荫下。开开坐在车中，眼睛盯着眼前飞来飞去的蝴蝶笑着。

妈妈坐在车旁的草地上，在向孩子介绍着周边的风景："开开，看见了吗？蝴蝶来看你来了。"过一会儿又说，"湖中的鱼儿吐泡泡了！"

开开只有5个月大，他很乖地坐在小车里，舒服地东看西瞧着，似乎听懂了妈妈的话，时而看看身边的妈妈，时而瞧瞧远近的风景，两只小手还高兴地挥舞着。

一同出来的邻居姚玉洁挺着7个月身孕的肚子在周边散了一圈步回来，见开开妈很投入地同孩子讲着话，觉得有点可笑，也坐在小车边，笑着问："可真有你的，这么小的孩子能听懂什么？看你那投入的劲儿，好像他

能同你对话似的。"

开开妈妈笑笑说:"对话还不能,至于能不能听懂也不重要,关键是要讲给他听,这就足够了。"

姚玉洁低头抚摸着隆起的肚子,自言自语道:"孩子,快出来吧,妈妈也带你来看风景,让你和开开哥哥一起玩哦!"

开开妈妈介绍着经验说:"教育孩子越早越好,从胎教开始更好,孩子和妈妈连着心呢!"

姚玉洁赶紧讨教经验。

开开妈妈说:"给孩子听音乐,多同他说说话,去风景优美的地方散散心,都利于孩子的成长。"然后看看睡着了的开开,接着说:"孩子出生后,更是要及时与他沟通,说话、抚摸,给他听音乐、讲故事,到处看风景。别看是小不点儿,这些都能触碰到孩子的心灵呢!"

姚玉洁一边听一边点着头。

吕姐爱心课堂

开开妈妈这种赶早不赶晚的教育理念值得推崇,对孩子的教育要尽早开始。教育开始得越早,效果就越明显。

潜能对孩子的智力发展起着决定性的作用,但是,需要特别注意的是潜能是有递减性的。卡尔·威特曾做过这样的比较,他认为,一个天生智商高达100的孩子,如果刚出生就对他进行有效教育,那么这个孩子长大后就是一个智商高达100的成人。但如果是从5岁开始对孩子进行培养,就算培养得很出色,孩子最终也只能成为一个智商为80的人。而要是从10岁开始对孩子进行培养,即使对他再精心教育,孩子的智商顶多也只能达到60。这就是孩子潜能的递减法则。所以,为了防止孩子潜能的递减,越早教育孩子越好,从孩子出生时就开始教育是最理想的。

潜能递减是一种自然规律,这种现象在人或其他动物中间都存在。每种动物的潜能的生长期都是固定的,不同动物之间的区别仅在于它们潜能的生长期的长短不同。不管是人还是其他动物,如果错过了潜能的生长期,也就失去了自身发展的最佳时机。如小鸡的潜能生长期大概在出生后的4天内,假如小鸡在出生后的4天内没有见到自己的妈妈,即使以后遇到,也不会跟随它的妈妈了。小狗经常会将吃剩下的食物埋到土里,这种潜能的生长也有一定的期限,而如果在这个期限内,将小狗放入一个不能埋食物的房间里,那么小狗埋藏食物的潜能就消失了。这个法则告诉我们,对孩子的教育一定要及早进行,教育开始得越晚,孩子的潜能开发得就越少。为了防止孩子天赋的递减，应该尽可能为孩子创造一切条件，使他们的潜能尽早发挥出来。

卡氏支招DIY

人如同瓷器，小时候所受的教育会形成一生的雏形。在对孩子的教育问题上，父母不要犹豫，一定要尽早对孩子进行教育，及时开发和唤醒孩子的智力潜能。

● **多和孩子说说话**。当孩子刚刚来到这个人世间时，就应该同他进行语言交流，让孩子多听爸爸妈妈的声音，熟悉这个未知的世界。语言是汲取知识的最好工具，语言学习开展得越早，孩子懂得越多，其汲取知识的能力也随之增强。

● **给孩子播放优美的音乐**。音乐开发智力，给人以美的享受。清晨孩子从睡梦里睁开眼睛，不要急着催促他起床，而是先让孩子听一曲优美动听的音乐。晚上睡觉前，不妨为孩子轻轻吟唱恬静舒缓的摇篮曲，这些都可以使孩子的智力在身心愉悦中得以较好地开发。

● **肌肤相亲也是一种教育**。经常抚摸孩子，可以使孩子的感知得到进一步加强。通过肌肤相亲，促进亲子情感。当孩子心情舒畅时，这种情绪会促进大脑的发育，令孩子更愿意与外界接触，认知会更广泛。

● **带孩子畅游世界**。孩子的历练需要有更多与外界接触的机会，不要把孩子关在房间里，多带他出去旅游。外面的蓝天白云、青山碧水、红花绿树、高大的建筑、美丽的街景、喧嚣的人群，都可以给孩子更多的信息刺激，促进其大脑发育，增强其认知能力。

卡氏小语 ♡

为了防止孩子潜能的递减，越早教育孩子越好，从孩子出生时就开始教育是最理想的。

阅读时间：30分钟　　受益指数：★★★★

第一章　英才早培养，抓住孩子智力发展的黄金期

0～3岁，模式教育正当时

3岁前孩子的大脑有着独特的吸收能力，能以惊人的速度汲取信息，并且几乎不费吹灰之力地接受。在这个"模式"时期，爸妈及时地"灌溉"，有助于孩子"疯狂"成长。

故事的天空

窗外，夜色悄悄降临，灯光代替了太阳轮值。2岁的创创知道小鸟该回家了，从陪他看窗外风景的爸爸怀里溜到地上，撅着小屁股开始在纸箱子里翻彩色卡片，爷爷坐在客厅的沙发上雷打不动地看中央台的新闻联播，妈妈在厨房里忙着洗刷碗筷杯盘。

新闻联播结束了，天气预报即将上场，美妙的音乐一响起，忙得满头是汗的小创创赶紧将抓在手里的卡片扔回纸箱子，"咚咚咚"地跑进客厅，站在电视机前等着天气预报画面出来。

创创从小喜欢看天气预报，当他还是几个月时，妈妈就总是抱着他坐在电视机前，一边看天气预报，一边用手指着屏幕上的图像引导他去看。这使得创创对天气预报情有独钟，每当天气预

报序曲响起，无论他在哪个房间、哪个角落里玩耍，都会第一时间跑过来守候在电视机前，耐心地等待天气预报主播的出现。

小家伙之所以喜欢这个节目，可不是喜欢看主播阿姨或叔叔，而是对播报地名感兴趣。2岁的创创还真不简单！他能把所有的城市名按播报顺序一个不落地报出，而且总是抢在播音员播出前的一刹那，用稚嫩的童声说出"北京""哈尔滨""长春"……听起来，倒好像是播音员在鹦鹉学舌跟他学说话似的。

每天的天气预报，是全家人最开心的时刻，俨然成了一道风景。小创创站在荧屏前，眼睛盯着闪动的画面，一字不差地报出准确的地名。爷爷奶奶喜滋滋地夸着孙子聪明，每当有客人来时，都会刻意留来客看完天气预报再走，目的是"展示"一下孙子的聪明劲儿。

大家都觉得创创是个聪明的孩子，这么小的年纪，说话还不十分连贯，可是报起地名来却是如此流利，于是纷纷讨教是如何教给创创这些的。其实全家人也很纳闷，在没有人教他的情况下，他是怎么学会的呢？

吕姐爱心课堂

小创创之所以能够流利地说出天气预报里的地名，并不是他认得了许多字，而是在每天不断地反复观看和收听中，将每个城市的标志及音乐合成为一个模式记了下来，从而原原本本地"印"到大脑里。那些刚出生的婴儿没有分辨人面孔的能力，可是到了3~6个月后，却能分辨出妈妈和别人的面孔了，这是他在反复观察中，把妈妈的整个面孔原封不动地做了一个"模式"摄进大脑中，而不是对面孔的特征进行了这样那样的分析之后才记住的。

0~3岁的孩子个个都是小天才，只要给他们提供适宜的环境和土壤。卡尔·威特认为，这个阶段是孩子成长的关键时期，其大脑形成认识事物的方式与长大后截然不同。此时孩子的大脑像一张白纸，具有在瞬间掌握整体的模式识别能力，这种独特的吸收能力，是成人远远所不能及的，他可以不需要理解或领会就能吸收一些知识。婴儿的这种能力就是"模式记忆"，3岁前是孩子的"模式"时期，对他进行的教育就是"模式教育"。因此，在孩子的大脑正处于形成阶段时，一定要把正确的模式经常地、生动地反复灌输到他们空白的大脑中，否则，孩子尚不具备分辨能力的大脑，可能就会毫无区别地吸收大量不好的东西。

俗话说：3岁看大。孩子3岁之前所处的环境和接受的教育对他的一生影响深远，长大后的性格、处世方式等都与这些因素有关。当孩子模式时期结束时，成人后的一些基本能力和基本性格就已经大体形成了，所以0~3岁期间的模式教育非常重要，是孩子发展潜能和智力开发的黄金时期，爸爸妈妈千万不能错过。

卡氏支招DIY

孩子在"模式"时期，即使同一事物反复出现他也会不厌其烦，所以3岁以前也是"硬灌"时期。爸爸妈妈要抓住这个时期孩子凭借动物本能快速掌握整体模式的识别能力，及时对孩子进行"智力灌溉"。

● **随时随地把身边事物的名称说给孩子听**。每天都把家里的各种物品和外出看到的东西的名称告诉孩子，并不断重复。如妈妈开灯时，告诉孩子这是"灯"；看电视时，一边对孩子说"电视"，一边指给孩子看；给孩子吃水果时，告诉他水果的名称，等等。

● **必不可少的识图卡片**。现在市场上各种识图卡片很多，可以选择适合孩子看的图片，每天定时陪孩子一起认识图中的动物、水果及各种颜色。也可以把一些卡片贴在客厅、卧室的墙壁上，这样孩子可以经常看到，便于加深印象。妈妈可以一边指着卡片上的图画，一边清晰地发出读音给孩子听。经过反复练习，孩子就会把卡片上的画面与读音结合起来，深深地印到大脑中。

● **反复给孩子讲内容相同的小故事**。小孩子会不厌其烦地听同一个故事，晚间睡前阶段，一定不要错过"硬灌"的机会。爸爸妈妈在讲故事时，最好配合一些肢体动作，使孩子能加深印象。不要觉得反复讲同一个故事没意思；不要在讲述的过程中"偷工减料"——要么少讲一两句，要么一副无精打采的样子。

● **背诵唐诗、《三字经》**。孩子几个月大时，就可以给他们念唐诗、《三字经》，唱儿歌了。孩子虽小，不能理解其中的诗意，却对朗朗上口的韵律十分感兴趣。

● **及时鼓励孩子自觉地重复练习**。孩子学习知识和技能，需要通过反复练习才能掌握。如孩子学会拍手"欢迎"，他会自发地主动练习。这时爸爸妈妈一定要及时给予鼓励，以使孩子更加自愿反复练习爸爸妈妈教给的知识。

● **为孩子做出行为表率**。孩子会从周围环境中不加选择地吸收知识，所以爸爸妈妈一定要规范自己的行为，如孝敬老人、不说脏话、不乱扔垃圾等，给孩子从小树立做人做事的基本准则和态度，帮助孩子形成一个正确的人生观。

卡氏小语♡

> 0~3岁是孩子成长的关键时期，这个阶段，孩子的认识能力和吸收能力远远超出我们的想象，他可以不需要理解或领会就能够轻松地从周围环境中吸收一些知识。孩子3岁前接受的教育，可以为其一生的学习与发展奠定良好的基础。

关键期教育，开发孩子的最大潜能

根据儿童潜能的递减法则，一个人在成长过程中，是有某种智力发展最佳时期的。这个最佳时期非常关键，对人一生的智力发展起着决定性作用。教育孩子最重要的就是要及时给孩子发展其潜能的机会，尽早让孩子把这种能力发挥出来。

——卡尔·威特

阅读时间：30 分钟　　　　受益指数：★★★★

良好的成长环境，孩子智力发展的摇篮

肥沃的土壤，收获也将是丰硕的。而贫瘠的土地，则很难体会到丰收的喜悦。环境，与孩子的智力发展密切相关。

故事的天空

堂堂2岁半时，就已经能背13首唐诗，会唱6首儿歌了。最令大家感到神奇的是，小家伙居然能从地球仪上正确指认出世界上许多国家和城市的位置，甚至连冰岛、突尼斯这样的小国家，也能快速找到，并用小手指指给你看。大家都夸他是个小神童。

堂堂未来能否成为神童不太好确定，但是，他的确比同龄的孩子早慧。在同一个院里住的童童已经3岁了，还不能熟练地背一首唐诗，更别说指认地球仪了，连美国、加拿大听都没听说过。

童童妈妈带孩子来取经，刚一进门，就惊呆了。这哪是一个家呀！简直就是一个艺术的殿堂。客厅中有字画、书籍，还有各种工艺品，悬挂和摆放得错落有致。堂堂的小房间，说是一个微小版的儿童天地绝不过分。玩具分门别类摆放在柜架上，墙上的低矮处挂着地图、卡通彩绘、识字卡片、彩色图画书。一个大大的地球仪也放在很低的地方，便于孩子伸手能拿到。阳台上也被开辟成画室，画板、画笔一应俱全。

在参观了一圈后，这母子俩都不想走了，特别是童童，趁妈妈们坐在客厅聊天之际，和堂堂跑到房间里玩游戏去了。

童童妈妈环视一番后，感慨地说："难怪孩子聪明，你看这环境布置的，孩子怎么能不喜欢，看来环境真的很重要啊！"

堂堂妈妈比较了解童童家的情况，夫妻二人都在企业里上班，工作时间长，很少顾得上布置家，便说："我理解你们，没关系，星期天我帮助你们去布置，先开一个清单，把需要的东西买齐，到时候很快就会布置好的。"

童童妈妈不住地谢着，请堂堂妈妈立刻开清单，她赶紧去购置，一刻也不想等了，恨不得立刻能让家里变个样子。

堂堂妈妈把清单很快开好，说："孩子就留在这儿吧，你先去买东西，让他们也交流交流！"

吕姐爱心课堂

环境虽然是外在条件，但是所起的作用却是不可估量的。早在我国古代，就对孩子成长的环境非常重视。孟母三迁，就是一个要给孩子创设一个良好的环境的著名典故。孩子的智商高低，除与遗传、营养以及早期智力开发等因素有关外，良好的生活与学习环境也是特别重要，绝不是可有可无。

卡尔·威特在孩子一出生，就让小卡尔生活在非常温馨协调的环境中，他坚信："如果孩子生活的环境不好，身心肯定不会太健康，局促的环境容易使孩子精神紧张，没有通风的环境容易让孩子得肺炎。孩子应

该从小就生活在干净舒适并令人心情愉快的环境里。"基于这种理念，老卡尔预先对室内、室外环境进行了精心布置。在优雅的环境里，不但使小卡尔玩得开心，强健了他的体魄，还启发了他的好奇心，培养了他的业余爱好，提高了他的智力。

家庭环境是孩子活动的主要场所，好的居家环境可以促进孩子心理、智力、性格的发展。一个在五彩缤纷的环境中成长的孩子，其观察、思维、记忆的发挥能力都高于普通色彩环境中长大的孩子。那些经常生活在黑色、灰色和暗淡等令人不快的色彩环境中的孩子，大脑神经细胞的发育会受影响，使孩子显得呆板，反应迟钝和智力低下。所以，为孩子营造一个舒适、丰富的环境能够为孩子提供更好的发挥智力想象的空间。

许多爸爸妈妈觉得孩子的天赋对其智力的发展至关重要，却忽略了环境的作用。殊不知，天赋只为智力的发展提供了可能性，如果没有良好的环境和教育，就不能使这种可能性变为现实。孩子的天赋也会大打折扣，甚至发挥不出作用来。为孩子营造一个良好的成长环境，对孩子的成长大有裨益。可以说，孩子早期智力的开发，最行之有效的方法就是为他创造一个和谐、有序、丰富、充满爱的家庭环境。

卡氏支招DIY

一个愉快、温暖、丰富多彩的家庭环境，有助于孩子健康、快乐地成长。这既是孩子身心健康的保障，也是对孩子进行科学教育的必要条件。

●**给孩子设立一个属于他们的小天地**。孩子是一个自由的个体，他们喜欢无拘无束的生活。爸爸妈妈要给孩子更多自由活动的时间和空间，让他们可以在自己的小天地里，凭自己的兴趣选择活动内容，积极愉快地进行学习。孩子有了自由表达自己的心愿和体会的机会，更利于身心健康。

●**怡人的环境让孩子养心又益智**。在孩子出生前，就要把他将要使用的房间装饰一新，使孩子一接触这个世界，就能享受到怡人的环境。如在房间的墙上贴上令人心情愉悦的墙纸，挂上精心挑选的风景画；在他的小床周围悬挂色彩鲜艳的小饰品；在家中适当的地方摆上几盆花等。凡是没有情趣和不相协调的东西都不要出现。

●**创造整洁、适宜的居家环境**。孩子居住的房间应采光良好，温度适宜，并保持一定的湿度；要勤打扫卫生，经常开窗通风换气，保持室内环境整洁、空气新鲜。舒适的居住环境有利于孩子的生理发展。

●**实用而必备的学习用品不可少**。为了培养孩子的能力，在他的房间里至少有适合孩子使用的书桌和书柜。孩子需要的图书和文具要取用方便，墙壁上可以挂一块小黑板，孩子可以在上面写字、画画。书籍应以轻松的儿童读物为主，学习用具最好具有玩具的外形和功能。

● **全家人衣着整洁、朴素。** 对于孩子来说，爸爸妈妈也是外界环境的一部分，所以全家人都要衣着讲究，保持朴素、雅致、整洁，且具有美感。爸爸妈妈不要认为是在自己家里，又是面对一个不谙世事的小不点儿，就不在意自己的衣着，穿着随便、邋遢。爸爸妈妈得体、整洁的服饰会在无形中影响孩子，这对提高孩子的审美能力及养成良好的习惯、性格都具有很大作用。

● **营造温馨、和谐的家庭气氛。** 家庭和睦、气氛融洽、充满亲情可促进孩子的智力发展。反之，家中经常争吵不断，甚至夫妻大打出手，这种恶劣的家庭环境会使孩子心情压抑、孤独，生长激素减少，从而导致孩子身材矮小、智商降低。

卡氏小语

> 孩子在与周围环境事物接触中成长，丰富的环境能够为孩子提供更好的发挥智力想象的空间，并使其转化为一种内在潜力。孩子的各种能力都是在适应环境的过程中发展起来的。

爸妈私房话

阅读时间：25 分钟　　受益指数：★★★★

正确喂养，孩子才能健康又聪明

不良的饮食习惯，不仅不利于孩子的生长发育，还会影响到智力的发展。吃，也是一门学问。正确喂养，才能打造孩子聪慧的大脑。

故事的天空

只有4个月大的瑶瑶躺在婴儿车里哭着，正在忙家务的姥姥赶紧过来，非常有经验地掀开小被子查看孩子是否有尿便之举。看着被褥都很干爽就放心了，自言自语地念叨着，看来孩子是饿了。

她举着空奶瓶在瑶瑶眼前晃动着，小家伙伸出小手去抓，姥姥赶紧移开，安慰着说："乖孩子，空气可不能吃，妈妈不在家，姥姥给你冲奶粉去。"

瑶瑶见眼前的奶瓶消失了，又大声地哭了起来。姥姥赶紧把奶粉冲好，过来絮絮叨叨地说："来了，嘴可真急，一会儿的工夫都等不得。"

正当姥姥给孩子喂奶粉时，瑶瑶妈进来了，把手中的青菜放在地上，赶紧制止道："不要！"

姥姥疑惑了，说："孩子饿了，不给他吃怎么行？"

瑶瑶妈把孩子抱起来亲着他的小脸蛋儿，小家伙止住哭声，咯咯地笑出了声儿。

姥姥围着这母子俩转了一

圈，说："这孩子就是见妈亲，又笑了。"

瑶瑶妈看着姥姥手中的奶瓶说："孩子不是饿了，他是寂寞了。"

姥姥半信半疑地看着女儿怀里的孩子，觉得他好像不饿了，说："没拉没尿，又不饿，那他哭个什么劲儿？"

瑶瑶妈妈说："孩子想找人玩儿，也要用哭声喊人。以后可不要见他哭了就给吃东西，孩子不能一直吃个没完，饮食要有规律才行。"

姥姥觉得自己真是落后了，心里想：小孩子吃就是安慰，只要有吃的他就不哭不闹了，老辈人都是这样带孩子的。

吕姐爱心课堂

无论是生理成长，还是智力发展，都离不开饮食。营养过剩或营养不良，都会导致孩子出现这样或那样的问题。吃，可不是一件小事情。孩子吃饱或吃好是两个概念，其结果也是不同的。

孩子聪明与否虽然有天生的原因，但后天的合理喂养也是孩子聪明的重要因素。孩子出生后大脑仍然在快速发育，需要足够的营养，所以说，孩子的聪明大脑也是可以"喂"出来的。

爸爸妈妈都很关注孩子的身体发育，生怕孩子营养不良，于是总爱无节制地给他们吃太多的食物，认为孩子吃得越多越好，越有益于健康。真实的情况并非如此。卡尔·威特通过实践证明了这一点，他认为："不规律或过量的饮食，会增加胃部负担，使孩子的胃得不到充分休息，血液也老是在胃部工作而不能集中在大脑。如果让孩子的精力只用于消化，那么大脑就不会得到很好的发展。另外，饮食过量除了阻碍脑部发育，还容易使孩子患上肠胃疾病，影响身体健康。除此之外，还会使孩子从小就形成'吃能解决一切问题'的概念。因为对于婴儿来说，最令他难受的除了生病之外就是饥饿。如果婴儿一饿就给他大量的食物，让他吃得过饱，就会使他认为吃东西、填饱肚子是克服难受感的唯一途径。随着他的成长，这种'求助吃'的心理，会转化为过于依赖物质的观念。"

当然，给予孩子正确的喂养，并不是要求爸爸妈妈对孩子所需的食物加以限制，而只是想让爸爸妈妈知道：一切都要有个限度，包括吃东西。喂养孩子是必须要做的事情，关键是如何喂养才正确，使孩子健康又聪明。

卡氏支招DIY

对新手爸爸妈妈来讲，喂养孩子的确不是一件容易的事。很多爸爸妈妈的误操作或者对喂养知识的缺乏，使孩子错失了生长的关键时机。所以，在对孩子精心呵护的同时，爸爸妈妈还要掌握一些科学的育儿知识，从而喂养出一个健康聪明的孩子来。

●**母乳喂养更聪明。**母乳中含有的牛磺酸，对孩子大脑的发育发挥着重要作用；不仅能促进脑细胞增殖，还具有促进神经细胞网络形成及延长神经细胞存活时间的作用。母乳中还含有一种能够促进大脑加速发育的"聪明激素"，有增加婴儿智能的功效。坚持母乳喂养，孩子会有更强的抵抗力，不易生病，自然也会更聪明。

●**正确添加辅食。**当孩子满4个月后，就要考虑添加辅食了。当然，对于纯母乳喂养的孩子，到6个月增加辅食也不晚。但此时，需让他开始逐渐适应，辅食添加的量不重要，只为让孩子调理一下口味，为以后正式添加辅食做热身。

给孩子添加辅食，不要以大人的口味为依据，为了孩子的健康，应让他习惯吃清淡的食物，食物本身的天然味道很好，孩子没有爱吃或不爱吃一说，有时候他不吃可能是因为不饿或者不会吃，多练习几次就好了。不要同时添加几种辅食，等孩子习惯一种食物后再加另一种。大人还要注意随时观察孩子的消化、精神和饮食情况，一旦发现消化不良，应暂时停止添加，待一切恢复正常后，再由少量加起。辅食添加要遵循由少到多，由细到粗，由稀到稠，由流质到固体的原则。

●**多给孩子吃些健脑食品。**有助于孩子大脑发育的食品有很多，如鱼类，鱼肉中富含不饱和脂肪酸、蛋白质、钙、铁、维生素B_{12}等成分，都是脑细胞发育所必需的营养物质，是最佳的儿童健脑食物；蛋黄含有卵磷脂等脑细胞所必需的营养物质；牛奶中含有丰富的钙和蛋白质，可给孩子大脑提供所需的各种氨基酸，增强大脑的活力；大豆及其制品、木耳、蔬菜、水果及核桃等能提高大脑的功能及活力，并防止脑神经功能发生障碍，也都是比较理想的健脑食品。

●**让孩子爱上蔬菜。**蔬菜中既富含大脑正常发育所必需的各种维生素，又容易被肠道吸收。多吃蔬菜对孩子的大脑正常生长发育十分有益，是孩子智慧的能源。

●**防止过量喂养孩子。**经常过量饮食，会使大量的血液经常存积在胃肠道，造成大脑缺血、缺氧，妨碍大脑的功能，导致智商下降。过于饱食还容易诱发一种叫作纤维芽细胞的生长因子在大脑中数以万倍地增长，使大脑细胞经常处于缺血、缺氧状态中，导致大脑主管语言、记忆、思维等活动的神经细胞功能受到抑制，得不到发育，从而降低智力。

●**要养成规律的进食习惯。**定时定量喂养孩子，会使他在一定的时间产生饥饿感，胃肠内产生大量的消化液，使吃进的食物能被顺利地消化和被吸收。帮助孩子建立正常规律的饮食"生物钟"，对孩子健康更有利。

卡氏小语

教育孩子不仅仅是教他们读书、识字、学习知识。在我看来，一个孩子从初生的婴儿渐渐长大成人，这个过程中的方方面面，包括如何正确喂养孩子，都可以纳入教育的范畴。

阅读时间：25 分钟　　受益指数：★★★★

挖掘潜能，从训练五官开始

人与外界环境的接触，是通过眼、耳、鼻、舌、皮肤等感觉器官进行的。生命之初给予孩子丰富的环境刺激，可使其潜能得以较早地开发和利用。

故事的天空

清晨，风儿轻轻拂动着树梢，小鸟欢快地叫着，新的一天开始了。10个月大的丽丽坐在小推车里，一边听着小鸟清脆的鸣叫，一边好奇地看着周边美丽的风光。

在一株老槐树下，已经1岁多的波波由妈妈牵着，蹒跚地踩在青石路上围着老槐树边走边摸。

小丽丽打远处就看见了波波，小嘴里"哥哥……哥哥……"地喊着，小手向前指去，示意妈妈快过去与他们会合。

两个孩子相见了，都表示出心中的欢快。波波被妈妈放到老槐树下，他只能手扶着树干站在那里，羡慕地看着丽丽。不过，他很高兴，又见到了小妹妹，有了玩伴。

两个妈妈站在一边，聊着育儿经。

丽丽妈妈对波波妈妈说："这真得谢谢你，你的五感教育还真管用。孩子喜欢，学的东西很多，别看她还不能说出完整的话，可聪明

着呢，我们交流起来一点也不费劲儿。"

早在丽丽还在妈妈肚子里时，波波妈妈就给丽丽妈妈传授育儿经验，告诉她利用耳、目、口、鼻、皮肤这五个器官对孩子进行针对性训练，能增强大脑的发育。现在，两个孩子都表现出早慧的特征。

这时，远处的湖边传来悠扬的笛子声，两个孩子竟然都认真地倾听着。他们向笛声传出的方向看过去，两个妈妈赶紧带他们去湖边。那里不仅有吹笛子的人，还有跳舞的、练剑的，够他们瞧一阵子的了。

吕姐爱心课堂

人们常说智力发展好的孩子耳聪目明。这是因为通向大脑的一切外部信息，都是经由各种感官的接收和转换来完成的。感官是人们感觉外界的生理基础，人们通过听觉、视觉、味觉、嗅觉、触觉来认知世界，形成概念，然后再进行概念与概念之间的联结。

成人可以通过已有的经验来认识新事物，而对于刚出生的小孩子来说，面对这个陌生的世界，他们没有任何经验，只能依赖于各种感官，通过眼睛、耳朵、鼻子等从外界搜集信息，并把这些信息转化成自己的知识，以此来认识这个错综复杂的世界。

卡尔·威特认为："充分刺激孩子的感觉器官，可以促使他们大脑的潜能得到充分发掘，最终成为敏锐聪慧的人。"他非常注重对小卡尔的感官训练，小卡尔一出生，卡尔·威特便开始对他的耳、目、口、鼻、皮肤等器官进行针对性的训练。并且在训练过程中，他注重孩子的主动性，绝对不强迫孩子去做任何事情，而是让孩子自然地发挥自己的潜力。

婴儿期的小孩子正是大脑功能形成的重要阶段，也是智力发展的关键时期。在这一时期，如果能对孩子进行有效的视觉、听觉等训练，使他受到足够的外界刺激，就能为孩子的感官和智力发育奠定良好基础。否则，婴儿时期的潜能如果不能得到较早开发和利用，就有可能永远失去发展的机会。

卡氏支招DIY

孩子智力的发育是通过各种感觉器官来实现的。所以，爸爸妈妈应有目的、有计划地对孩子的感官施以良性刺激，以促进孩子大脑的发育和智力的开发。

●**听觉训练**。听觉是孩子发展最早的感官，所以在孩子的感官训练中首先要培养他的听觉。时常对孩子说些"甜言蜜语"利于听觉的发展。不要认为孩子小，听不懂就不对孩子说话。听音乐和给孩子唱唱歌，也是很好的锻炼听觉的方式。唐诗、《三字经》、儿歌，这些富有韵律的诗文，也都是孩子的最爱，爸爸妈妈可以经常给孩子朗读或背诵。

●**视觉训练**。视觉训练是开启孩子智力大门的重要一步。孩子一出生，就要把他的小房间布置得漂漂亮亮的。在孩子两三个星期时，可以在他的小床周围悬挂些各式各样、五颜六色的小玩具和装饰品，让孩子一睁开眼睛就能看见。妈妈可经常摆弄晃动这些玩具，以吸引孩子的注意。这不仅可以锻炼孩子的视觉能力，还能愉悦身心，发展孩子的认知能力。

●**触觉训练**。触觉是人体分布最广、最复杂的感觉系统，也是孩子认识世界的主要方式。平时应当通过搂抱、亲吻等抚爱动作表达自己的爱，刺激孩子的感觉器官。从孩子两三个月起，每天坚持给孩子做"按摩"，这种令孩子愉快的抚摸，能多次传递爱意，形成良性刺激，满足孩子早期情感需要，更有利于体力和智力的发育。还可让孩子有机会触摸不同质地的东西，如玻璃瓶、勺子、盆、锅等较硬的物品，也可握握毛巾、毛衣、塑料、橡皮、长毛绒玩具等较软的物品。总之，只要没有危险，什么物品都可以让孩子触摸一下。当孩子吃小手、咬东西时，也不要限制，注意清洁卫生即可。多让孩子在地板上爬行、打滚、翻跟头，多和其他小朋友接触。

●**味觉训练**。饮食是味觉培养的主要渠道，各种味道的食物都应给孩子尝一些。平时的饮食，应该以清淡为主，不宜辛辣，不要吃太多的糖和盐。清淡的食物有助于让孩子始终保持灵敏的味觉。

●**嗅觉训练**。除了品尝外，也让孩子闻闻不同的花香、饭菜香、果香等。如用香皂洗过手后，让孩子闻闻香不香，或带孩子去大自然中，让他闻闻各种花草的香味，都是训练孩子嗅觉的好方法。

卡氏小语

> 充分刺激孩子的感觉器官，可以促使他们大脑的潜能得到充分发掘，最终成为敏锐聪慧的人。

阅读时间：30分钟　　受益指数：★★★★★

词汇灌输，开启孩子的语言之窗

家中有了小孩子，爸爸妈妈可不要"沉默是金"。多和孩子说说话，也是在帮助他们开启智慧的大门。

故事的天空

琪琪是个才出生半个多月的小孩子，在吃饱喝足刚刚睡醒的状态下，也能安静地自己在小床上躺一会儿。每当这时，妈妈总爱和琪琪说说话或唱歌给她听。这两天，妈妈又开始给琪琪实施一个新项目——对她进行词汇灌输。这不，妈妈正拿着一只红色的气球在她眼前晃动着，笑着说："宝贝，气球，红色的气球。"

前来探望琪琪妈妈的老同学秦莉坐在一旁，觉得琪琪妈妈好天真，笑着对她说："你望女成凤也太心切了吧，才半个多月的小不点儿能听懂啥？这不是对牛弹琴吗！"

琪琪妈妈幸福地笑着，说："听不懂没有关系，相信她会把这词汇印到大脑中的，等时机一到，就会从记忆中复苏。"

秦莉刮着琪琪妈妈的鼻子说："准是早教书看多了，这话你也信？"

琪琪妈妈说："试试呗，又

不损失什么。"

琪琪长到1岁时，在妈妈长时间有意识的词汇灌输下，已经能说出许多词语了。当别的孩子还咿咿呀呀说不清楚的时候，琪琪就能流利、清晰地根据名称指出相对应的物体了。

秦莉一直是跟踪的旁观者，见证了这一奇迹的发生，对老同学当初的坚持很佩服。现在自己也是准妈妈了，决定像老同学那样，及早给孩子灌输词汇，让孩子早日开启语言之窗。

吕姐爱心课堂

语言是人与人沟通最直接、最有效的方法。语言既是发展思维的工具，也是接收知识的工具。人类之所以优于其他动物而取得今天的进步，就是因为拥有其他动物所不具备的语言。

相信所有的父母在听到孩子开口说第一句话时，都会感到无比的兴奋与喜悦，一定觉得那声音如天籁般悦耳动听。可是，孩子是如何学会说话的呢？有的父母认为，语言不需要特别培养，到了会说话的时候自然就会了。真的是这样吗？

有一位名叫司各特的英国伯爵，带着刚出生不久的小司各特乘船去旅行。不料，途中遭遇到风暴袭击，一家三口流落到一个荒无人烟的小岛。司各特伯爵夫妇不久身染疾病相继去世，一群猩猩收养了奄奄一息的小司各特。20年后，一艘英国商船碰巧来到这个小岛，发现了正在和猩猩玩耍的小司各特，他像猩猩一样在树上荡来荡去，根本听不懂人类的语言。人们将他带回英国，为了让他重返人类社会，科学家们用了将近10年的时间，才让小司各特勉强学会说一些简单的话。

人类学习语言是从听开始的，如果周围没有语言的刺激，大脑中的语言机制就不会被激发出来。就像小司各特一样，离开了人类的语言环境，是不会自行掌握人类语言的。语言的学习具有阶段性，0~3岁是语言发展的最佳时期。若孩子能在6岁以前掌握准确的语言，那他的智力发展就一定会很快，并且速度也是其他孩子望尘莫及的。

根据卡尔·威特的儿童潜能递减法则，他认为儿童越早学会语言越好，因为不具备语言这种工具，就很难让孩子学到足够的知识，并且不能让孩子的潜力得到更好的发挥。因此，他主张从孩子15天时就开始对其进行词汇灌输，在刚会辨别事物时就教孩子说话。在对小卡尔的教育中，他就是如此对其进行语言引导的。事实的确证明，及早开发孩子的语言，对孩子日后的语言学习及智力开发具有显著的促进作用。

小孩子在开口讲话前，多数时间都是在沉默中聆听。他们就是在不断地接受外部语言的刺激下，将语言深埋于潜意识之中。所以，不要轻视孩子这段沉默期，这就如同泥土中发芽的种子，一旦破土而出，就会爆发出巨大的生命力。3岁前是孩子学习语言的关键时期，对人一生的智力发展都起着决定性作用，是绝对不能错过的。

卡氏支招DIY

语言开发越早越好，在日常生活中随时随地都可以进行。为了孩子具有优秀的语言能力，也为了孩子的智力潜能得到更好的开发，爸妈要尽早对孩子进行语言训练，坚持同孩子进行语言交流。

●**多和孩子说说话**。孩子从一出生就有了听觉能力，他们最爱听人说话的声音。语言是通过"听"来学"说"的，因此父母要多和孩子说话，或轻声地给孩子唱歌，为他提供丰富的语言环境。无论是在给孩子换尿布、喂奶、洗澡、按摩，还是带孩子去散步，随时随地都可以成为教孩子学说话的语言课堂。当孩子对父母的谈话有所反应时，应马上给予孩子鼓励和回应。如果孩子开口说话，一定要趁热打铁，让他保持说话的热情，并尽量鼓励孩子多说话。

●**发音要纯正**。在教孩子学说话时，一定要用纯正的发音来教孩子，当孩子习惯于不准确或含糊不清的发音之后再想予以纠正就很难了。发音时要跟孩子充分交流，让他看着爸爸妈妈的脸，最好让他看到嘴型的变化，发音要清晰准确，用较慢的语速来表达，利于孩子模仿。最好不要让孩子接触方言土语，以免影响纯正的发音。

●**从身边的实物开始**。可以就地取材教孩子词汇，如认识家里的床、桌子、椅子、碗、筷子、杯子等物品。在室外可以让孩子认识房屋、树木、花草、动物等，来锻炼孩子的语言能力。孩子身边的事物对他来说比较熟悉，并且经常接触，重复的次数多了，孩子自然学得快，也不容易忘记。

●**给孩子讲故事和读书**。每天给孩子讲故事，既学习了语言，又能锻炼孩子的记忆力，启发想象力，扩展知识。清晰而缓慢地给孩子读书听，是教育孩子学好语言的最佳方法，有助于培养孩子的优秀品质。待孩子学会说话后，可以让孩子练习复述故事，这往往能达到良好的效果。

●**丰富孩子的词汇**。语言教育最重要的一环，就是尽快增加孩子的词汇量。只要是孩子还不认识的事物，就要随时讲给他听。当孩子在听故事，或给孩子讲道理时，遇到一些不明白的词汇，也要耐心给他解释，以免让孩子养成不求甚解的不良习惯。在平时的生活中，爸爸妈妈与孩子交流时用词尽可能丰富些，对孩子说得越多，词汇越丰富，孩子接收到的也就越多。

●**不要和孩子说儿语**。许多父母经常对孩子讲一些儿化音或叠字，如"吃饭饭、回家家、穿衣衣"等，这些非常幼稚化的、脱离语言实际的叠音词和短句，会影响孩子学习语言的语法结构，不利于孩子的语言发展。还有将小猫小狗说成"喵喵"或"汪汪"之类的不规范词汇也不好。这些不规范的词汇，虽然对孩子来说可能要容易理解些，但学习规范的语言是早晚的，不规范的词汇也必定会给孩子造成双重负担。不要担心孩子听不懂标准用语，其实，孩子就如同一张白纸，外界输入什么他就能接收什么。

卡氏小语 ♡

不具备语言这种工具，就很难让孩子学到足够的知识，并且不能让孩子的潜力更好地得到发挥。

爸妈私房话

阅读时间：25分钟　　受益指数：★★★★

体能训练，造就孩子健康体魄

运动，是孩子发育过程中的"生长剂"。在造就孩子强健体魄的同时，又大大促进了潜能开发和智力发展。

故事的天空

3岁的萧萧可不简单，当别的孩子还在呼呼睡大觉时，他已经跟着爸爸从小区向公园慢慢跑去，成了晨练队伍里最小的参与者。每当他跑步时，都会引起许多人驻足观看，有的鼓掌加油，有的感到很惊奇，有的觉得对孩子有些残忍。

萧萧晨练的历史可以追溯到他2岁时，当他刚会跑时，爱运动的爸爸就每天早晨带他出来遛遛。每天朝霞一照到窗子上，小家伙就一骨碌爬起来，推着还在酣睡的爸爸起床。

萧萧身体一直很棒，很少有感冒发烧的时候，就是被雨淋了一场也没什么大问题。同他比起来，小表哥腾腾可就差多了，4岁的小表哥瘦瘦的，像个豆芽菜，三天两头闹感冒发烧的小毛病，输液吃药简直就是家常便饭。

这不，小表哥的爸爸妈妈上门求经验来了。

萧萧爸爸说："要说经验，也没有什么，饮食均衡，荤素搭配。平时要让孩子多活动，体能锻炼很重要。"

腾腾妈妈赶紧皱眉头，说："这孩子就不喜欢动。"伸手爱怜地抚摸着儿子的头,"再说了,孩子这么小,累坏了可是一辈子的大事。"

腾腾爸爸也附和着说:"一家就一个孩子,还真舍不得让他吃苦。"

萧萧妈妈说:"是啊,我也是这么想的。当初他爸爸把他带出去散步我也不放心,怕累着孩子。可是,他很开心,结果就坚持了下来,养成了习惯。现在不让他出去,还发脾气呢!赶在下雨天出不了门,就和爸爸在楼道里爬几次楼梯。要不,他浑身不舒服。"

腾腾的爸爸妈妈相互看着,不约而同地说:"咱们也试试?"

这一试还真管用,半年过去了,腾腾像换了一个人似的,不仅个子长高了,体质也明显增强了许多,还和萧萧比赛跑步呢!

吕姐爱心课堂

现实生活中,许多父母重视孩子的智力发展,让知识教育成为重心,却忽视了体能的培养,结果造成了孩子常生病的后果,既影响发育,又令父母忧心忡忡。而那些坚持体能锻炼的孩子就不一样了,聪明,不生病,身心都很愉悦。当孩子拥有了强健的体魄,精神振奋、专注力强,学习效果自然就会好,智力的发展才能达到更好的效果。

卡尔·威特认为:"伟大的灵魂需要健康的身体来支撑,事实上,健康的身体更容易造就天才。"他从小就非常重视对小卡尔进行体能训练。小卡尔健壮的身体就是证明,作为早产儿,身体素质差,可是在老卡尔的体能训练下,小卡尔不仅身体越来越健壮,头脑也比一般孩子显得聪明。

婴幼儿时期,运动能力的发展与智力有着密不可分的关系,得到充分锻炼的孩子比没有锻炼过的孩子聪明得多。因为经常锻炼的孩子,大脑会不断地受到刺激而发育,从而可以接受更多新鲜的事物,而又不容易忘记。可以说体能活动是孩子成长的重要生理刺激,对于神经系统的发育有着重要作用。孩子的跑、跳、走、爬等活动,可促使他们的大脑与身体更加协调,对于开发孩子的智力及促进其心理健康发展非常有效。孩子的早期运动经验越丰富,对于正在发育中的大脑就越能起到良好的刺激作用。

强健的体魄,是孩子潜能开发和智力发展的保证。一个孩子的体质是否健康,除了先天因素外,后天的因素更是起着决定性作用。对孩子进行体能训练,是增强孩子体质、提高健康水平行之有效的方法。体能锻炼可以促进胸廓的发育,增强孩子消化吸收功能。只有体格健壮,才能抵御外界气候变化和疾病的侵袭。不管孩子是否有运动天赋,爸爸妈妈都应积极培养和训练孩子的运动能力。只要孩子的身体状况良好,就应该让他多活动。当然,要针对孩子的身体状况来适当安排。在孩子生病、刚吃饱、睡眠不佳等情况下,最好不要做运动。在帮孩子做体能开发时,要让孩子对运动产生兴趣,他愿意配合才能达到理想的效果。

🐼 **卡氏支招DIY**

爱孩子，千万别忽视孩子的体能锻炼。让孩子动起来，并养成锻炼的好习惯，不仅有助于孩子体质的增强和智力的提升，更会使孩子受益终身。

● **及早对孩子进行体能训练**。在孩子出生之际就可以进行体能训练了，这一时期主要是让孩子自由活动。所以，不要将孩子包裹得过紧，妨碍孩子四肢活动。坚持给孩子做些按摩，如洗过澡后给孩子做个婴儿抚触，抱起孩子时，用手轻轻抚摸他的背部、臀部。可以利用婴儿天生具有的抓握反应，将手指握于孩子的小手中，孩子会像玩单杠一样使劲拉起自己的身体。待孩子没有了抓握反应时，小胳膊已经锻炼得很有力了，这为他提前进行爬行训练奠定了良好基础。

● **不要束缚孩子爬行**。许多父母在孩子爬行时，就将他放在学步车中，尽量让孩子少爬或不爬。这种观念要不得，孩子在爬行的时候，小脑袋就必须抬高，这样会促使颈部的肌肉得到锻炼，同时他能够自由地观察周围的事物。因此，爬行不仅锻炼了孩子颈部及四肢的肌肉，还增加了刺激各种感官的机会，可以更好地促使孩子的大脑发育，让他变得聪明和灵活。

● **坚持做婴儿体操**。让孩子做体操，不仅可以促进肌肉骨骼系统的发育，还能对他的身心发育起到良好的影响。1岁以内的小孩子，多在成人帮助下完成被动体操，如伸展四肢、搀扶站立或跳跃等。动作要轻柔，顺其自然，不要生拉硬拽。孩子再大些时就可以做主动体操了，让他在成人协助扶持下自行完成动作。如双臂拉起运动、直立前倾以及跳跃运动，也可做自由翻滚、伸展四肢等。如果再配上点音乐，相信孩子一定会爱上运动的。

● **多带孩子到户外活动**。在天气晴朗的日子，不妨带孩子到开阔的野外游玩，让孩子尽情地感受并陶醉在绿树红花中。在大自然里，孩子跑着捉蝴蝶、跳起来摘树叶，以及自由呼吸大自然中的氧气、感受阳光，都无形中锻炼了孩子的体能。或者带孩子去游乐场，让他滑滑梯、荡秋千，和孩子一起去逛公园、爬山、郊游，让他同其他小朋友在户外追逐奔跑等，都可以使孩子的体能得到很好的锻炼。如果温度适宜，阳光灿烂，让孩子在室外睡觉，也是增强孩子体能的好方法，这可以让孩子呼吸新鲜空气的同时，顺便来个日光浴。

👦 **卡氏小语** ♡

伟大的灵魂需要健康的身体来支撑，事实上，健康的身体更容易造就天才。

阅读时间：25分钟　　受益指数：★★★

敏锐感知孩子的需要，为教育提供感情基础

在教育孩子的征途中，当孩子感受到你的关心与爱抚时，你已经迈出了可喜的一步。幼小的孩子还不会用语言来表达自己的诉求，父母要做有心人，给予孩子及时的回应和满足。

故事的天空

趁着孩子安静地睡着了，刘丽和前来探访的好友张芳坐在客厅里聊着天。正聊得起劲儿，孩子突然哭了起来。

张芳止住话题，说："快去看看孩子吧。"

刘丽不以为然地说："没关系，让他哭一会儿，练练劲儿，省得宠坏他。"

这时，孩子开始大哭起来，他知道妈妈就在不远处，因为小耳朵听见了妈妈和人说话的声音。哭声没有把妈妈及时唤来，他继续拼命地大声啼哭。

张芳坐不住了，起身拉起刘丽，说："才两三个月的小孩子，有了哭声肯定是有情况了，赶紧过去看看吧！"

她们来到孩子身边，果然有了问题，小家伙尿了很大一泡尿，把小裤子都湿透了。两个人

赶紧进行处理，换上新裤子后，小家伙不再哭了，安静地躺在那里看着妈妈，一副安适满足的样子。

这时，张芳指点着说："对于头几个月的小孩子来说，有了需求要及时满足，孩子用哭声表达自己的需求，如不及时做出反应，会影响到孩子的安全感，还会影响到孩子的性格发展呢！"

刘丽吐吐舌头，笑着说："我以为让他多哭一会儿没什么的，原来还有这些说法。"

张芳："带孩子可是一门大学问，你这妈妈做得不合格哦。"

刘丽看着孩子，赶紧说："加强学习！加强学习！"

吕姐爱心课堂

很多妈妈都和刘丽一样，觉得孩子一哭就去哄，容易宠坏他，时间长了还会惯出孩子"等不得"的坏毛病，养成没有耐性的火爆脾气。事实上，敏锐感知孩子的需求与溺爱孩子完全是两回事。孩子在婴儿时期的需求，大多都是"吃喝拉撒睡"等生存方面的基本需求，月龄越小的孩子，对他的需求满足度应该越高才行。当孩子的需求得到了及时回应和满足，那么孩子会对爸爸妈妈无条件地信任和爱。

卡尔·威特认为："如果婴儿已感到了你的关心和爱抚，这就说明你已经在教育他了。这种教育训练是细小而烦琐的。孩子渴了要给他喝水，饿了要给他喂奶，尿布湿了要马上更换……父母要随时随地解除孩子的不愉快，以最敏锐的感觉去感知孩子的需要。能够成功地感知孩子的需要，便是父母成功的开始。这是父母和孩子之间建立起来的第一条成功的纽带，它会为今后的教育和训练提供良好的感情基础。"

敏锐感知孩子的需要，孩子所获得的不仅是生理和心理上的满足，还有自我镇静所带来的舒适感，这种快乐体验有助于孩子形成良好的心理与性格。同时，也是培养孩子的交往意识，使他喜欢与人交流的好办法。

对于尚没有语言表达能力的孩子来说，哭，是他们寻求外界帮助的唯一方法。所以，当孩子有了需求时，一定要敏锐感知，及时给予回应和满足。这非但不会惯坏他，还会使孩子相信父母能给他无微不至的关爱和帮助，因而也更愿意配合父母。那些总也得不到及时回应的孩子，则容易变得灰心丧气、反应迟钝，或者成为一个性情冷漠、脾气暴躁的人。因为在他小小的世界里，感到自己很无助，无法掌控自身的环境，于是便会逐渐放弃对环境的探索。长时间得不到父母的及时回应，还会使他变得更加急躁，而不是更有耐心。

卡氏支招DIY

在孩子成长的初始阶段，父母提供给孩子最好的帮助，就是读懂孩子的"小心思"，对孩子的各种需求给予及时的呼应和满足。爱，本身就是对孩子最好的教育。

●**对孩子的需求要敏锐感知。**父母要对孩子倾注更多的爱和关注，当孩子有了需求时，一定要敏锐地感知，并及时给予回应和满足，不能任由孩子哭闹而不管不顾。试想一下，对于一个自己还无法做任何事情，又不会用语言表达自己需求的小孩子，作为唯一请求信号的哭声也不能引起任何人的注意，内心该是多么孤独和无助啊！

●**不同的需求，不同的对待。**当然，敏锐感知孩子的需求，并不是孩子有任何需求时都要立即满足他。由于孩子哭闹的起因和心思不尽相同，父母要学会对孩子的哭声进行观察和判断。如果孩子的哭闹属于病理性状况，父母一定要毫不迟疑地立即给予关心。而生理性需求和心理性需求则可采用积极回应、延迟满足的方式予以解决。

●**"敏锐感知"不等同于"立即满足"。**当父母感知到孩子的需求时，可以先用声音和肢体动作来对孩子的需求作出反应，让孩子意识到父母已经听到了他的呼唤，读懂和理解了他的"小心思"，并会给予他适当的满足和帮助，这会让孩子充满希望，获得安全感。同时又锻炼了他的延迟满足能力，提高面对挫折的自信心和承受能力。如父母可以先远远地答应一声，让孩子知道父母在自己求助的安全范围内，接着父母用脚步声通知孩子，告诉他父母马上就会来满足他的需求。然后，再面对面地和孩子聊上几句："孩子饿了吧？这就给孩子开饭喽！"可以把奶瓶摇晃给孩子看，或用玩具逗引孩子。最后，抱起孩子满足他的生理或心理需求。虽然孩子的需求被延缓满足，但父母及时的感知和回应会使他的不良情绪得到安抚，所以孩子会在希望中度过一段甜蜜的等待时光。

卡氏小语 ♡

父母要随时随地解除孩子的不愉快，以最敏锐的感觉去感知孩子的需要。能够成功地感知孩子的需要，便是父母成功的开始。这是父母和孩子之间建立起来的第一条成功的纽带，它会为今后的教育和训练提供良好的感情基础。

阅读时间：20分钟　　受益指数：★★★★★

音乐，给孩子心灵与思维的滋养

美妙的音乐，陶冶情操，益于心智。在音乐环境熏陶下的孩子，性情开朗，睿智聪颖。多给孩子听听音乐，为孩子身心发展助力！

故事的天空

朝霞从窗口涌进，习习的微风带着清香扑在正美美酣睡的1岁天天的脸上。到了该起床的时刻了，天天妈打开音响，一曲班得瑞的《清晨》在温馨的小屋中弥漫开来。

随着轻快曼妙的乐曲声，小天天眼皮微微动了动，继而伸出一只小手去揉眼睛。当他睁开眼睛时，妈妈正俯下身子，满脸欣喜地看着他。天天一骨碌从床上坐起来，撒娇地伸出两只小胳膊，要妈妈抱抱。妈妈不但抱了他，还在他嫩嫩的小脸上亲了一口。

就这样，小天天美好的一天在音乐声中开始了。吃过饭后，妈妈又换上了一曲节奏明快的《欢乐颂》，天天知道，和妈妈一起做游戏的时间到了。于是，天天拿出积木，他要和妈妈比赛，看谁的楼房搭得高。可以说，是音乐伴随着天天的成长。清晨被美妙的音乐唤醒，夜晚伴

着舒缓的乐曲入眠。就是吃饭、游戏，妈妈也为他设置了不同的音乐，音乐成为了他一天生活进程的号角。有时，天天还随着音乐跳上一段自创的舞蹈。妈妈鼓励他的这种做法，觉得既愉悦了身心，还锻炼了身体的协调性。

同住一个小区的茜茜妈妈觉得天天妈过于教条，每天坚持给孩子听音乐有必要吗？早在两个人还是孕妈妈时，她就提出这个疑问。她觉得孩子听不懂音乐，对孩子没什么帮助，不如教孩子背唐诗、学数数直接。现在，她有些后悔了，她发现小天天活泼，聪明，有灵性，也许音乐真的能滋养孩子的心灵呢！

吕姐爱心课堂

热爱音乐是人的天性，小孩子也不例外。大多数孩子喜欢用肢体动作来表达他们所感受到的音乐情绪。听到音乐，孩子们会跟着音乐摇摆身体或手舞足蹈。音乐是一种美妙的语言，时常给孩子听音乐，不仅能培养他的音乐素养，还能调节孩子的大脑功能，激发潜能，从而有助于智力的开发。从小接触音乐的孩子，其理解力、数学能力及学习语言的速度也能更快速。

卡尔·威特认为："人生在世懂得音乐是非常幸福的，让孩子接触音乐很重要。没有任何艺术的生活，就如同荒野一样。为了使孩子的一生幸福，生活内容丰富多彩，父母有义务使他们具有音乐素养。"所以，卡尔·威特把音乐当作一个很重要的家教内容，这使得小卡尔一生都喜欢音乐，很少有不快乐的时候。

有的父母觉得，没必要在音乐上多花时间，只有想培养孩子成为音乐家才需要在这方面去投入精力。其实，音乐可以丰富孩子的生活，即使自己不会，起码也要会欣赏。具有音乐修养的人，也一定是一个富有爱心、生活格调高雅的人。从小对孩子进行音乐教育，不是强迫孩子学习音乐，把他培养成音乐家，而是要让孩子从音乐中感受到快乐，体验愉悦等情绪，获得音乐的美感和乐感，从而喜欢上音乐，并从音乐中受益一生。

孩子对音乐有着天然的热爱和向往，所以，每个孩子都需要音乐，每个孩子都有接受音乐的愿望和要求。不要认为孩子没有音乐细胞，而缺失了对孩子音乐启蒙的教育，因为学习音乐不仅仅是让孩子学会唱歌和跳舞，更是开发孩子智力、陶冶心灵的重要环节。

卡氏支招DIY

对孩子进行音乐熏陶和训练是十分有必要的，让孩子与音乐结缘，就等于送给孩子一笔最宝贵的快乐财富。

● **让孩子闻乐而起**。早晨起床时，播放一些轻缓美妙的音乐，让孩子在音乐声中渐渐醒来，这不仅是一种生活上的享受，还能让孩子养成按时起床的好习惯。

● **不要阻止孩子的敲敲打打**。孩子都喜好节奏，当他们用筷子敲打碗盘时，不要阻止，这是他们自发地练习击打，既可以锻炼孩子的肢体协调能力，还培养了乐感。最好为孩子准备小鼓等击打乐器，供孩子敲敲打打。

● **多给孩子进行音乐熏陶**。长期在音乐熏陶中的孩子，从内到外都是快乐的。他们虽然还不能理解音乐的内涵，但却能用自己的听觉去感受音乐高低快慢的节奏和柔美的旋律，在感受的同时还发展了他们的听力。给孩子听音乐时，爸爸妈妈不要给孩子播放成人化的歌词和激烈的节奏，这些都不适合孩子。最好让他们多听一些旋律优美的抒情音乐，或是节奏轻松、欢快，使人愉悦的乐曲。

● **不妨和孩子一起"玩音乐"**。玩耍是孩子的天性，通过游戏来对孩子进行音乐熏陶，可以使学音乐变成得轻松、有趣。如拿几个杯子装上深浅不一的水，让孩子来演奏，体验不同的声音。还可以和孩子一边做游戏，一边唱儿歌。和孩子玩音乐，孩子欢心，爸爸妈妈的心情也自然是快乐的。

● **让孩子常听听天籁之音**。除了美妙的乐曲，大自然中的天籁之音也会令孩子心旷神怡。潺潺的小溪流水声、鸟儿婉转的鸣叫声、虫儿唧唧的叫声、滴滴答答的雨声、列车的轰鸣声等，都能激发孩子对音乐的热爱。

● **培养孩子的节奏感**。为了培养孩子的节奏感，在让他听音乐、学唱歌的同时，教孩子拍拍手、跺跺脚、晃动身体来进行训练。这有利于加强孩子对音乐的节奏、节拍、旋律、音调等特性的吸收和渗透，提高了孩子对音乐的学习兴趣。

● **别强迫孩子听音乐**。在给孩子听音乐时，如果孩子出现烦躁情绪，就不要强迫孩子听了。因为这个时候，再优美的旋律，对他们来说也是听不得的噪声。培养孩子的音乐兴趣，一定要注意方法，让孩子在轻松愉悦的心境中爱上音乐，而不是一味向孩子灌输音乐技巧，以免挫伤孩子学习音乐的积极性。

卡氏小语 ♡

人生在世懂得音乐是非常幸福的，让孩子接触音乐很重要。没有任何艺术的生活，就如同荒野一样。为了使孩子的一生幸福，生活内容丰富多彩，父母有义务使他们具有音乐素养。

爸妈私房话

第一章 英才早培养，抓住孩子智力发展的黄金期

第二章

快乐学习，让孩子在愉悦中增长知识

对于孩子来说，兴趣是最好的老师。只要能激发出孩子的兴趣，他就会乐于接受知识，并达到良好的学习效果。卡尔·威特主张寓教于乐的教育模式，认为游戏是孩子学习知识和提高能力的有效手段，孩子可以在游戏中获得快乐，增长知识，并体会到生活的无穷乐趣。

游戏，打开孩子智慧之门的钥匙

孩子通过玩耍来探索世界，汲取智慧，这是他们与生俱来的学习驱动力。在玩耍和游戏中，孩子会更乐于接受知识，并达到良好的学习效果。游戏不仅是孩子学习知识和提高能力的有效手段，也是使他们获得快乐的途径。

——卡尔·威特

阅读时间：25分钟　　受益指数：★★★

用游戏唤起孩子的学习兴趣

游戏是孩子最喜欢的生活方式，用游戏唤起孩子的学习兴趣，才能令孩子乐于接受，并快乐地投入进去。

故事的天空

婷婷2岁的时候，小姨从外地给她带回一只惟妙惟肖的羚羊模型。这只仅仅有四寸长的小羚羊成了她的心肝宝贝，平时总是把它摆在玩具箱的最上面，每天都要玩上一阵子。

妈妈看见孩子如此钟爱这只小羚羊，就给她买了各种羊模型，什么绵羊、山羊、羚羊，白色的羊、黄色的羊、黑色的羊等，大小不一，个个栩栩如生。爸爸戏称女儿是"小羊倌儿"。她与小朋友过家家时，也要把小羊当作小娃娃。每个孩子抱着一只"羊"娃娃过家家，那场景实在有趣得很。

到了她3岁的时候，为了让婷婷见识一下真正的羊，爸爸妈妈带她到动物园去看羚羊，到草原去看绵羊，到农村去看山羊。看到真正的羊后，婷婷与羊分不开了，竟然要求买一只活小羊做宠物。但城市里不允许饲养动物，爸爸妈妈就在郊区农村的朋友家代养了一只。每到周末，一家人都会去探望婷婷的"羊孩子"。

借着婷婷爱羊的契机，妈妈给她买了许多有关羊的书籍，有科普方面的，有故事方面的。在和妈妈一起读了几次书后，婷婷不仅记住了一些关于羊的知识，还记住了书中一些反复出现的生字。顺着她的兴趣，妈妈又给她讲了羊奶是怎样产生的，羊毛的作用，并让她试着做分类。刚开始时，她只会简单地区分绵羊、山羊、羚羊。但不久，她就能以羊的奔跑速度、体形大小、毛色、毛皮来进行细分了。

后来，爸爸妈妈又有意识地将婷婷的学习兴趣拓展到马、牛、狗等驯养动物，再后来发展至对野生动物的认识上。当她到了6岁时，已经是一名小动物专家了。

吕姐爱心课堂

游戏中也有大学问，关键是在于父母的引导。婷婷之所以通过玩学到许多有关动物方面的知识，就是得益于通过游戏进入角色的结果。

爱玩游戏是孩子与生俱来的天性，也是他们的权利。其实，孩子喜欢游戏，也是一种学习。他们通过游戏学到技能，促进发育。如动手动脑能力、肢体协调能力、语言交际能力、思维判断能力等，都是通过游戏达到发展的。父母没必要对孩子的"贪玩"忧心忡忡，要因势利导，让孩子在游戏中变得更聪明，并且爱上学习才是关键。

卡尔·威特认为："不管教什么，首先必须努力唤起孩子的兴趣。只有当孩子有了兴趣时，才能取得事半功倍的良好效果。而唤起孩子兴趣的最好办法是用游戏的方式进行教育。"

卡尔·威特在对儿子的教育中，摒弃填鸭式教育，而是通过游戏的形式，培养孩子的兴趣，开发孩子的智力，从而培养出小卡尔良好的记忆力、观察力、注意力、想象力和动手操作等能力。他常常把知识融入游戏当中去，几乎没有意义特别单纯的游戏，父子间做游戏都是有目的的，大多都是为了使小卡尔认识事物、了解事物和巩固知识，使他在玩耍中获得知识。

每一个孩子都喜欢游戏。事实上，游戏本身就是一种学习，是孩子获取经验、发展智力的妙方，也是创造力、好奇心、想象力的象征。一些父母把游戏和学习截然划分，因此断送了孩子学习的兴趣，实在是得不偿失的事情。

游戏是孩子最自然、最有效的学习，是促进孩子身心全面发展的重要手段，父母应充分发挥它的教育作用，引导孩子在游戏中学习和掌握新知识。

卡氏支招DIY

游戏可以为孩子提供一个轻松愉快的学习环境，父母应顺应孩子爱游戏的特点，引导他们在游戏中学习，使他们获得安全感、自尊和自信，获得对学习的持久热情。

●**和孩子一起游戏**。游戏不是孩子的专利，爸爸妈妈也应该有童心，与孩子一起做游戏。这样既可以达到亲子目的，也能从中得到轻松和快乐。更重要的是，一家人共同参与，可以把多方面的知识掺杂在游戏里无形地传授给孩子，达到教育的目的。

●**为孩子提供相应的游戏材料**。材料是孩子活动的对象，提供与他们年龄特点、能力、经验等相适应的游戏材料，能激起孩子主动学习的积极性，真正体现出"在做中学"。

●**孩子是游戏的主人**。当爸爸妈妈参与孩子的游戏，会使游戏活动时间明显增长，孩子也会更快乐。所以，父母要参与并支持孩子的游戏活动，但一定谨记，不要过分介入，毕竟孩子才是游戏的主角，让他们尽情去发挥，才更有助于孩子各种能力的提升。

●**积极帮助和支持孩子"玩"好游戏**。孩子毕竟幼小，在游戏过程中随意性很大。这就需要父母进行必要的指导和帮助，引导他朝着正确的方向发展。游戏之前，可以用简洁生动的语言向孩子讲解，给孩子做必要的示范或演示，以帮助和引导孩子玩好游戏。

●**利用睡前的时间为孩子提供游戏机会**。孩子都喜欢听故事，父母可利用睡前的时间为他讲故事，并要求孩子将大意复述出来。这既满足了孩子听故事的愿望，又培养了他的记忆力和表述能力。也可以在睡前进行一些趣味竞赛，如比一比谁脱衣服快、谁叠的衣服整齐、谁第一个睡好等，以此锻炼孩子的生活自理能力。

●**家务劳动中的快乐游戏**。枯燥无味的家务劳动中也蕴含着游戏的契机，劳动与游戏的结合，可以让孩子在快乐做家务中提高手眼及肢体的协调能力，开发智力，养成热爱劳动的好品质。如和孩子比赛拣豆芽，看谁拣得又多又快；告诉孩子扫帚是"探雷器"，地上的脏物是"地雷"，孩子一定会在高高兴兴"扫雷"的过程中，把地面打扫得干干净净。

卡氏小语

不管教什么，首先必须努力唤起孩子的兴趣。只有当孩子有了兴趣时，才能取得事半功倍的良好效果。而唤起孩子兴趣的最好办法是用游戏的方式进行教育。

爸妈私房话

阅读时间：30 分钟　　受益指数：★★★★

游戏设计，要科学合理

年龄不同，知识经验水平不同，孩子对游戏的要求也不同。只有符合孩子生长规律、给孩子带来无尽乐趣的游戏，才是对孩子最有帮助的。

故事的天空

1岁半的涛涛坐在地板上，面对眼前的一堆积木有些发呆，妈妈在一旁做着示范，要求涛涛搭一座桥。其实很简单，就是把几块方形积木按照一定的间隔并排放好当桥墩，上面放一块长条形积木作桥梁就可以了，可涛涛做了几次都没有做好，妈妈很苦恼，觉得孩子太笨。

这时，邻居王红来访，听完涛涛妈妈的诉苦，看看脚下那些散乱的积木，说："你这等于是在拔苗助长啊，在我们看来这是很简单的游戏，可对于才1岁多的孩子来说，却不是那么容易做到的。"

于是，她拿起一块方形积木，叠在涛涛旁边的一块积木上，引导着说："来，我们一起建座高楼好不好？"

涛涛点点头，表示愿意听阿姨的。

王红先做了示范，一块一块

地往上摞，让涛涛仔细地看后，拍拍他的小脑袋，说："乖，我的小建筑师，该你来大显身手了。"

涛涛一开始动作很慢，经过几次实践，动作越来越娴熟，速度快了许多，最高能搭建到5层。

涛涛妈妈欣喜地看着儿子，说："我儿子不笨呀！"

王红说："可不是嘛，你得按照他的能力来安排适合他的游戏，只有适合他的，才能显示出他的能力来，拔苗助长的事儿可不要再干了。"

涛涛妈妈连连点头称是。

吕姐爱心课堂

游戏虽然是孩子的最爱，如果所设计的游戏不符合孩子的年龄段，他们适应不了，也起不到应有的教育作用。游戏过于难，或过于简单，都不利于孩子的发展。如果游戏太简单，没有挑战性，孩子不爱玩，达不到教育目的；游戏太复杂，孩子会产生挫折感。孩子玩的游戏应该适合他们的年龄和发展水平，这样，才能起到促进智力开发和提高各种能力的效果。

卡尔·威特在为小卡尔设计游戏时，多从孩子的角度出发，从不急于求成。因为他知道，如果去做一些孩子不能接受的事，往往会得不偿失，适得其反。

为孩子设计游戏，爸爸妈妈应该结合孩子的年龄特征和实际水平，有效地进行编制和选择。游戏的内容不能太容易也不能太难。如果孩子在游戏中表现出超常能力，就及时增加难度，让他有快速的进展。如果他表现欠佳，就要想办法给予他更多的关心和帮助，激发他的兴趣，让孩子从成功的快乐之中增加信心，不断进步。

游戏可以满足孩子的好奇心，增长知识，锻炼其各方面的能力。只要爸爸妈妈多动脑筋，一定能够找到适合自己孩子兴趣和发展的游戏。同时，爸爸妈妈还应该引导不同年龄段的孩子尽可能玩适合他们的游戏，这样才能使他们感兴趣，也更有助于发展孩子的智力和想象力。

卡氏支招DIY

不同年龄的孩子，对不同的游戏有着不同的兴趣与热情。在设计游戏时，父母要充分了解这个年龄段的孩子在动作、语言、认识事物的能力以及与人交往等方面的水平，并在此基础上为孩子设计出有趣又益智的游戏来。

●**婴儿期的游戏以训练感官为主。**对处于婴儿期的小孩子，可为他们设计一些以训练感官为主的游戏。如同孩子做摇铃游戏，爸爸妈妈既可摇给他听，也可让孩子自己拿摇铃轻轻摇晃，或将铃放在孩子伸手够得着的地方，逗引他去拿。这在发展孩子听力的同时，还锻炼了孩子肢体的运动能力。

●**行走和语言是幼儿期游戏的重点**。幼儿期的孩子已经能行走和说话了，可为孩子设计一些练习行走和学习说话的游戏，如走直线、踩影子、追球、指认物品、找不同、学说文明礼貌用语等游戏。

●**学龄前期的游戏内容更为广泛**。随着各项能力的提高，这个阶段的孩子游戏内容不断增加，范围不断扩大，一些跑、跳及精细动作的游戏和有助于发展孩子观察力、记忆力等能力的智力游戏都适合这个年龄的孩子。还有诸如过家家、购物等角色扮演类游戏，也会令孩子十分着迷。

●**根据孩子的具体特点设计游戏**。孩子的发育存在个体差异，在游戏设计上需灵活掌握。有的孩子动作发展比同龄孩子快，则游戏的要求就要相应提高；有的孩子语言发展较差，就应注意强化语言训练。

●**游戏安排顺序有讲究**。给孩子设计游戏时，应本着由易到难、由浅至深、由单一化向多样化发展的顺序，这样，才能使孩子对游戏更有兴趣，从而更能保证游戏的效果。

卡氏小语 ♡

在为孩子设计开发智力的游戏时，父母应该结合孩子的年龄特征和实际水平，充分考虑孩子的接受能力和理解能力，有效地进行选择和编制。并尽量让游戏生动有趣，能激发孩子的求知欲和好奇心。这样，才能让游戏更好地发挥应有作用。

和孩子一起快乐学习

以学为乐，更符合孩子的天性。让学习成为一件快乐的事，使孩子们在学习中享受到快乐，这才是学习的本质。父母的核心问题就是做一个智慧家长，引导孩子快乐学习。

——卡尔·威特

阅读时间：30 分钟　　受益指数：★★★★

寓教于乐，孩子轻松学外语

外语需要引导，而不是硬灌。只有抓住孩子的兴趣点，才能让他喜欢上外语，并主动去学习外语。

故事的天空

5岁的璐璐是小英语迷，她喜欢展示自己的英语，在家中经常和妈妈用英语交流，而爸爸由于英语不如女儿，成了她"刁难"的对象，看到爸爸卡了壳，她和妈妈一起开怀大笑，爸爸只好做投降状，表示认输。

璐璐的英语令许多人称道，在幼儿园里是小朋友羡慕的对象，而他们的妈妈更是趁接孩子的机会，围住璐璐妈妈取经。

璐璐妈妈想了想说："也没什么秘诀吧，只是在她两三岁时，我就利用带她出去散步的机会，念英语单词。"她看了大家一眼，"那一阶段公司要求我们加强英语学习，所以只要有时间就手捧英语书看。"

"哦！"众人相互看了一眼，又把目光投向璐璐妈妈。

璐璐妈妈说："有一天我带她去公园，刚坐在长椅上，拿出书准备读单词，她却说了一句sheep（绵羊），当然，发音比较含糊。我还是听清楚了，她看我歪头看着她，又大声说了一句sheep，还用小手指了指不远处的一尊山羊的雕像。我立刻明白了，她竟然在我的熏陶下，自主地学起了英语。"

第二章　快乐学习，让孩子在愉悦中增长知识

045

众人问:"后来呢?"

璐璐妈妈说:"这是我没有想到的,也许是她无意中常听我说这些英语单词吧。我告诉她那雕像是山羊,英语是goat,而sheep是绵羊。她当然搞不懂,回家后我拿出中英文的动物识字卡片,给她做着比较。结果她兴趣大增,喜欢上了英语。"

有人问:"孩子没有长性,英语又难学,她是怎么坚持下来的?"

璐璐妈妈说:"从兴趣下手。在引导她学英语时,我经常和她一起做些小游戏。如在学动物单词时,我们采用角色扮演的形式。不仅如此,我还带她去乡下看狗、猪、羊、牛等动物,这样她既感到新鲜,又在愉快的心境中把枯燥的英语学会了。"

最后她总结地说,"灌输是不会成功的,点燃她的兴趣才能持久。"

吕姐爱心课堂

在当今国际交流日益频繁的时代,英语几乎和母语同样重要。孩子能够早一天接触英语,会为他今后准确地掌握英语打下牢固的基础。一般来说,语音的刺激,越早越好,因为这有助于帮助孩子维持天生的分辨语音的能力。

别看孩子小,学习英语的潜力却很大。处于幼年期的孩子发音腔调尚未固定,此时开始学英语,在发音上占据很大的优势。如果过了青春期再学英语,由于发音器官已经定型,在发音上会有一些限制,就会产生腔调问题。所以,学习英语要从娃娃抓起。每一个孩子都是学习英语的"天才",他们对词汇的理解和掌握也较快,特别是他们对感兴趣的词或特别的声音能很快学会。这时是学习英语的最佳时期,绝对不应该错过。

孩子学习第二语言,对大脑的发育也有促进作用,可以扩充孩子的大脑吸收容量。因为人的大脑是由数亿个细胞联结成庞杂

的网络，而这些脑神经细胞在3岁时发展达到最高峰，此时给予大量刺激，有利于大脑发育。否则，部分脑神经细胞会因为无用而逐渐萎缩。

及早让孩子学会一门外语，也是一种智力投资，他们在成年后，利用所掌握的外语进行国际性交流，及时掌握国外的信息，可以为自己的工作能力加分。卡尔·威特特别重视小卡尔的外语教育，他认为教给孩子多种语言，有利于他们正确地理解词义和进行思考。在他正确的引导和教育下，小卡尔成为能够掌握六国语言的神童。

不要担心孩子学不会外语，只要有好的语言环境，他们就可以又快又好地掌握。因为孩子学习外语不必像成人一样，要经过用母语思维再转换成外语的过程，所以语感会特别好。当然，也不要奢望孩子迅速学会一口流利的外语。学习是要有一个渐进过程的，只要为孩子营造一个轻松快乐的学习气氛，促进孩子学外语的兴趣就可以了。一旦他们对外语产生兴趣，就会快快乐乐地主动去学习。

卡氏支招DIY

为了孩子轻松学习外语，培养他们的兴趣，就要创设一个轻松、愉悦的外语环境，让他们在良好的环境中主动、自发地探索并逐渐爱上外语。

● **听，是孩子学外语的第一块敲门砖。**听，是孩子快速学习语言的开端。只有听够了，孩子才能够非常顺畅地说出来。所以，口语好的父母不妨多和孩子说些外语，也可为孩子播放英文歌曲、歌谣，轻松快乐的旋律加上浅显易懂的歌词，孩子很快便能朗朗上口，并牢牢记住。

● **多看，才能加深印象。**现在家庭条件都比较好，可以借助电视等工具给孩子听觉和视觉的刺激，来帮助他们强化学习印象。选择孩子喜欢的英语卡通动画是孩子最乐于接受的，活泼的动画、可爱的角色以及剧情的吸引，可以让孩子很自然地进入虚拟的情境中，不知不觉记住了单词，学会了使用句型，大大增强了听、说能力。父母也可以制作些英文名称的卡片，张贴在相应的物品上，如在门上贴上写有"door"的卡片、在电视上贴上写有"TV"的卡片，孩子经常见到，自然就学会了许多单词。

● **游戏有着奇妙的作用。**游戏是孩子的天性，根据孩子爱玩、好动的特点，与孩子一起玩互动性的游戏，是让他们爱上外语最有效的方法。如和孩子一起玩赢卡片的游戏，卡片上有图案和英文的拼写，让孩子读出来，只要孩子读对了，就把卡片奖励给他。也可以和孩子一起上演一台小话剧，或用讲故事、说歌谣、猜谜语、编动作等各种方式，只要孩子高兴，学得轻松，效果自然就会加倍了。

● **多给孩子提供运用外语的机会。**强迫孩子背枯燥的单词，会泯灭他们学外语的兴趣，不如多给孩子提供运用外语讲话的机会，如亲子间用外语交流，每天坚持，会取得很好的效果。在日常生活中，和孩子一起背诵英文童谣，或在吃饭时间问孩子："What is this？"（这是什么？）让他知道米饭是"rice"，鱼是"fish"等。

● **利用日常生活激发孩子的兴趣。** 孩子学外语，可先从日常生活中经常接触的东西开始。如自己的身体、自己的家庭、孩子喜欢吃的东西等。这些孩子都很熟悉，学习起来相对容易些，且孩子常常用到，重复的次数多了，记忆也就牢固起来。

卡氏小语♡

> 教给孩子多种语言，有利于他们正确地理解词义和进行思考。在教孩子学习外语时，一定要让他们处于快乐的心境中，而不是强迫孩子去背那些枯燥的单词和语法。否则，容易泯灭孩子学外语的兴趣，一旦造成这样的后果，再让孩子学外语就会事倍功半了。

爸妈私房话

阅读时间：30分钟　　　受益指数：★★★★★

用生动有趣的游戏，激发孩子学习数学的兴趣

数学，似乎显得枯燥抽象些。许多孩子对数学都会感到"头疼"，甚至拒绝学数学。其实，数学也是很有趣的知识，如果利用游戏的形式，孩子就会兴趣大增。

故事的天空

4岁的小伟在小伙伴中堪称小数学家，在数学上他比同龄的孩子懂得都多，这得益于妈妈平时经常和他玩数学游戏，而不是先天他就有独特的数学天赋。

早在2岁时，妈妈就和他开始玩简单的数数游戏，黑瓜子3粒，白瓜子2粒，按黑白相间一字排开，先让他认白瓜子，并数出1、2，然后再认黑瓜子，数出1、2、3。当能准确无误地按黑白色数数后，再进行混合辨认。

到了3岁，妈妈拿出一个骰子，先让他熟悉上面的点数，然后把骰子掷出去，看上面的是几点。还有利用扑克牌、筷子等做教具，和小伟一起玩各种形式的数学游戏，结果小伟都能很快掌握要领和规则。

对于和孩子一起玩数学游戏，小伟的姨妈表示怀疑，她每次来做客，都对妹妹说：

第二章 快乐学习，让孩子在愉悦中增长知识

"孩子年龄小，数学太难了，等孩子上小学再学也不晚，不如只教孩子背背唐诗、儿歌什么的就行了。"每次，小伟妈妈都是笑笑，依旧坚持和孩子玩有趣的数学游戏，结果小伟特别喜欢数学，而许多孩子都对数学感到头疼。

吕姐爱心课堂

提起数学，很多人都可能会感到头疼，这与在幼年时期没有得到及时的教育和引导有关。一个人对数学喜欢、厌恶还是恐惧，大多是在幼儿阶段形成的。因此，一定不要忽视孩子数学能力的早期培养。抓住关键期进行教育，往往可以取得事半功倍的效果。

的确，数学是很多孩子的"弱项"，他们对数字的兴趣远没有对文字或绘画大。这是因为数学比较抽象和枯燥，不容易理解。其实，数学就在我们身边，它离我们一点都不遥远。在日常生活中，时时刻刻都离不开数学，随时随地都用得到。如上街买东西，需要花钱，这就涉及数学知识。做饭用几斤米、做几个菜，这不都是数学吗？还有一天出几次门，喝几次水，吃了几个水果，玩了几种玩具，穿了几件衣服，这些生活中的点滴小事都包含着数学信息。

卡尔·威特认为："很多学科的知识可以在接触自然和玩耍的过程中获得，这样孩子比较容易产生兴趣，而数学非常抽象，需要通过孩子的思维能力来学习，所以就成为最难让孩子产生兴趣的学科。要想让孩子爱上数学，可以在日常生活中用生动有趣的游戏激发孩子对数学的兴趣。"小伟妈妈的做法值得我们借鉴，利用孩子游戏的天性，通过玩耍，就把抽象的数学知识轻松地灌输给了孩子。

将抽象的数学知识融入到快乐的游戏当中，更能激发孩子的活动兴趣，促进思维的发展，从而在玩耍中提高孩子的数学能力。父母借助游戏情节，将数学教学的目的和内容巧妙地转化为游戏本身的内容和规则，使数学变成一项直观、有趣，又可进行动手操作的好玩游戏，孩子自然会轻松爱上数学了。

卡氏支招DIY

人们之所以抱怨数学难懂，并不是数学枯燥和抽象，而是由于教学方法不当导致的。如果利用日常的生活情境和一些小游戏对孩子进行数学教学，孩子就会很容易地理解并喜爱数学了。

●**听数字，数叫声**。准备几张小动物的图片，如小狗、小猫、小牛卡片各一张。妈妈拿出小狗卡片说："我说小狗叫一声，你就叫'汪'，我说小狗叫2声，你就叫

'汪、汪'，以此类推。"做完游戏后，妈妈和孩子对换角色继续下去。

● **吃水果也要数一数，算一算**。在吃葡萄时，可以数数自己吃了几颗，吃一颗葡萄，吐出几粒葡萄籽；吃苹果时，让孩子数数果核里的种子；在帮助妈妈剥豌豆时，一边剥一边数不同形状的豆荚中各有几粒豌豆，这些都可令孩子着迷。

● **趣味骰子**。最初用两个骰子玩，玩法是把两个骰子一起抛出，如果出现3和4，就把3和4加起来得7分。如果出现了2和4、3和3，就得6分。把这些分数分别记在纸上，玩3次或5次之后计算一下，决定胜负。等孩子熟悉后，也可拿三个或更多的骰子进行游戏。

● **猜猜看**。在一张画板上画出一定量的图形，如5个圆圈，并在画板上标上数字"5"，用手遮住一些，让孩子猜猜，遮住了几个圆圈？也可以拿一把黄豆，先让孩子数一共有多少颗，妈妈从中抓走一些，让孩子根据剩余的黄豆去猜测妈妈抓了多少颗。

● **数豆游戏**。把黄豆装入一个纸盒里，爸爸妈妈和孩子各抓一把，数数看谁的多。为了增加趣味性，也可以在纸盒里放入黄豆和绿豆，分别数出各放一边。也可以把豆子按组排列，如每5个为一组，分成3组，然后把它们排列起来，数数各是多少，并把结果写在纸上。更复杂的游戏可以以此类推继续做下去。

● **妈妈的小帮手**。做饭时不妨让孩子做小帮厨，如让孩子拿1个西红柿，5根豆角。吃饭时，请孩子负责分发碗筷，告诉他给每人分发一个碗、两根筷子和一个汤匙。吃完饭，安排孩子把洗好的碗筷、杯碟按大小、样式等不同方式分类摆放。这些数学知识就不知不觉地教给孩子了。

● **小小售货员**。先教孩子认识10元以内的钞票和硬币，待孩子学会了一些简单的计算后，和孩子玩逛商店的游戏。如让孩子当售货员，妈妈当顾客，去孩子的"商店"购买各种物品，用真正的货币或提前制作的代币进行交易。也可交换角色，妈妈当售货员，孩子拿钱购物。在不断的游戏中，孩子的运算能力自然得到了提升。

卡氏小语 ♡

> 数学非常抽象，需要通过孩子的思维能力来学习，所以就成为最难让孩子产生兴趣的学科。要想让孩子爱上数学，可以在日常生活中用生动有趣的游戏激发孩子对数学的兴趣。

阅读时间：25 分钟　　　　受益指数：★★★★

睡前故事，让孩子爱上阅读

读书是一辈子的事情，有的人爱读书，有的人不爱读书，这与幼年接受的引导和熏陶有重要关联。要想让孩子未来成为知识渊博的人，就从小引导他爱上阅读吧！

故事的天空

晚饭玩耍了一阵后，5岁的媛媛随妈妈去卫生间进行睡前洗漱，这是从小养成的习惯——早睡早起。

媛媛的小房间布置得温馨而艺术，床头的小书架上，整齐地排列着几十本散发着墨香的图书。这是她的最爱，未经许可，谁也不能乱动这些宝贝图书。从2岁起，妈妈就在睡前给她讲书中的故事，有些情节她都背了下来。

借着柔和的台灯光亮，洗漱完毕的媛媛坐在床上，依偎在妈妈的身边，母女俩开始了美好的亲子阅读时光。妈妈字正腔圆地给她讲着书中的故事，媛媛用心地倾听。然后，妈妈把书交到女儿手中，让她自己朗读其中的一段，有不认识的字可以问妈妈。

媛媛已经通过这种方式认识好多汉字了，阅读起来还算流

畅。这不，眼前这篇《小马过河》的最后一段她也能通读下来。

妈妈高兴地说："宝贝儿，你又能读一个完整的故事了。"

媛媛有些兴奋了，说："我从头读一遍吧！"

妈妈指指床头的小闹钟说："明天吧，今天的时间快到了。"

媛媛看看已经指向八点三十分的小闹钟，顽皮地吐了一下舌头，恋恋不舍地合上书，放到小书架上，躺了下来，听妈妈讲《小猫钓鱼》的故事，做着睡前准备。

十分钟后，《小猫钓鱼》讲完了，媛媛也闭上了眼睛，渐渐进入了梦乡。

吕姐爱心课堂

读书能启迪人的心灵和智慧，读书能拓宽人的知识和视野。通过亲子共读，不仅可以增强孩子的阅读能力和识字能力，也能提升孩子的想象力和创造力。

卡尔·威特很重视培养孩子的读书兴趣，他说："在孩子的所有乐趣中，最重要的是读书，而养成喜欢读书的好习惯，对孩子的一生幸福意义重大。"并认为："孩子读书越多越好。不过，应该特别注意书的选择，一个人喜好什么样的书，往往决定于他第一次读的是什么书，而且幼年时期读的书，往往能左右这个人的一生。"

许多父母会这样认为，识字是阅读的必然前提，孩子不识字，不会看书，也不需要看书。其实，阅读往往是一种潜移默化的过程，虽然孩子还不识字，但是并不代表他不能读书。因为他们生来就充满好奇心与探索欲，对图书也是同样充满好奇的。通过咬、翻、抓等各种对图书的探索行为，孩子也可以早早踏上他的阅读之旅。

良好的阅读习惯，能激活孩子的大脑思维，开阔视野，发展思维能力、表达能力、记忆能力。阅读不仅可以让孩子获取广泛的知识，陶冶情操，还能使孩子放松身心，缓解焦虑，调节情绪。在温馨的亲子共读中，也更加加深了父母与孩子的亲子感情。

要想孩子拥有聪明的头脑、宽广的胸襟、善良的心灵和幸福的人生，就要把孩子早期的阅读习惯培养起来。阅读开始得越早，阅读时思维过程越复杂，对智力发展就越有益。早期阅读的意义在于让孩子从书中得到快乐，这种快乐可以帮助他们形成读书有益的观念，养成一生的欣赏趣味。所以，父母一定要坚持陪伴孩子进行亲子共读，让孩子在生活中享受阅读的快乐。

卡氏支招DIY

阅读不只是增长知识的手段，更重要的是，阅读可以丰富孩子的心灵，让他们的生活充满色彩，并学会享受思考的乐趣。父母应帮助孩子养成良好的阅读习惯，让他们健康快乐成长。

●**在听故事中爱上阅读**。给孩子讲故事，是引导孩子爱上阅读的最佳方式。父母可利用给孩子讲睡前故事的契机，让孩子边听边翻翻书，闻闻墨香味，使孩子渐渐对书籍产生兴趣。然后边讲故事边告诉孩子，好听的故事就在书里呢！

●**父母为孩子做好表率**。父母是孩子的第一任老师，孩子喜欢模仿父母的举止，当他看见父母对书爱不释手，自然也会对读书产生兴趣。因此，家中不仅要有藏书，父母也要养成读书的好习惯。父母在读书时，也给孩子面前放上几本供他翻阅，培养他的爱书情趣。

●**创设良好的阅读氛围**。在进行亲子共读时，最好为孩子营造一个舒适且安静的环境。如果条件许可的话，不妨在家中为孩子设置书房，或选择比较舒适的角落作为读书角，让孩子习惯在这些地方读书。

●**无处不在的图书**。为了培养孩子的阅读兴趣，可以在孩子看得到的范围内，或他经常"出没"的地方，摆些小画书，让他随兴所至进行翻阅。只要发现孩子对书有兴趣，便及时邀请他一起读书，让孩子感到读书和做游戏一样，是件很有趣的事，他就会积极主动地参与到与父母的亲子共读中了。

●**常带孩子进图书馆、逛书店**。利用业余时间，多带孩子去图使馆读书，并告诉他阅读时要保持安静，不能影响他人读书。这样，孩子就会把精力用在阅读上，逐渐养成习惯。逛书店也是个好办法，在开放式书架前，孩子可以随意摸书、翻书，对书产生兴趣。对于孩子喜欢的书，要毫不犹豫地买下来，并对他说，不仅要好好爱惜保管好，还要去认真阅读才有意义。

●**鼓励孩子自己去书中找答案**。当孩子基本能读懂书的时候，不轻易给他答案，而是帮他找书，鼓励他自己去寻找答案。家长在讲故事时，提出问题，如故事中的雨天，可以提问什么情况下会下雨，当孩子在百科全书中找到答案后，还可以延伸问题，提一些与天气有关的问题，让他去书中寻找答案。

卡氏小语 ♡

在孩子的所有乐趣中，最重要的是读书，而养成喜欢读书的好习惯，对孩子的一生幸福意义重大。孩子读书越多越好，不过也应该特别注意书的选择，一个人喜好什么样的书，往往决定于他第一次读的是什么书，而且幼年时期读的书，往往能左右这个人的一生。

阅读时间：30 分钟　　　　受益指数：★★★★

抓住孩子爱模仿的天性，让孩子享受写字的乐趣

当孩子有模有样地拿笔学写字时，也是教他书写的最佳契机。只要善于引导，孩子一定会爱上写字，并深深体会到书写带给他的美妙快感。

故事的天空

4岁时的图图是个小淘气，只要他一醒来，就像小闹钟一样，一刻也不停歇。他不是模仿动画片中的奥特曼在沙发上爬上爬下，就是模仿妈妈做饭，把厨房里的锅碗瓢盆搬到客厅玩摆灶台的游戏。

一天早晨，图图又在客厅里上演图图版的"奥特曼大战怪兽"，嘴里"哦哦呵呵"地大喊大叫着。

妈妈在厨房准备早餐。当妈妈把饭做好，来到客厅喊儿子去吃饭时却发现，客厅里被弄得乱七八糟的，小家伙却不见了。咦，小家伙哪去了？妈妈疑惑着，到处找图图。

卧室没有，阳台没有，在爸爸的书房里，妈妈终于看到了他小小的背影。原来，他躲在书房，正用圆珠笔在稿纸上起劲儿地乱画着。

妈妈喊他去吃饭，他却摇摇头，继续埋头专注地写着、画

第二章　快乐学习，让孩子在愉悦中增长知识

着。妈妈见他对写字发生了兴趣，觉得是个好事情，起码他不会乱蹦乱跳，到处扔东西了。便随手从笔筒里拿出一支铅笔，在白纸上写上几个示范的字，让他照猫画虎去写，还故意神秘地说，"要好好练习哦，等爸爸出差回来，好和他进行书法比赛。"结果，图图更来劲儿了，认真地模仿起来，尽管写得不怎么样，妈妈还是夸图图的字写得好。

从那时开始，图图就与笔结缘。妈妈有意识地引导他握笔，书写。到了5岁时，图图成了小区里小有名气的"娃娃书法家"了，字写得有模有样。他把写字当成一种享受，时不时还要和爸爸比试比试，显显自己的"书法"能耐。

吕姐爱心课堂

模仿是孩子的天性，他们从模仿中学习生活技能和技巧，锻炼心脑及肢体协调，还可以在模仿中获得许多愉悦的情绪感受。模仿是孩子学习的必经之路，如果善于抓住他们的模仿兴趣及时进行引导，一定能起到事半功倍的教育效果。图图之所以成为了"娃娃书法家"，就是父母及时捕捉到了他模仿写字的契机，并长期引导的结果；使一时的模仿，变成了永久的兴趣。

卡尔·威特在教孩子书写时，也是利用小卡尔表现出来的"学写字"的欲望，抓住他主动模仿的机遇，因势利导地教会了他。卡尔·威特从不强迫孩子学习，他认为，"如果想让一个人做一件事，可能很难；但一个人想做一件事，一般说来相对容易。当孩子有了做一件事的欲望后，只要我们能因势利导，教育就真的变得非常容易了。"

其实，孩子天生喜爱书写，他们到处信笔涂鸦就是最好的证明。涂鸦本就是在为日后的书写作准备，可是有些父母看到孩子到处"秀画技"，便强行制止，或干脆没收他们手中的笔，免得家中被他们弄得一塌糊涂。这样一来，孩子没有了涂鸦的工具和材料，再加上爸爸妈妈的强行阻止，也便逐渐失去了书写的兴趣。

书写，是贯穿人一生的事情。爸爸妈妈不妨利用孩子爱模仿、爱涂鸦的天性，为孩子的书写做好铺垫工作，引导孩子学会并爱上书写，这样，他们才能体会到书写带来的美妙快感。

当然，教孩子学写字也不可太早。有些父母望子成龙，孩子的小手刚会握笔，便急着教孩子学写字。殊不知，此时孩子的骨骼的发育还不够完善，动作的控制与调节能力还较差，过早地让孩子握笔写字，会使他感到十分紧张和吃力，对身心发展都很不利。培养孩子的书写能力，也要结合儿童的生理和认知发展特点。在孩子学写字的最佳时期，父母要抓住孩子爱模仿的天性，及时为他提供必要的场地、用具，做好示范，引导孩子自发地学习，把书写更顺利地进行下去。

卡氏支招DIY

孩子学习书写，除了增长知识，利于大脑的发育，还能锻炼他们手部的小肌肉群。所以，让孩子对写字产生兴趣，也是家教中重要的一环。

●**鼓励孩子信手涂鸦**。为了吸引孩子的注意力，父母可以经常在孩子面前秀书法，随意写着玩，让他产生好奇心，一旦他对写字的行为产生了兴趣，可顺势给他一支笔，让他在纸上开始随便画。经过一段时间，他能够控制笔画出一些东西之后，再尝试跟他一起写，写一些他感兴趣的字，他自然就会热心地去模仿了。只要孩子能写出一两个字，那种成就感就会鼓舞他继续努力去学习。

●**准备好必备的物品**。当孩子开始涂鸦时，要及时为孩子准备好笔、纸等书写用具。不妨在阳台或房间的某个角落为孩子开辟一个写字场地，让他在那里随意写画，这样他就不会再在墙壁、衣柜、门窗等地方乱写乱画了。

●**引导孩子正确握笔**。许多孩子不会握笔，大多用五指把笔攥在手里，显得笨拙可笑。所以，要先教孩子握笔姿势，帮他们掌握正确的握笔方法，为孩子做出正确的示范。平时应有意锻炼孩子三指捏物的动作，只有熟练掌握三指捏物的动作，才能容易地掌握正确握笔的方法，写写画画才能更顺利。

●**写字姿势很重要**。掌握了握笔姿势，还要注意矫正孩子写字的姿势。孩子写字的时候最容易向左歪头，或是头过低、胸口紧贴着桌子等，重点注意这几方面就可以让孩子养成一个良好的写字姿势，这对孩子的身体发育很重要。

●**不要用"整齐"来约束孩子**。在教孩子写字的过程中，只要孩子能写出来，就应该鼓励，不要批评孩子写得不规范、不整齐。对他们来说，主要是培养写字兴趣，至于写得如何先不要去管，慢慢去引导。否则，孩子的写字热情遭受打击，就会慢慢失去写字的兴趣，甚至干脆"罢工"，不再握笔了。给孩子自由，允许他们随心所欲地去"画字"，反而更有利于孩子书写技能的提高。

●**多给孩子鼓励**。及时地鼓励和赞赏，是孩子学习技能的催化剂，它可以满足孩子的心理需要，激发和调动孩子的学习兴趣、热情和愿望。父母一定不要吝啬对孩子的赞美，无论孩子写得好坏，都要大大赞扬一番，这会让孩子学习写字的劲头更足，你想阻止都阻止不了。

卡氏小语♡

模仿是孩子的天性，他们从模仿中学习生活技能和技巧，锻炼心脑及肢体协调，还可以在模仿中获得许多愉悦的情绪和感受。模仿是孩子学习的必经之路，如果善于抓住他们的模仿及时进行引导，一定能起到事半功倍的教育效果。

阅读时间：30 分钟　　受益指数：★★★★

大自然，孩子学习的动力之源

大自然是最好的、最无私的老师。把孩子带入大自然，会使他们对这个大千世界萌生极大的兴趣，从而产生无穷的学习动力。

故事的天空

4岁的牛牛最期盼的就是周末的到来，一家人好去郊外度假。早在他几个月大时，全家就养成了定期到大自然中去寻找快乐的习惯。几年来牛牛听惯了大自然中的天籁之音，看惯了苍翠的青山和潺潺的小溪，喜欢在石头缝隙里寻找小虫，喜欢在青草地上自由翻滚。

周末，他们又去了郊外。这次的目的地是半山中的山泉洞，到那去看飞流直下的瀑布。走在逶迤的山路上，牛牛顺手摘下一朵不知名的小花儿，拿在手上看着。

爸爸凑过来，父子俩开始研究这朵花，爸爸告诉他："这是花瓣，这是花蕊、花萼，还有随风飘洒的花粉，没有它，花儿最后是结不出果实的。"

牛牛听得频频点头，等爸爸讲解完，又伸手摘下一朵淡蓝色的花朵，现学现卖地把刚学到的知识说给走在后边的妈妈听。那神情，俨然是一位小植物学家。

在继续前进的路上，一只蝈

蝈从草丛里跳了出来，爸爸可不能放过这样的好机会，便马上把蝈蝈的身体结构、习性等知识传授给儿子。

牛牛已经通过这种方式学到了许多自然知识，因此每一次的大自然之旅都有收获。如摘下一朵花，拔下一棵草，砸碎一块岩石进行观察；窥视小鸟的窝，观察小虫的生活状况，跟踪搬家的蚂蚁等。这些有趣的事情，令他总是流连忘返于这美丽的山水间。回到市区，他还绘声绘色地向小朋友们讲述自己有趣的亲身经历，叫人好不羡慕。

吕姐爱心课堂

大自然是一本永远也翻不完的立体百科全书，包罗万象，应有尽有。亲近大自然，是人的本性。可是，如今在城市水泥森林里成长的孩子，越来越远离蓝天、绿树、阳光、花草、小动物等大自然因素，失去了从大自然中汲取营养的绝好机会。

大自然中的万千景象，令好奇心、探索精神强的孩子受益颇多，不仅能启发他们的悟性，使其身心得以放松，还可以培养他们的很多能力。大自然为孩子提供了各种丰富多彩的视觉、听觉、嗅觉和触觉方面的刺激，从而促进他们的感知全面发展。在与大自然的亲密接触中，孩子加深了对生命的理解，身心都会受到"洗涤"，获得心灵的宁静。

卡尔·威特在对小卡尔的教育中，就充分利用了"大自然"这位不开口的老师。他把大自然当成课堂，每天早晨开饭前都带小卡尔出去散步一两个小时。在与孩子的互动中，小卡尔从幼年起就对大自然产生浓厚的兴趣，学到许多有关动物和植物方面的知识，甚至扩展到人文历史、物理、化学等各个方面的内容，为小卡尔养成爱学习、爱动脑的好习惯打下基础。

大自然是最好的老师，自然界中的一切都可能成为教育素材，只要父母有足够的耐心，完全可以通过自然教给孩子丰富的知识。

有些父母为孩子的一些不良行为而烦恼，为此，卡尔·威特还提出建议："不妨把孩子都带到大自然中去，这样他们就无暇'干坏事'了。"因为孩子的不良行为，大多是由于精力过于旺盛，却找不到合适的发泄渠道而往"坏"处用造成的，这无疑是一种精力的浪费。接触大自然可以陶冶情操，使孩子的心地纯洁高尚。经常接触大自然的孩子，不仅能呼吸到新鲜空气，感受各种自然事物的美好，还能使他们的身心更健康。

带孩子走进大自然吧！让他去感受泥土与青草的芳香，去聆听鸟叫蛙鸣，去观察蜂飞蝶舞，用一颗纯真而充满好奇的心灵去探索大自然的奥秘，尽情享受大自然带来的无尽乐趣吧。

卡氏支招DIY

自然界有很多动物、植物、自然现象，到处都是知识点，父母要细心观察，耐心教导，利用这信手拈来的"教具"，让孩子充分感受大自然，体会大自然，定然会收到奇妙的效果。

● **多到大自然中走一走、看一看。** 不要把忙当成借口，利用节假日等休息时间多带孩子走进大自然，让他们去认识各种植物、动物，欣赏蓝天白云，领略壮丽的山川河流；在花丛间闻花香，在草丛中追逐蜻蜓蝴蝶，不要担心弄脏了衣服，让孩子在草地上打滚翻跟头，在沙滩上赤脚走一走。这才是生活的本真，也是孩子天性的展露。

● **在家中开辟"植物园"。** 尽可能让孩子跟自然多接触，可以在家里为孩子开辟一个植物园。如利用家中的阳台，养几盆花草，种植几棵植物。让孩子每天给它们浇水、除草，观察它们的生长情况，他们一定会感到非常高兴和有趣。

● **饲养几只小动物。** 孩子与小动物有着天然的亲近感，给孩子养一只小乌龟、小金鱼或其他小动物，让他们做小小饲养员。在饲养这些动物时，孩子得注意喂食，观察它们的健康状况，这会使孩子获得许多有关动物生活习性、繁殖等方面的知识，还培养了他们的责任心和爱心，以及专注的精神。

● **多参加户外游戏。** 户外活动会使孩子对大自然的兴趣大增，可以把户外活动设计成游戏，如嬉雨游戏，事先穿好雨鞋，带上雨伞，领孩子去嬉雨，听雨打在伞面、树叶、屋顶上的声响，看雨点落至各处溅起的水花；下雪天到户外数雪花、滚雪球、堆雪人、打雪仗等；看到沙土不要放过，玩沙土、堆小山、筑城堡、植树等。父母要善于利用自然现象与孩子进行"游戏"，从游戏中把自然知识灌输给孩子，他们会印象更深刻，记得更牢固。

卡氏小语 ♡

只要父母有心，自然界的一草一木都可以成为教育的素材，自然界的一切都可以成为孩子认识与注意的对象。世界上再没有比大自然更好的老师了，它能教给人无穷无尽的知识。

阅读时间：25 分钟　　受益指数：★★★

百闻不如一见，在生活中增长见识

认识大千世界，靠的是用眼睛看，耳朵听，鼻子闻，手脚触摸踩踏等。对于爱动的孩子，不妨多带他们走进生活，这远比让他们坐在书桌前死啃书本好得多。

故事的天空

6岁的睿睿坐在海边的礁石上吹着凉爽的海风，看着爸爸在大海里自由自在地游泳，妈妈坐在沙滩上看她的口袋书，一家人其乐融融。

这不知道是多少次的全家出游了，打从睿睿3岁开始，全家人就利用节假日到处旅游，目的就是让睿睿多长见识。的确，小家伙真的是"见多识广"，每次回去，她都绘声绘色地给大家讲一路上的见闻。

爸爸上岸后举着手上的"战利品"向她们走来，睿睿知道爸爸又有了收获，赶紧从礁石上跳了下来。原来，爸爸逮到了一只小海龟。睿睿高兴地围着爸爸打圈圈，就是不敢伸手去接那只可爱的小海龟。

妈妈看看小海龟说："这是一只刚破壳的小海龟，在附近一定还有其他的小海龟要往海里爬，它们虽然生在岸上，大海却是它们的家。"

睿睿有了兴趣，赶紧在附近的沙滩上寻找起来，一家人撒网

式地在沙滩上找其他的小海龟，结果只发现了一个空空的龟蛋壳儿。

虽然没有发现更多可爱的小海龟，睿睿却学到了许多关于海龟的知识，妈妈手中的那本书里就有这方面的知识，这都是给女儿准备的，在决定来海边旅游时，就特意买了一本关于海洋生物的书，以便见到什么就学些什么。像之前见到的海鸥、海燕、飞鱼、螃蟹等，睿睿都已经理论联系了实际，这不，又学到了关于海龟方面的知识。

睿睿是一个极富同情心和爱心的孩子，她觉得小海龟好可怜，决定不带它回家饲养了，而是让它回到大海里去找妈妈。

吕姐爱心课堂

在许多人看来，孩子只有安安静静地坐在书桌前读书才是学习，而出门游山涉水、参观动物园、博物馆，或是欣赏晚会、演出等，则是"玩"，顶多算是休闲娱乐。殊不知，这"玩"的背后也有大学问。睿睿就是在举家出门"玩"的过程中学习的，父母尽量创造机会让孩子多观察，多体会，然后自然而然地引起话题，无形中让孩子学到许多知识。

卡尔·威特认为："一个只拘泥于书本知识的人，会变得目光短浅、头脑狭隘，不可能成为有远见的学者。不仅如此，如果仅仅停留在书本而不直接走入生活当中，那么就连书本上的知识也不可能充分掌握。"他坚信，一个书呆子式的人物在这个世界上不可能有任何作为，所以便尽可能地让小卡尔在生活中学习知识。除了教给儿子书本上的知识，还注意利用一切机会来丰富儿子的知识，如看到建筑物，就告诉他那里面有什么，建筑结构是怎样的；看到古城，就告诉他这个城的历史，以及围绕这个古城的种种逸闻趣事。就这样，小卡尔一天天变得博学起来。

"百闻不如一见"，读万卷书远远比不上行万里路。现实世界能教给我们的，永远比书本能教给我们的更多、更丰富、更生动。当孩子看到海鸥随着航船飞翔盘旋，"啊啊"叫着的时候，这时给他讲海鸥就变得具体生动起来，一定会在孩子的脑海中留下深刻的印象，孩子怎么会不欢欣愉悦呢？所以，父母不要吝啬时间，不要关上门在家里教孩子学死知识。大千世界是最好的老师，一草一木，一砖一石，都是生动的活教材，在给孩子带来欢愉的同时，他们也会把有关知识吸收进大脑中，而且终生难忘。

卡氏支招DIY

知识的得来，不能仅靠书本。认识大千世界，还要靠眼睛看、耳朵听、鼻子闻、手脚触摸等。对于有着强烈的好奇心、爱动的孩子来说，走出家门，在生活中增长见识，是一种很好的学习方式。

●**坚持室外活动**。父母每天都要抽出时间带孩子到户外活动，教孩子认识身边的事物，观察它们的特征，把看到的事物说给孩子听。如告诉孩子"那幢楼是新落成的图书馆，里面有好多书""坐这辆公交车可以到奶奶家，可在马路对面上车，就离奶奶家越来越远了"，知识就在生活中，父母要善于利于一切机会来丰富孩子的知识。

●**逛逛动物园**。动物园里动物种类多而集中，既有实物，又有文字简介，是教孩子认识动物的捷径。带孩子到动物园去看各种动物，让他们注意这些动物的外形和声音的特点。父母可以将每种动物的介绍读给孩子听，让孩子知道这些动物的产地、所属纲目科等，可激发孩子的探索精神。

●**走进博物馆、科技馆**。陪孩子参观博物馆、科技馆或者其他展览，对孩子是一种宝贵的经历。在去之前，父母最好先做足功课，对参观对象有所了解，以便及时为孩子讲解。如果碰到孩子的提问不好回答，一定要实事求是地告诉孩子，不能随意编造，并答应孩子回家查阅资料寻找答案，或者询问展馆的管理人员。

●**在旅游中开阔视野**。在经济和时间允许的情况下，应多带孩子外出旅游，让孩子了解一下异地的风土人情，可开阔孩子的视野，牢记掌握看到学到的知识。特别叮嘱孩子在参观游览中要用心观察，认真听取父母或者导游的介绍与讲解。回来后能追述或写点感悟性的文字就更好了。

卡氏小语 ♡

"百闻不如一见"，读万卷书远远比不上行万里路。现实世界能教给我们的，永远比书本能教给我们的更多、更丰富、更生动。

阅读时间：30 分钟　　受益指数：★★★★★

角色游戏，让孩子体验人生真谛

角色游戏，可以帮助孩子体验和认知生活，并使他从中学到许多"技能"。父母不要认为孩子的游戏太幼稚，应放下身段，积极地进入角色，和孩子一起快乐游戏。

故事的天空

燕燕妈妈简直就是一个孩子王，她几乎每天都陪5岁的燕燕玩游戏，甚至甘愿放下身段让燕燕做"妈妈"，而自己当"女儿"。

这不，一天她又把邻居的几个孩子召集到一起，在小区广场的一角，安排孩子们做游戏，引来不少的围观者。

燕燕妈妈这回是在厨房忙活的"厨师"，而孩子们有的做经理，有的当收银员，有的当服务员，自然还有几个孩子做顾客。

经过一阵子接待、点菜、炒菜、上菜的忙活，几个"顾客"吃得很开心。可是有一位"顾客"却突然大声喊叫"服务员"，小"服务员"赶紧过去。原来这位要了一碗面条的"顾客"从碗里发现了头发，很不高兴地要讨说法。

"经理"小朋友出现了，她赶紧检讨，并把"厨师"叫了过来，批评她工作不认真，出了大乱子。燕燕妈妈一脸真诚地做着检讨，并给顾客鞠躬道歉。

最后的结果是"顾客"满意，结束了游戏。

当孩子们开心地跑跑跳跳时，有一位老大妈好心地劝燕燕妈妈，说和小孩子一起玩儿显得不正经，大人就应该有大人的样子。而一些年轻的妈妈却很支持，说亲子交流就要放下身段，和孩子地位平等。

燕燕妈妈的经验是，和孩子一起游戏，可以让孩子从角色中体验真实的生活，建立正确的生活方式和人生观，引导孩子悟出更多的人生真谛。

吕姐爱心课堂

角色游戏是孩子用模仿和想象，通过扮演角色，创造性地反映现实生活的一种游戏，是最适合孩子身心发展需要的游戏之一。它能对孩子的发展起到多方面的促进作用。孩子通过对社会生活的反映与模仿，有助于他们的学习生活及社会性行为，从而发展交往能力；并且还可以丰富孩子的内心世界，促进孩子的主动性、独立性和创造性的发展。

在教育小卡尔的过程中，卡尔·威特和妻子就很热衷于与孩子一起玩角色游戏，并亲自设计一些游戏与小卡尔一起玩。他认为，"角色游戏既能使孩子增加知识，体会到生活的乐趣，还能使孩子积累成功的经验，增强自信心。"

可是在现实生活中，有些父母觉得和孩子一起玩这种游戏太幼稚，再说没大没小的，也挺丢份儿，不愿意和他们一起互动。其实，孩子非常希望父母能参与他们的游戏，这不仅能让孩子从父母身上学到许多生活经验，还能使亲子之间的感情更密切。所以，不要认为孩子的游戏无聊可笑，要积极参与到他们的角色游戏中，帮助他们体验和认知生活。平时还要鼓励孩子多观察日常生活，了解各种人物的活动，特别要注意观察父母本身的生活，让他们去模仿。

需要注意的是，在角色游戏中，孩子才是游戏的主角，父母是支持者、参与者，而不是指挥者。这样，才能让孩子充分表达自己的意愿，满足他们渴望参加社会生活的需要，更大限度地发挥他们的想象力，开动脑筋，进行创造性的活动。

卡氏支招DIY

角色游戏既是孩子自身生活经验的反映，也是对成人社会的模仿。在看似轻松愉快的游戏中，孩子潜移默化地学到了许多生活技能。所以，父母不仅不能干扰和中止孩子正在进行的游戏，最好还要积极参与到孩子的角色游戏中。有了父母的参与，孩子一定会玩得更尽兴。

- **为游戏创设条件**。角色游戏需要有场地和必要的道具，父母要为孩子准备游戏的场所、设备和玩具材料。首先，要准备一个安全的空间，孩子可以在这个空间中不受任何束缚和困扰地想象。依据游戏内容，为他准备相关的玩具和材料，比如适合过家家的厨房用具、医疗卫生器械、超人的斗篷等。这些玩具可以激发孩子的游戏愿望和兴趣，发展其想象力，使孩子玩起来更轻松便利。

- **帮孩子丰富游戏内容**。父母参与孩子的游戏，更有助于丰富游戏的内容，使游戏顺利进行。由于孩子的生活经验不足，难免导致游戏内容贫乏枯燥或无法正常开展，这时可以对孩子进行一些必要的帮助和指导，让孩子有选择、有目的地去玩。这样才能使游戏更有趣，孩子们也才能沿着正常的轨迹发展。

- **孩子是游戏的主角**。在和孩子做游戏时，要赋予孩子权力，让孩子做主角，爸爸妈妈只是参与者，要服从"命令"，不要"喧宾夺主"才好。一般情况下，父母应担任游戏中的配角或者副职等，这既能以角色身份指导游戏，又避免了将自己的主观意愿强加给孩子。

- **指导孩子选择角色**。在角色游戏中往往有好几个角色，孩子对角色的选择，直接影响他对所玩游戏的兴趣。一般来说，应让孩子自己选择，但父母也可以根据孩子的知识经验、能力、性格等，提出合理的建议。比如对于胆小的孩子，可建议他担任警察、解放军等勇敢者的角色；孩子缺乏领导组织能力，则建议他担任"妈妈""医生""经理"等在游戏中起组织作用的角色。

- **让孩子做好游戏结束的善后工作**。游戏结束后，父母应指导孩子收拾、整理好玩具和游戏材料，让他们养成良好的游戏习惯。

卡氏小语 ♡

角色游戏既能使孩子增加知识，体会到生活的乐趣，还能使孩子积累成功的经验，增强自信心。

阅读时间：30 分钟　　受益指数：★★★★

学习，重质不重量

学习不在时间长短，关键是要有质的提升。学习方法是关键，父母不要采取疲劳战术对孩子进行硬灌，而应创设适宜的环境，让孩子有兴趣地去学习。

故事的天空

泉泉妈妈对孩子的学习抓得很紧，每天按制订好的计划进行，早上背两个英语单词，上午背一首唐诗、写一页拼音字母，下午还有数学等着呢。如果完不成，就要挤占游戏的时间。尽管如此，孩子的学习效果并不理想。泉泉妈妈觉得自己已经很努力了，可是为什么就教不好泉泉呢？

同在一个单元住着的丹丹也是5岁，在泉泉妈妈眼里，人家的孩子却比泉泉有出息，在学习上很少看丹丹妈妈操心，可是小姑娘在幼儿园里处处拔尖。

丹丹妈妈听过前来取经的泉泉妈妈的诉苦后，分析说："其实，孩子的智商基本差不多，之所以有不同的学习成绩，还是与大人引导有关。"

泉泉妈妈坐直了身子，摆出一副愿闻其详的神态。

丹丹妈妈说："不是我批评你，在教育孩子的问题上过

第二章　快乐学习，让孩子在愉悦中增长知识

于在'量'上钻牛角尖。每天把孩子紧紧地捆在书桌前，结果把孩子逼得没了学习的兴趣。"

泉泉妈妈若有所思地点点头。

丹丹妈妈介绍着经验说："孩子的学习，并不是时间越长效果越好，我们还是要在'质'上下功夫。小孩子集中注意力的时间本来就短，强迫他坐在书桌前也不会有任何效果，不如投其所好，根据他的兴趣，每天用心学但少学点儿，时间长了，慢慢就积少成多了。"

泉泉妈妈也认识到以往的教育方式的确存在缺陷，决定改进教育方法，给孩子更大的自由空间，尽量营造宽松、有趣的学习环境，在寓教于乐中展开学习，注重质的提升，给孩子好好减减压。

吕姐爱心课堂

孩子天天坐在书桌前学习却不能取得好成绩，皆因为父母的错误方法所致，在对待孩子学习方面，许多父母都觉得还是严一点好，小孩子哪有不贪玩的，必须硬性地给他规定学习的时间。现在都是一个孩子，不能让孩子输在起跑线上。为此，一些父母要求孩子学这学那，不切实际地要求孩子去学超出他们接受能力的东西。如孩子才两岁就要求他学习三四岁的内容。为了让孩子学会更多的知识，往往无端剥夺他们玩耍的时间，结果是可想而知的。

卡尔·威特对这种现象批评道："实际上，父母的这种做法，不但不能培养孩子的学习能力，而且在某种程度上会扼杀孩子学习的积极性。"在小卡尔身上，他从来不采取这种不切实际又野蛮的方式。把质量放在第一位，给孩子玩耍的自由，通过有趣的游戏和一些令孩子感兴趣的方式教给他知识，小卡尔在寓教于乐中，把所学到的知识都牢记在大脑中。而老卡尔一位朋友的儿子却没有那么幸运，那个还不到5岁的孩子终日坐在被书本覆盖的书桌前，当老卡尔问他一些有关他学过的知识时，虽然也能够说出课程的内容，但思维明显混乱，回答毫无头绪可言。

在对孩子的教育上，要重"质"而不是"量"。没必要把孩子长时间控制在书桌前，这会导致孩子把学习当作一种痛苦和负担。如果学习是玩，是一种有趣的游戏，那么再怎么用功也不会觉得累，孩子会充分享受并且喜欢上学习的过程。因为人的大脑正是在不断大量的刺激下发育起来的，刺激越多，大脑就越聪明。只有让孩子自己去找兴奋点，才能激起他们对学习的兴趣和欲望。在玩耍中学习有助于孩子智力的发展，也有助于许多非智力因素的发展。切莫只学不玩或多学少玩，这都违背了儿童教育学和儿童行为科学的规律。

卡氏支招DIY

爱玩爱动是孩子的天性，他们是不可能长时间静下心来学习的，即便强迫坐在书桌前，也常常捧着书本发呆，或者望着天空想入非非。这种状态，怎么能取得好成绩？早期的教育应重质不重量，父母切不可逼迫孩子学习。

●**点燃孩子的学习热情**。早期教育的主要任务是启发，让孩子对所学的内容感兴趣，就算达到了目的。而非强迫孩子背会几首古诗，掌握几个英语单词。孩子自愿地、聚精会神地画上一幅画，远比在父母的命令下，潦潦草草地画上十幅强得多。

●**从兴趣爱好着手**。兴趣是最好的老师，从兴趣入手，更容易使孩子掌握知识。如孩子迷恋恐龙，就经常带他去自然博物馆，或者到图书馆为他借一些史前动物画册，适当的时候还可以买一些模型玩具。如果孩子喜欢小动物，就多带他到动物园或大自然中去，近距离观察动物的形象、习性，父母也可以借机介绍相关的知识。

●**在游戏中学习**。孩子有了学习兴趣，才能点燃他们的激情。爱玩是孩子的天性，不妨让他们尽情地玩，越是玩得精、玩得巧、玩得花样翻新，越能收到好的效果。父母应该将学习的内容巧妙地融入进游戏中，使孩子在不知不觉中掌握新的知识，丝毫感觉不到被迫与无奈。

●**与孩子分享学习的喜悦**。当父母着迷于一本书、一幅画，或是一件艺术品时，一定要邀请孩子一起分享这份喜悦，让孩子知道父母到底因何如此高兴。在这样的氛围下，孩子会不知不觉被"感染"到大人在学习时的热情。

卡氏小语♡

把孩子紧紧地控制在书桌前，不仅不能提高他们的学习成绩和增强学习效果，反而会扼杀孩子学习的积极性。对孩子的教育，重要的是"质"而不是"量"。让孩子在玩耍中学习，更容易使他们掌握各种知识。

第三章

优秀品性，筑就孩子人生坦途

品德和性格是决定孩子未来成功的关键。卡尔·威特曾说过："相对于知识和能力来说，一个人具有高尚的品德和良好的性格更为重要。如果没有高尚的品质和美好的善行，那么即使他拥有绝顶聪明的头脑或者掌握足够丰富的知识，这个人也是百无一用。"

品德，人生最美的音符

　　品德，是奠定人生成功的基石。良好的品德不是与生俱来的，而是后天培养熏陶的结果。好品德形成得越早，越容易根深蒂固地巩固下来。所以，父母在关注孩子的饥饱冷暖的同时，还要把伦理道德的培养高度重视起来。

——卡尔·威特

阅读时间： 25 分钟　　**受益指数：** ★★★★

诚实，才能赢得人生

　　诚实，是孩子不可或缺的品质，是一个人的亮丽名片。要让孩子知道，做一个诚实的人是值得骄傲的，也会备受人们尊敬。

故事的天空

　　4岁的甜甜独自在沙发上玩耍，妈妈在厨房里做午饭，四菜一汤做好后，才想起孩子还在客厅里玩儿，赶紧擦擦手到客厅看孩子。

　　还好，甜甜正坐在沙发上默默地玩着她的布娃娃。细心的妈妈发现，原本放在茶几上的塑料水杯挪了位置，水杯空了，茶几上有水痕，地板也湿了。

　　妈妈坐在甜甜的身边，问："宝贝儿，是你打翻水杯的吗？"

　　甜甜赶紧摇摇头，低声说："不是我。"

　　妈妈看她有点心虚的样子，没有立即责备她，而是和她一起玩了一会儿。然后，抚摸着她的头说："渴了吧，喝水吗？"

　　甜甜伸出舌头舔舔嘴唇，表示想喝水。

　　妈妈拿起空塑料杯问："这里边的水呢？"

　　甜甜又摇摇头，表示不知道。

　　妈妈问："是不是你打翻了杯子，水都流出去了？"

甜甜还是摇摇头。

妈妈严肃地说:"宝贝儿,不管是不是你打翻的,我都希望你做一个诚实的好孩子。诚实的孩子才会被大家喜欢。"

甜甜稍稍犹豫了一下,下定决心似的点点头,告诉妈妈是自己不小心打翻了水杯。

妈妈立刻把她抱在怀里,亲着她说:"这才是好孩子,做错了事情没关系,谁都有做错事的时候,但一定要记住不能撒谎,没有谁愿意同爱撒谎的人在一起。"

甜甜使劲儿地点点头,把脸紧紧贴在妈妈的胸前,表示今后一定做个诚实的好孩子。

吕姐爱心课堂

诚实是做人的根本,是不可或缺的优秀品质。一个爱说谎的人,是不会获得大家的认可和尊敬的,更不会有人愿意与其合作。培养孩子诚实的品质,直接影响到他们的未来和前途。

卡尔·威特说:"诚实是一个人必备的品质,同其他教育一样,孩子的诚实品质教育也要从他很小的时候就开始着手培养。"

人之初性本善,几乎每个孩子在爸爸妈妈的眼里都是完美可爱的。可随着孩子一天天长大,有些父母增添了新烦恼,发现突然有一天,孩子竟学会了撒谎!这时父母一定要仔细分析孩子撒谎的原

因，然后对症下药，及时帮孩子纠正撒谎的不良习惯。

孩子撒谎的原因有很多，有些孩子为了逃避责任或害怕受到惩罚而撒谎，他们往往以为没有人看见他们做坏事，就可以逃脱干系，安枕无忧。虽然孩子小，小心眼儿可不少，为了保持他们在爸妈眼中"好孩子"的形象，为了使大人高兴，他们也会"口出谎言"。还有些孩子由于判断不准，或混淆现实与幻想的区别而撒谎，这不是他们有意编造谎言，而是由于儿童心理发展水平所限的结果。

对待孩子撒谎的行为，要有所区别来看待，不同目的的谎言，教育的方式也应有所不同。但一定不要认为，孩子小所以撒谎没什么大不了的，一旦把撒谎变成了习惯，就可能成为他们今后产生不良行为的根源。要想孩子今后成为诚实正直的人，就要从小对他们进行严格的教育，在生活中防微杜渐，使他们养成诚实守信的好品德。

卡氏支招DIY

诚实是立世之本，说谎涉及道德品质的问题，必须引起父母的高度重视。父母必须从小就开始对孩子进行正确的引导和教育。

● **诚信教育不可失**。父母要把诚信教育放在首位，通过讲故事的形式多给孩子讲一些诚信方面的故事，用一些名人、伟人给孩子做榜样，强调做人要诚实。让孩子从懂事时起，就知道诚实守信的道理。

● **鼓励孩子讲真话**。当孩子闯了祸主动讲了真话时，父母一定要控制好自己的情绪，针对不同的问题采用相应的办法，不要一味地斥责、批评孩子，让孩子失去了自尊心。要帮孩子分析问题所在，引导孩子及时改正错误。

● **过分指责和惩罚要不得**。发现孩子说谎时，不可大声斥责或大打出手，让孩子受到惊吓或是感到害怕。这会使孩子的心灵受到伤害，产生自卑心理，或为了逃避责难而撒更多的谎。家长可以在一种轻松的环境中，告诉孩子说谎会有什么样的危害，告诫孩子说谎或许能一时蒙混过关，但迟早也会让他人发现事情的真相，等真相大白之后，不仅会让自己处于一种尴尬的境地，还会失去别人的信任。孩子在愉悦互信的氛围中受到启迪，诚实守信的意识也就会逐步培养起来。

● **父母要以身作则**。孩子受父母的影响是巨大的，他们喜欢模仿成人的举止行为。所以，父母要提高自身的思想品德修养，不说空话、假话、大话，对孩子言而有信，说到做到，起到良好的表率作用。

卡氏小语

　　诚实是一个人必备的品质，同其他教育一样，孩子的诚实品质教育也要从他很小的时候就开始着手培养。

爸妈私房话

阅读时间：25 分钟　　受益指数：★★★★★

节俭，不等于清贫

节俭是一种美德，俭朴的生活有助于磨炼人的意志，提高人的精神境界。所以，父母要给孩子上好吃苦耐劳、勤俭节约的品德课。

故事的天空

6岁的桃桃是个节俭的孩子，她从来不乱买零食，有了零花钱就放入存钱罐里。

幼儿园里的许多小朋友都说她是小气鬼，可是她却不生气。在一次为灾区捐款的活动中，桃桃一下子就捐出了一百二十元，是全幼儿园小朋友中捐款最多的。

桃桃的家庭条件不错，爸妈都是白领阶层，在生活上注重质量，桃桃没有受过什么委屈。小孩子都容易产生虚荣心，而桃桃的爸爸妈妈却一直给他灌输节俭是美德、浪费可耻的道理。

在桃桃4岁时，妈妈带他去书店买书。桃桃看中了一本精装版的童话书，可是妈妈却挑了一本简装的，桃桃有些不高兴，妈妈耐心地告诉他："同样内容的图书，精装的和简装的价格差了三分之一，咱们是为了学习内容，而不是为了好看装帧。"最后，桃桃高高兴兴地拿着简装版的图书回家了。

不仅如此，在生活上爸爸妈妈也是严格要求，饮食上追求食

材新鲜，营养第一，而且吃多少就做多少，绝不浪费。为了让孩子体验生活，他们特意带桃桃回到农村老家，去体验劳作与艰辛，使桃桃知道了换取报酬的渠道是劳动，而不是从银行取款机中随意提取的。

桃桃的玩具有很多是亲戚、朋友家大点的孩子玩过的，经过妈妈精心清洗，个个都像新的一样，桃桃玩得津津有味。而且有些玩具，还是他亲自参与手工制作的呢！

吕姐爱心课堂

节俭不等于贫穷和小气，勤俭持家对任何一个家庭来说都十分重要。父母应该让孩子知道每件物品的价值，从而去珍惜爱护它们。卡尔·威特在教育小卡尔的过程中，十分重视对孩子勤俭品德的培养，绝不允许孩子随便丢弃或毁坏东西，要他必须懂得每一件物品的价值所在。同时还经常告诫儿子不要贪婪，他说："简朴的习惯常常建立在满足的基础上，你对物质的要求越低，你就越容易得到满足。"简朴的家风更容易让孩子形成简朴的品质，卡尔·威特在生活中时时为孩子树立榜样，一件穿了十几年的外套，领口和袖口都磨破了，他却毫不在意，妻子补好之后仍旧继续穿。

节俭是美德，浪费是可耻。可是在现实生活当中，攀比之风越来越盛行，比房子、比票子、比车子、比位子、比名牌等。在这种社会风气下，孩子的虚荣心也会泛滥，节俭品质难以培养。其实，人类精神的富有要比物质的丰富有价值得多。节俭与吝啬不同，不舍得花钱不等于吝啬，而是要把钱花到真正需要的地方。桃桃从不乱花钱，但在帮助别人的时候，却毫不吝啬。这才是真正的大方。

在物欲面前，成人能根据自己的现实情况，用理性加以控制，懂得取舍。而孩子就不同了，看到自己喜欢的东西，他们会利用哭闹等手段让爸爸妈妈满足自己。很多爸爸妈妈对孩子有求必应，这会使孩子的物欲越来越膨胀，很难让他养成节俭的习惯。试想，孩子想要什么，马上就能得到满足，他又怎么会产生珍惜的心理呢？

如今，越来越多的父母已看到培养孩子节俭品德的重要性，许多"以俭养德"的事例告诉我们：要把孩子培养成有理想、有追求、有出息的人，勤俭节约、艰苦朴素的教育是不可或缺的，这是父母能够送给孩子的一笔永久财富。

卡氏支招DIY

父母要当好孩子的第一任老师，不仅应经常向孩子灌输勤俭节约的道理，而且还要在日常生活中做好榜样，潜移默化地感染孩子，从而引导他们走好人生的每一步。

● **教育孩子珍惜物品，不浪费**。培养孩子的节俭品质，要让他们懂得所吃、所穿、所用来之不易，是爸爸妈妈用汗水和心血换来的，而不是从银行取款机取来的。爸爸妈妈可以通过讲故事的形式来培养孩子的节约意识，如将随手关水龙头这件事编成小故事，通过生动的语言、形象的动作，来表现没关水龙头后水龙头的反应，如它很伤心、流了很多眼泪，孩子被故事情节感染，对水龙头产生同情，以后便会主动关掉水龙头。

● **让孩子体验一下艰辛**。随意浪费是不珍惜劳动果实、不尊重劳动的表现。父母可以让孩子经常参加劳动，体会劳动的艰辛。如带孩子去参观工厂，参与农村的生产劳动，在家中做些家务，都有助于让孩子体验生活的艰辛。

● **为孩子做出榜样**。孩子喜欢模仿爸爸妈妈的行为，因此父母平时要注意自己的言行，带头过节俭的日子。如在刷牙或擦肥皂时关掉水龙头，将洗衣服的水留下来冲厕所等，还要告诉孩子你在做什么，让他通过父母行为掌握节约的方法。

● **拒绝孩子不合理的要求**。不是所需要的，即使孩子用哭闹的方式索取，也不要随便答应他无理的要求。并向他们解释拒绝的理由，让他们学会珍惜父母的劳动成果。

● **真正需要的时候才消费**。平时要让孩子学会爱惜玩具、书本、文具等，不损坏、不浪费。要让孩子懂得，真正需要的时候才消费，才买新东西。

● **克服孩子的攀比心理**。盲目地与别人比钱比物只能使孩子贪图安逸，失掉勤劳朴实的优秀品质。平时教育孩子不要在吃、穿、用等方面和别人攀比，要教孩子比学习、比劳动、比品德。

卡氏小语 ♡

节俭不等于贫穷和小气，勤俭持家对任何一个家庭来说都十分重要。父母应该让孩子知道每件物品的价值，从而去珍惜爱护它们。

阅读时间：25分钟　　　受益指数：★★★★

第三章　优秀品性，筑就孩子人生坦途

劳动者才是最美的

这个世界没有真正的免费午餐。人是有劳动的本性的，关键是在他小的时候能否有机会去实践和锻炼。

故事的天空

阳台上，一盆月季花正用笑脸欢迎4岁的佳佳来给自己浇水，它和小佳佳已经有一年半的交情了，每天早晨都会准时相约。佳佳浇完水，还要轻轻抚摸一下漂亮的花朵，把小鼻子凑上去闻一闻才满意地离开。

给花儿浇完水，佳佳开始坐在餐桌前和爸爸妈妈一起吃早餐，餐后她的任务是擦桌子。佳佳擦桌子可认真了，按妈妈的要求认真地擦三遍才满意地离开。

在接下来的一天中，佳佳总是配合妈妈做家务。客人来了，帮助端水果盘；买菜回来，帮妈妈择菜。见过佳佳的人都夸她聪明能干，这时她心里可高兴了。

佳佳之所以是一个能干的孩子，还在于父母的引导。早在她2岁时，妈妈就教她洗自己的小手绢了。在培养孩子爱劳动上，爸爸妈妈从不娇惯孩子，每天都坚持让她做些力所能及的事情。最初是用游戏的形式培养她的

079

兴趣，经过长时间的熏陶，如今佳佳已经养成了爱劳动的习惯，眼睛里总是能看见活儿，主动把活儿"消灭掉"她才开心。

现在，佳佳不仅自己爱劳动，还主动担任起家庭监督员的工作，爸爸想偷一下懒都逃不过她的"火眼金睛"，非要爸爸做完自己的事情才算完。

吕姐爱心课堂

爱劳动是一种优秀的品质，人生本身就是劳动的过程，用劳动换取生存物资是再正常不过的了。可如今许多孩子都过着"衣来伸手，饭来张口"的日子，不知道稼穑艰辛，只知道索取，这对孩子成长极为不利。

卡尔·威特说："劳动可以帮助父母改变孩子身上的许多毛病，让孩子认识到一切来之不易，从而懂得珍惜和尊重他人劳动成果。孩子养成了劳动的习惯，就会向好的方向发展，进而变得有教养。"他还举了一个例子，有个人曾经在法庭上说："我自打出生起就不知道书本是什么东西，也不知道劳动是什么滋味。"可见，人身上的毛病多源于无知、懒惰和不劳动。

培养孩子爱劳动的习惯应从小做起，父母要让孩子明白劳动的重要性，让他知道不管愿不愿意，都必须参加劳动。一个不会劳动的人，会不断消磨意志直到失去自我，这样的孩子最终不会获得幸福，其未来也将会是黯淡的。

其实，孩子之所以变得懒惰，与父母的教养方式有关。当孩子小的时候，跟在大人身后，想干点事儿时，却被一句"别帮倒忙了，一边儿玩去！"而打消了念头。这在不经意间，挫伤了孩子的劳动兴趣和积极性。还有的父母过于宠爱孩子，什么事情都包办代替，孩子没有做事的机会，当然就什么也不会或不愿做了。

让孩子参加劳动，不仅可以培养他的社会责任感，避免"好逸恶劳""好吃懒做"坏习惯的产生，还可以锻炼孩子手脑并用，开发大脑，保持与他人良好的人际关系。培养孩子的劳动品质越早越好，特别是在他刚刚有劳动欲望的时候，父母要及时地鼓励和引导，这会使孩子的劳动意识和劳动能力逐渐得到培养和提高。

真爱孩子，不妨从小就开始培养他爱劳动的习惯吧！让孩子每天坚持做力所能及的事情，让孩子在劳动中感受成长的快乐。

卡氏支招DIY

如果不想让孩子长大后成为一个无所事事的懒汉，就应从现在开始，给他分配一些力所能及的劳动任务，不要怕孩子惹麻烦，要鼓励孩子做事，给他充分展示的机会。

- **为孩子提供做事的机会。** 孩子喜欢模仿爸妈做事，不妨给孩子提供劳动平台，不要担心他会把事情搞砸。要耐心鼓励孩子独立完成这些事情，让孩子对劳动产生愉快的情绪体验，切莫为图省时省事而包办一切。

- **量力安排孩子的劳动内容。** 安排孩子劳动，也要根据孩子的年龄特点和生理发育水平，让孩子做些力所能及的事情。这样孩子才能胜任，也才能做得好，才会有激情。如让3岁左右的孩子学会照料自己的生活，自己吃饭、洗脸、穿脱衣服等；4岁时可以扫地、拖地、叠被子；五六岁时可以擦桌椅、洗自己的小衣服等。在培养孩子劳动的兴趣和习惯时，父母要有耐心，不可操之过急，以免孩子对劳动产生反感。

- **教孩子一些劳动技能。** 想要孩子独立做事，父母必须言传身教，教会孩子一些简单的劳动知识和技能。要耐心地给孩子做示范，手把手地教，并要注意安全、卫生，防止意外事故的发生。

- **用游戏让孩子爱上劳动。** 为了提高孩子的劳动兴趣，父母不妨采用游戏的形式，让孩子在轻松、愉悦的氛围中参与并爱上劳动。如和孩子比赛擦桌子，看谁擦得干净；谁洗手帕溅在地上的水更少等。

- **及时鼓励和表扬。** 对孩子积极参与劳动的热情和劳动成果，要及时地给予表扬和鼓励，这会使孩子的劳动行为得到强化，从而更愿意积极主动做事。当孩子对劳动有抵触情绪时，千万不要强迫。要教育和引导孩子，让他懂得劳动最光荣。

- **金钱奖励、惩罚不可取。** 有些父母用金钱作为交换条件，让孩子参与劳动，这样做不利于培养孩子劳动的自觉性和责任感，而且也不要把劳动作为惩罚孩子的手段，以免导致孩子对劳动产生消极、抵触情绪。

- **制订适当的家规。** 制订明确、合理、可行的家规，有利于孩子的健康成长。父母可以把家务劳动写进家规，如要求孩子每天起床后自己叠被子，清理房间，打扫卫生等。家规的制订要根据孩子的实际能力，并随着孩子的成长作相应改变和调整。

卡氏小语 ♡

> 劳动可以帮助父母改变孩子身上的许多毛病，让孩子认识到一切来之不易，从而懂得珍惜和尊重他人。孩子养成了劳动的习惯，就会向好的方向发展，进而变得有教养。

阅读时间：30 分钟　　　受益指数：★★★

勇于担当，让孩子学会对自己负责

责任心是品德培养中的重要组成部分，是孩子各项能力发展的基础。在培养孩子的责任心时，要引导他们勇于担当，知错就改，从而自觉地为家庭和社会承担一定的责任。

故事的天空

一群五六岁的孩子在小区广场上追逐嬉戏着，淘气的勇勇在花坛边练独脚跳，一不小心，把摆在花坛外边的一盆菊花碰翻，花盆碎裂的声音令嬉戏的孩子们止住脚步，围上前来看个究竟。

勇勇没想到自己闯了祸，不知所措地愣在那里。

好朋友瑶瑶安慰着勇勇说："没事儿，不就一盆花嘛！"

妮妮惋惜地说："好可怜啊，花儿活不成了。"

勇勇蹲下身来，仔细地看着破碎的花盆，几个孩子也陪着一起蹲下来，七嘴八舌地议论着。

这时，物业的尤叔叔走了过来，他准备给花坛的花儿浇水。发现地上的碎花盆，和蔼地问是怎么回事。

几个孩子都站了起来，你看看我，我看看你，谁也不说话。

过了一会儿，瑶瑶提议："咱们玩去吧。"说完拉一拉勇

勇的袖子。

妮妮也有些动摇，想随着瑶瑶离开。

勇勇沉默了半天，红着脸，对尤叔叔小声地说："是我不小心碰坏了花盆。"

尤叔叔抚摸着勇勇的头夸道："好孩子，做错了事情就要勇于担当。"接下来安慰着，"没关系，我把花儿移栽到花坛里就行了。"

勇勇看看花盆碎片，说："我回家去拿一盆花摆在这里。"说完，转身向家里跑去。

大家都钦佩地看着勇勇的背影，唯有瑶瑶惭愧地低下了头。

吕姐爱心课堂

责任感不仅是一种美德，也是一种勇气和责任，敢于担当，才能成就大业。一个没有责任感的人，注定会一事无成，得不到他人的信任和尊重。要想孩子有一个美好的未来，从现在起就要重视培养他的责任感，让他知道要为自己的事情承担责任。只有积极主动地担负起自己的责任，才能成为一个对社会有用的人。

卡尔·威特十分重视对孩子责任心的教育，他认为："教育要培养孩子的责任感，做错了事或不小心对别人造成了伤害，要学会承担，不能因为别人没有发现就逃之夭夭。"小卡尔也曾有过一些类似的过失，但都在卡尔·威特的教育和引导下，承认了错误，并主动给人家道歉，从而赢得了对方的谅解和尊重。

在人生道路上，很少有人不犯错误。有些人敢于担当，主动承认错误，并承担起责任，从而赢得了人们的信赖。而有些人却极力掩盖错误，或为自己百般狡辩。之所以会出现这两种截然不同的结果，还是与从小接受的家庭教育有关。如孩子在小的时候，不小心摔倒了，父母为了哄孩子，不是抱怨地不平，就是抱怨小板凳放错了位置。千错万错，都不会是孩子的错，孩子自然看不到自己的错误，从而容易养成推卸责任的不良习惯。还有些父母当孩子做错了事时，常常喜欢为孩子承担后果。这样长期的姑息迁就，也会使孩子丧失责任心，更别谈自我反省了。

并不是孩子天生缺乏责任心，而是父母拥有太强的"责任心"。不给孩子独立负责的机会，那孩子在遇到本该由他负责的事时又哪来的责任感？责任感是每个孩子都应该具备的优秀品质，所以，要给予孩子勇于担当的机会。这样他在进入社会后，才会把责任心扩展到整个社会，从而为社会发展不懈努力。

卡氏支招DIY

学会对自己负责，是一个人立足于社会、获得事业成功和家庭幸福的重要人格品质。幼小的孩子往往缺乏是非观念、责任意识和自我控制的能力，这就需要父母及时地引导，让孩子明白，他要对自己所做的事情负责。只有这样，孩子未来的人格才是健全的，才会对自己负责，对家庭乃至整个社会负责。

●**鼓励孩子勇敢地承担责任**。当孩子做了错事时，不要一味地采取批评和训斥的方法，这会伤害孩子幼小的心灵。而是要用一颗爱心去接近孩子，鼓励孩子勇敢地承担责任。如孩子损坏了小朋友的物品，父母要让孩子知道，是由于自己的过错，才造成了这种后果，应当向人家道歉或赔偿。

●**及时帮助孩子改正错误**。孩子做错事时，要及时地指出并帮助纠正，让孩子知道错误不是不可挽救的，只要改好了，就可以得到原谅。当孩子认错后，一定要对他这种敢于承担责任的行为加以鼓励，然后帮助孩子分析错在什么地方，以及严重程度、不良后果等，让孩子从中得到教训，为今后正确的行为打下基础。

●**自己的事情自己负责**。父母的包办代替只会让孩子失去责任心，要培养孩子的责任感，就要锻炼他独立做事的能力。可以有意识地交给孩子一些任务，鼓励他认真完成。当孩子遇到困难时，父母可以给予一定的指导，但是不要包办代替，让孩子有机会把事情独立做完。

●**做事情要有始有终**。孩子做事随意性较强，难免会虎头蛇尾，半途而废。父母应对孩子所做的事情做好检查与督促，以便培养孩子持之以恒、认真负责的好习惯。

卡氏小语♡

教育要培养孩子的责任感，做错了事或不小心对别人造成了伤害，要学会承担，不能因为别人没有发现就逃之夭夭。

阅读时间：30 分钟　　受益指数：★★★★

服从，帮孩子更好地适应生活

如果孩子面对正确的事物而不接受，其行为有失偏颇，不利于孩子的成长。对于正确的事物，父母应该坚持让孩子去服从，而且必须让他们学会服从。

故事的天空

4岁的菁菁正踩着马路牙子晃晃悠悠地练平衡，这时一个更小的孩子可能觉得小姐姐很好玩吧，当菁菁走到他身边时，小家伙伸手扯住了菁菁的衣服，菁菁有些发慌，脚下重心失衡，眼看就要从马路牙子上掉下来。

菁菁妈妈在远处喊道："不要动，停！"

菁菁竟然及时停住了，尽管身体还处在不平衡中，但仍拧着身子一动不动地站在那里。小男孩的妈妈赶紧把孩子拉到一边，这时菁菁才调整身姿。

小男孩不知道刚才的那一幕有多危险，还冲着菁菁笑，甜甜地喊着："姐姐！姐姐！"

两个互不相识的妈妈相互打着招呼，就这样结识了。

小男孩的妈妈直夸菁菁说："这孩子，真听话。"然后拍拍儿子的小脑袋，"这简直就是一个小愣头青，到处乱闯乱撞，总是冒冒失失的。"

菁菁妈妈说："这都是平时

训练的结果，孩子小，精力旺盛，加上不知道危险，容易出事。所以，平时就对她有意识地进行服从训练。"

小男孩的妈妈羡慕地看着菁菁，说："这也能训练？"

菁菁妈妈说："能，只要用心，经过一段时间就适应了。"

小男孩的妈妈表示："今后，也要对儿子进行服从训练，既减少了危险，也能锻炼孩子的意志，让他懂得服从。"

吕姐爱心课堂

服从是孩子要学会的重要品德之一，习惯于服从的人，能够很好地融入到团队中，与团队其他成员和睦相处，共同完成任务。所以，让孩子学会服从，也是教育的重要组成部分。

卡尔·威特认为："服从的品质对孩子来说是很重要的，因为他还不了解这个未知的世界，缺乏辨别能力，有可能做出一些伤害自己或不合时宜的事情。"其实，服从是人的自然天性。如果人类不具有这种特性，那么人类的社会活动根本不可能开展。到处都是个人英雄主义，就不可能干成大事业。

对于孩子来说，服从首先会使自己处于安全的生活状态中。因为他们不懂得什么是危险，更不知道如何约束自己的行为。当自己处于危险的边缘，父母及时传达出停止的指令，就会使孩子避免受到身体伤害。除此以外，服从也是人生信条之一，可以帮助孩子接受规矩，加强孩子的合作意识，锻炼心理承受力。当他们走进社会，不可能单打独斗，而是要融入一个集体当中。这时，服从就显得十分重要了，上级的工作指令要及时完成，而不能以拒绝的态度应对。

小孩子必须养成服从的习惯，而这些习惯不是天生的，而是由父母慢慢训练出来的。如父母让孩子先洗手再吃东西，他就该去洗手，因为这样利于健康。当他想要拿走超市里的玩具时，妈妈说："这不是我们的，不付钱就不能拿。"孩子听从妈妈，抗拒诱惑把玩具放回去。

有了服从的习惯，孩子才可以更好地适应社会生活。当然，服从不等同于盲从，对于正确的事，要不遗余力地去做；如果是错误的指令，则要区别对待。所以，在培养孩子服从习惯时，不要什么都要求孩子绝对服从。在接受过程中，孩子也肯定存在疑问，这时要允许孩子表达自己的疑问，然后给孩子讲清道理，让他知道什么时候听话、什么时候不听话，什么事情能做、什么事情不能做。

一味地纵容，并不是真正爱和尊重孩子。让孩子学会服从，才能使之有效避开成长中潜在的危险，懂得更多的社会准则，拥有良好的品德。

卡氏支招DIY

培养孩子服从的品德，父母要采取适当的态度和方法，将原则建立在爱和合理的基础上。这样，才能成功地教育孩子按要求去做，懂得服从与合作。

●**命令口气要不得**。训练孩子服从，要用友好协商的口吻好好引导，不可以用命令的口气，或打骂、恐吓等手段强迫他服从。如到了休息时间，孩子该睡觉了，对他说"你要去睡觉吗"比"快睡觉去"要好得多。如果孩子这次不服从命令，下次可能更加不服从了。

●**态度要前后一致**。对孩子提出要求，说话要算数，否则会失去孩子对父母的信任，而变得不愿意服从。另外，父母要采取同一主张，不能当着孩子表示不同的意见。如妈妈叫孩子去睡觉，而爸爸说玩一会儿再睡，这会使孩子无所适从。如果主张未能达成一致，最好背地里商量好，再让孩子去做。

●**了解不服从的原因**。当孩子不服从时，要找一下他不服从的原因。如孩子不理解爸爸妈妈的话，这就需要给孩子解释清楚，必要时还要做出示范。有时孩子可能要问为什么，父母要认真地给孩子解释，让他明白其中的道理，他才更愿意服从。

●**尊重孩子的人格**。服从不是屈服，更不是盲从。爸爸妈妈与孩子地位要平等，彼此之间建立良好的关系。不要总是唠叨孩子所犯的每一个小的错误，这会给孩子的自尊心带来伤害。而且孩子如果总是受到批评，自信心就会大减。

●**让孩子有准备地服从**。让孩子骤然停止正在进行的游戏，他们往往难以服从。在这种情况下，应事先给予提醒，孩子便能有准备地服从。如叫正在搭积木的孩子吃饭，妈妈可先到跟前称赞几句，然后说："要吃饭了，妈妈再给你5分钟时间，快点玩哦！"孩子事先有了思想准备，也就能快乐地听话了。

●**用代替和转移法使孩子乐于服从**。当孩子正在进行一件不合时宜的事情时，强行制止有时行不通，不妨先用代替或转移注意力的方法，使他们乐于服从，然后再把道理讲给他们听。如孩子对墙上的电源感到好奇，想伸手去摸时，你指着窗外，大声冲孩子说："看，多漂亮的一只小鸟！"孩子的注意力就会被转移到"小鸟"上，而忘记想摸电源的初衷。这时，你再把触摸电源的危害细细告诉孩子，他自然就会懂得并记住了。

卡氏小语♡

服从的品质对孩子来说是很重要的，因为他还不了解这个未知的世界，缺乏辨别能力，有可能做出一些伤害自己或不合时宜的事情。

性格，成就孩子美好未来

从一定意义上说，人的性格决定了人的命运和能力。要想让孩子能够拥有更加美好的未来，就要在他幼年的时候开始培养他良好的性格。

——卡尔·威特

阅读时间：30 分钟　　受益指数：★★★★★

让孩子学会勇敢

在困境面前，眼泪不能解决任何问题。唯有凭借自己坚强的意志，勇敢面对，才能跨越障碍，战胜前进道路中的一切困难和挫折。

故事的天空

2岁的彤彤和妈妈一起在公园里散步，前面有一只小鸟在地上蹦蹦跳跳地觅食。彤彤兴奋地跑过去，准备与小鸟一起嬉戏。结果一不留神，脚下一滑摔倒在地上。

有一位遛弯儿的老奶奶赶紧对彤彤妈妈说："快，快把孩子扶起来！摔在地上多疼啊！"

彤彤妈妈笑了笑，说："谢谢您，没事的，小孩子摔打一下也好。"

彤彤趴在地上，等着妈妈来扶。

妈妈站在他身边，鼓励着："彤彤最勇敢，自己就能爬起来的。"

彤彤听到妈妈的鼓励，虽然感到有点疼，却坐了起来，然后自己站起，举着小手让妈妈看，表示是自己爬起来的。

妈妈把他抱起来，亲了亲，说："这就对了，自己跌倒就自己爬起来。"

那位老奶奶见孩子没哭，夸道："真是个好孩子！"然后对彤彤妈妈说，"以后把孩子看紧喽，一家就这么一个宝贝疙瘩啊！你这当妈妈的可真是的，孩子摔倒了不赶紧扶，让孩子自己爬起来，真是少见。"

彤彤妈妈对老奶奶笑着，嘴里说着没事儿。

老奶奶走远了，还嘴里嘟哝着："这会儿的年轻人啊，真不懂得心疼孩子，唉，我们那会儿，谁不赶紧去扶摔倒的孩子啊，都是心尖子呐！"

吕姐爱心课堂

彤彤妈妈真的不疼爱自己的孩子吗？当然不是。在孩子成长过程中，磕磕绊绊是难免的，担心孩子受到意外伤害，是每一个父母都会有的心情。如果仅仅担心孩子的安危，过分地强调危险性，孩子就会失去锻炼的机会。长此以往，孩子得不到锻炼，就会像温室的花草，娇嫩而脆弱，经不得一点儿风雨。

人在旅途，不可能总是一帆风顺，这就需要有直面困难的勇气，勇敢地去挑战和征服困难。卡尔·威特认为："勇敢是一种极其重要的品质，如果一个人总是没有骨气地依靠别人的同情和怜悯生活，他将永远深陷在软弱无助和消极绝望的泥沼中，这将是非常悲惨的人生。"

如今的孩子集几代人的宠爱于一身，受到过多的精心呵护。出于溺爱，父母过度限制他们的活动，这也不让动，那也不让摸，不准孩子单独外出，不让孩子多接触同龄小伙伴。在生活上事无巨细地包办代替，不给孩子锻炼自身的机会，很少让他们去经历风雨。这使得孩子意志薄弱，缺乏勇气，遇到点困难和挫折就不知所措，总是选择逃避，或要爸爸妈妈来帮助解决。这种溺爱的教养，不利于孩子的成长，会对他的人生产生不良影响。

在孩子的性格形成中，勇气是需要训练和培养的。当孩子摔倒了，爸爸妈妈的一句："真勇敢，你能行！"就会令孩子鼓足勇气，自己爬起来。这种鼓励会

让他充满自信，并有勇气去做一切他想做的事。所以，父母要把对孩子勇气的开发和培养作为重要内容，通过实际训练让他形成勇往直前、不畏艰险的性格。

卡氏支招DIY

孩子的勇敢坚强不是与生俱来的，而是通过后天的训练和教育逐步培养起来的。父母应该从小就重视孩子勇敢性格的培养，以便他们在今后的人生道路上能够走得更远、走得更好。

● **锻炼孩子的自理能力**。艺高人胆大，只有经历过的事情，孩子才能知道如何去处理。所以，孩子能自己做的事情，父母就放手让他们去做，以便积累经验。那些生活善于自理的孩子往往是坚强的，在面对挫折和困难时，他们会用自己的能力去处理这些问题，不会感到无所适从。所以，要提高孩子的自理能力，让孩子学会自己动手做事是十分必要的。

● **多带孩子到户外见世面**。户外活动可以锻炼孩子眼观六路、耳听八方的本事，特别是一些胆小的孩子，更需要到大自然中去练胆。在注意安全的前提下，让孩子下下水，站在高处向下望一望，都可以锻炼孩子的胆识，增加生活阅历。多给孩子提供与同伴接触和玩耍的机会，从而使他学会与人交往与合作，在与小伙伴们无拘无束的游戏中，孩子局促不安的情绪就会逐渐消失，人也会变得大胆开朗起来。

● **少限制、干涉孩子**。孩子做事时，尽量给予支持，不要对孩子指手画脚，限制过多，横加干涉。动不动就斥责批评，会使孩子变得怯懦胆小，从而阻碍孩子独立思考、独立解决问题能力的培养，不利于良好性格的形成。当孩子做出一些较以前胆大、勇敢的举动时，要及时给予鼓励和赞扬，以培养他的自信心和战胜恐惧的勇气。

● **多为孩子提供练胆的机会**。在生活中，父母可有意为孩子安排一些锻炼胆量的机会，以增强他适应环境、克服困难的勇气。如给客人端水、送水果，鼓励他登台表演，玩爬攀登架、钻洞的游戏，等等。当孩子在一件事情上发现了自己的能力，就会在其他方面增强大胆尝试的信心和决心。

卡氏小语♡

勇敢是一种极其重要的品质，如果一个人总是没有骨气地依靠别人的同情和怜悯生活，他将永远沉浸在软弱无助和消极绝望的泥沼中，这将是非常悲惨的人生。

阅读时间：25 分钟　　受益指数：★★★

人性最美的一面——同情心

同情心是重要的人格品质，是每一个人都应该具有的。从小对孩子进行同情心的培养，至关重要。

故事的天空

5岁的嘟嘟和妈妈一起去商场购物出来，手里拿着一杯橙汁美美地喝了一口，趁妈妈收拾购物车里的物品，他在商场前的广场跑跳着。当跑到一座雕塑前，发现一个只有2岁左右的小男孩儿，一边抽泣，一边喊着"妈妈"。

嘟嘟赶紧跑过去，拉起小男孩的手，安慰地说："小弟弟，不哭，有哥哥在呢！"说完，把自己手里的橙汁塞到小家伙的手中。

哭泣的小男孩儿双手捧起饮料，咕嘟咕嘟地喝了起来。喝完饮料后，小男孩儿眼睛里还含着泪对嘟嘟笑呢，两个孩子在一起玩了起来。

妈妈装好买来的物品，发现儿子正和一个小男孩儿一起玩耍，就走过来准备叫嘟嘟一起回家。

嘟嘟扬起小脸，对妈妈说："妈妈，你看小弟弟多可怜啊，找不到妈妈了。咱们帮

帮他吧！"

嘟嘟妈妈放下手中的包，抱起满脸都是泪痕的小男孩儿，问了他一些情况，结果只知道是和妈妈一起来的，他叫见见。

嘟嘟说："妈妈，你快去广播室吧。"

妈妈叮嘱嘟嘟好好和弟弟玩儿，然后赶紧一路小跑着去商场播音室。

通过播音，小见见找妈妈的消息迅速在整个商场、广场上传开。没等到嘟嘟妈妈回来，得到消息的见见妈妈就满头是汗地从商场出口跑了过来，见到儿子，抱起来就是一顿亲。

当两个妈妈见面时，见见妈妈直夸嘟嘟懂事，知道爱护小弟弟。

吕姐爱心课堂

同情心是与生俱来的，它是人的一种天性。当孩子有了一定的认知能力后，渐渐可以区分出别人痛苦的不同表现，并能用行为表达自己的关心。他会对摔倒的小朋友说"不要哭"，会把玩具分享给伤心的小伙伴，会邀请闷闷不乐的小朋友参加游戏。

具有同情心的孩子更能体会别人的情感，更容易融入社会。卡尔·威特说："同情心既是一种情感，也是一种能力。当他人遇到困难时，我们可以教育孩子为这些人提供力所能及的帮助，这会让孩子在今后的人际交往中赢得他人的好感和更多的发展机会，并与各类人建立良好的人际关系。在孩子遇到困难时，他人也会给予他帮助，让他今后的发展更加顺利。"所以，让孩子从小具有同情心，是早期教育的一个重要环节。

一个具有同情心的人，才会更有爱心。现在的孩子得到了太多的关注和爱，却不懂得如何去关爱别人。缺乏同情心的孩子只关心自己，只顾自己的快乐，而无视他人的悲伤和痛苦，甚至会把自己的欢乐奠定在别人的痛苦之上。他们往往以自我为中心，对他人漠不关心。缺乏同情心，容易造成残忍冷酷的性格，一生都不会有真正的朋友，更别谈融入集体，进行和谐的团队协作。

同情心是保证人与人交往的感情基础，是爱心的来源。有些孩子之所以缺乏同情心，主要是家庭的不幸和早期教育的不足造成的。卡尔·威特曾说过："不同的家庭教育对培养孩子的同情心会有很大差异，父母以身作则，在日常生活中帮助和关心他人，他们的孩子也会具有极大的同情心；而父母自私自利，对人冷漠，就会减少孩子原本具有的同情心，甚至使他们变得冷漠无情。"

培养孩子的同情心，是培养孩子良好道德品质和善良情感的起点。一个人只有肯对别人赋予爱心和同情心，才会得到相应的爱和反馈。所以在孩子萌生同情心之初，就要鼓励和教育孩子去关心、帮助他人，将同情心的种子播撒在孩子的心田，使之茁壮成长。

卡氏支招DIY

父母应该经常教育孩子，告诉他们，同情心和爱心是来自人心底里的善良，具有无穷的力量。人的一生不可能孤立存在，总有需要别人帮助和帮助别人的时候，在学会关爱他人的同时，也是在关爱着自己。

● **鼓励孩子对别人有同情之心**。允许和鼓励孩子表达对别人的同情和关爱，当孩子显现同情心时，要及时鼓励和支持孩子，让他真正体验到关爱、帮助别人的自豪；使孩子察觉到自己做了符合道德标准的行为，以产生积极的情感体验。

● **给孩子表达同情的机会**。当爸爸妈妈生病、受伤或心情不好时，可以以适当的方式向孩子寻求"帮助"，给孩子恰当的机会来表达他的同情心。如让孩子帮妈妈拿药，给爸爸倒杯水等，这会让孩子明白爸爸妈妈也需要他。而不是隐瞒事实真相，限制孩子表达他的同情之心。

● **父母的言传身教**。孩子的模仿力很强，父母平时的一言一行都直接影响到孩子的说话、心态和行为。父母在言语中要表达出温和与友善，并多关心和帮助他人，经常带孩子参加一些公益活动，如一起到孤儿院和养老院帮忙，为灾区捐款等。这都会潜移默化地影响孩子，使他的同情心得到强化，让他觉得同情他人是一种积极的行为。

● **与小动物交朋友**。孩子对小动物有着天然的亲近感，那些幼年时期饲养过小动物的孩子，大都感情细腻，心地善良。不妨在家中养一些小狗、小猫、金鱼等小动物，让孩子去照顾。让他学会观察小动物是否饿了、冷了、不舒服了等。这样既培养了孩子的观察力，又培养了他的同情心和责任感。

● **多讲爱心故事**。通过故事引导孩子理解他人的感受，是很好的教育渠道。那些生动的故事，会对孩子的怜悯之心起到潜移默化的作用。让他明白对哪些人和事应该表示同情，并且应该以什么样的方式来表示同情。

● **引导孩子了解弱势群体**。让孩子蒙上眼睛，体验盲人的痛苦，或让孩子只用一只手做事，使他体验残疾人的艰难。每次见到残疾人，鼓励孩子做些力所能及的事情为他们提供帮助。让孩子在帮助弱小者的行动中获得心理上的支持，慢慢地培养并巩固他的同情心。

> **卡氏小语**
>
> 同情心既是一种情感，也是一种能力。当他人遇到困难时，我们可以教育孩子为这些人提供力所能及的帮助，这会让孩子在今后的人际交往中赢得他人的好感和更多的发展机会，并与各类人建立良好的人际关系。

爸妈私房话

阅读时间：30 分钟　　受益指数：★★★★★

自己动手，独立性格早培养

独立性格越早培养越好。父母不可能一辈子做孩子的保护伞，为了将来他们能轻松地走出家门，更好地融入社会，不妨从现在放手，让孩子大胆去尝试，鼓励他们学会独立自主。

故事的天空

缘缘虽然只有3岁，却是一个小小的实干家，动手能力比较强，不喜欢别人指手画脚地帮忙，总是通过自己的努力做事情。

当刘阿姨来访时，缘缘正坐在地板上组装变形金刚，扬起脸同刘阿姨打声招呼，便又低头专心摆弄起手中的各种零件来。

刘阿姨喜滋滋地看着胖嘟嘟的小缘缘，对缘缘妈妈说："这孩子可真行，我儿子都5岁了，动手能力可差了，干什么都要依赖大人。"

缘缘妈妈说："主要还在于大人的引导，刚开始他也是干什么都笨手笨脚的，可是我们从不干预，也不去帮忙，任凭他自己去琢磨。结果，他竟然能独立做事情了。现在养成了习惯，什么事都喜欢自己来，不喜欢有人打搅他。"

刘阿姨有些后悔地说：

"嗨，当初也让孩子自己做事情就好了，看来培养孩子独立也是很重要的。"

缘缘妈妈说："太重要了，未来是孩子自己的，谁也不能代替帮忙一辈子，最终还是要靠他们自己去闯天下，在小时候打好独立做事的基础，是十分必要的。"

刘阿姨有些坐不住了，起身要回家去给孩子立规矩，激励他自己做事情。不然，孩子的未来真的就毁在自己手里了。

吕姐爱心课堂

独立的性格是孩子学会独立、自主生活的关键。一个事事依赖别人、优柔寡断的人，终将一事无成。如果孩子在性格上喜欢依赖人，不能承担责任，不会独立思考，肯定会影响到孩子今后的发展。当他们走上社会时，就会难以融入集体，成为这个集体的"短板"。只有具有独立的性格，才能够更快适应独立的生活。一个独立、自信、勇敢的孩子，才能经受住各种考验，更好地承受挫折走向成功。

卡尔·威特通过实践告诉我们："任何时候，阻止或者代替孩子去做他们可以做的事，都是对他们积极性最大的打击。孩子自己可以做的事，父母千万不要替他去做，应该让孩子自己去完成。否则，就会使孩子失去亲身实践的良好机会。"在儿子很小的时候，卡尔·威特就开始着手培养他独立的性格，鼓励孩子自己做事。尽管在尝试的过程中，小卡尔由于经验不足会出现一些失误，但卡尔·威特也从不挫伤孩子的积极性，总能保持极大的耐心，鼓励孩子，并给予正确的指导，然后让孩子自己去解决。

独立的性格对孩子今后的成长有非常重要的影响。孩子独立的性格越早培养，对他们的成长越有利。不要觉得孩子还小，不能独当一面而放弃对孩子独立性的培养。其实，锻炼孩子的独立意识和独立性，远没有想象的那么难。如自理能力，就是日常生活中，孩子能逐渐学会自己照顾自己。

独立的性格是一种很重要的品质，但不是一两天能够速成的，需要在实际生活中进行长期磨炼。父母应该鼓励孩子独立做事，给他们提供各种各样的练习机会，让他们在不断的实践中增强自己的能力。具有独立性的孩子，更能积极主动地探索周围的世界，并与环境相互作用，逐渐养成善于思考、勇于克服困难的品质。

卡氏支招DIY

如今许多孩子缺乏独立性，这主要是被过度保护造成的。为了孩子将来能更好地独自面对世界，父母要在生活中对孩子悉心指导，让他们融入生活中去，通过实践来锻炼自己，充实自己。

●**多给孩子独立做事的机会**。实践才能检验真理，有米才能做饭。孩子没有做事的机会，自然学不到真本事。父母不要担心孩子做不了事情，一次做不好，还有下一次。只要有锻炼的机会，相信孩子随着熟练程度的增加，自信心会增强，独立做事的能力也会增强。

●**多鼓励少代替**。由于孩子的能力所限，做起事情来难免会笨拙、缓慢，父母不要急于予以指导或包办代替，而是在一旁静静观察。在发现孩子出现焦躁情绪或气馁时，要给予鼓励。特别是对有一定依赖性的孩子，更需要耐心引导，一步步帮助他们获得成功的体验。

●**自理能力是最好的锻炼**。培养孩子的独立性，要从训练他们的动手能力做起。在生活起居上，多让孩子自己动手，如自己穿脱衣服、系鞋带、自己大小便、收拾玩具等。只有从小培养孩子"自己的事情自己做"的独立意识，由易到难、循序渐进地提出要求并进行引导，才能使孩子尽早学会自我服务。

●**及时给予指导**。当遇到问题时，孩子容易产生挫败感，会有放弃的想法。父母应该鼓励孩子思考、分析，应用自己所学的知识和经验来寻找答案。如果孩子的确难以完成，爸爸妈妈应给予孩子指导，通过亲身示范、请教他人、陪同孩子查阅资料等，让孩子从中学习思考的技巧。

●**营造一个安全的家庭生活环境**。安全的居家环境，为孩子独立自主性的发展提供了可靠的保障。这既可以免除父母担心孩子受到伤害的后顾之忧，又不会过多限制孩子的活动，使孩子独立能力的发展获得更多的机会和可能。

卡氏小语

任何时候，阻止或者代替孩子去做他们可以做的事，都是对他们积极性最大的打击。孩子自己可以做的事，父母千万不要替他去做，应该让孩子自己去完成。否则，就会使孩子失去亲身实践的良好机会。

阅读时间：25 分钟　　受益指数：★★★★

笑对生活，做个拥有快乐的人

真正的快乐可以滋养孩子的心灵，让他对周围变化繁复的世界有足够的抵御能力。在孩子的成长过程中，父母最重要的礼物就是让孩子天天快乐，有了快乐因子，孩子才能拥有自信、果敢、睿智等更多优秀品格。

故事的天空

5岁的佳佳是个可爱的孩子，爱说爱唱爱跳，很少有不快乐的时候。而隔壁的圆圆却与她大相径庭，遇到一点小事情就会流眼泪。两个孩子是邻居，又一样大，在外人眼里就像一对双胞胎。

圆圆妈妈总是用羡慕的眼神看佳佳，经常对佳佳妈妈说："要是圆圆也像佳佳一样整天快快乐乐的就好了。"

佳佳妈妈说："这并不难做到呀，豁达乐观的性格是可以培养的。"

圆圆妈妈很想讨教经验，说："性格都是天生的吧，还能像习惯那样能培养？"

佳佳妈妈就讲出了自己的育儿经，说："家庭环境是最重要的，一家三口要把日子过得快快乐乐的，孩子自然心情舒畅，遇到挫折也能从容对待。"

圆圆妈妈回想了一下，觉得这话有道理，圆圆爸爸整天忙着

工作，回到家还钻进书房忙着他的设计图，没有和孩子一起交流的时间。而自己呢，除了工作，也只是照顾孩子生活，督促孩子学习，很少和她一起唱歌、说笑、做游戏，觉得女孩子就应该文静些。现在看来，还是家庭缺少欢乐的氛围，孩子遇到不开心的事情大人也不了解，反而还要训斥她。

佳佳妈妈听了她这些检讨，说："没关系，趁孩子小，一切都来得及。以后让圆圆多出门，让佳佳带着，多认识一些小朋友，开心的时候多了，自然就会减少心中的烦恼，没有了烦恼，不就剩下快乐了？"

吕姐爱心课堂

快乐是生活中最美的音符，一个心情愉快的人，抗挫折能力、应对困难的能力都是很强的，并且对身心健康也十分有利，"笑一笑，十年少"告诉我们，开心就是福。

卡尔·威特说："一个能笑对生活的人，一定能够拥有更加美好的未来。"平时他很注重对小卡尔乐观性格的培养，希望自己的孩子能做个快乐的人。为此，在培养孩子性格的过程中，他总是设法解开孩子的心结，即使遇到一些不如意的事情，也能让小卡尔很快恢复乐观和自信。

当今社会，为了不让孩子输在起跑线上，父母给孩子施加了许多压力，觉得成龙成凤才是成功，是教育的终极目的。其实，教育的最终目的并不是让孩子去追逐成功，而是让孩子成为快乐的人。只有拥有豁达乐观的性格，孩子才更有可能获得成功。可惜，许多父母并不懂得这个道理，使孩子失去了快乐的童年，过早地承受着莫名的压力，令孩子性格孤僻或暴躁。

现代心理学研究表明，如果一个孩子从小被剥夺了享受生活的权利，他的人格就不会得到健康的发展。一个不懂得享受生活的人，绝不会是一个快乐的人。给予孩子幸福快乐的感觉，他才会更乐于尝试新事物和挑战自我，建立良好的人际关系并且保持健康的体魄，在事业上也更容易获得成功。

快乐使人自信，自信会产生动力。培养孩子快乐的性格，给孩子幸福感，才是教育的捷径。没必要过早地按自己的意图为孩子规划未来。帮助孩子认识真正的快乐，并使他们获得追求快乐的信心和能力才是至关重要的。

卡氏支招DIY

快乐的性格是可以培养的，父母送给孩子的最好礼物就是"快乐的本领"。这是任何其他物质都替代不了的，拥有了快乐，孩子才会拥有自信、毅力、果敢、勇气等优秀品格。

●**多对孩子示爱**。爸爸妈妈多向孩子表达爱，一个微笑、一次拥抱都足以让孩子感受到爸爸妈妈真挚的情感。在亲子互动中，把孩子当成朋友，一起嬉戏、一起做事，让孩子从中感受到家庭的温馨。

●**到大自然中感受快乐**。父母可以利用业余时间，带孩子去感受清新的风，看蓝蓝的天、碧绿的水，闻花香、听鸟鸣、玩沙土，看蚂蚁搬家，让孩子心中始终充满快乐，让孩子充分拥抱大自然，感受万物的生长、气象万千的变化，获得质朴的快乐感受。

●**助人为乐不可少**。孩子天生具有同情心，父母可多带孩子参加公益事业，鼓励孩子帮助他人，使孩子在帮助他人的过程中，体会到行善带来的快乐。

●**鼓励夸奖，孩子更快乐**。没有人不喜欢别人夸赞自己，小孩子更是不例外。要多给孩子展现自己的机会，在他表现良好的时候，及时给予恰当的表扬，这会使他产生更大的满足感，感受到被认可的快乐。

●**教会孩子与人和睦相处**。与人为善不仅是一种美德，也是快乐的源泉。融洽的人际关系也是人生的一门艺术，父母与孩子建立温馨美好的感情，在这种心境的熏陶下，孩子也能与他人相处得快乐而融洽。

●**及时引导孩子的不良情绪**。当孩子情绪低落时，父母要正确引导孩子。首先应理解认同孩子的感受，告诉孩子遇到困难、挫折不要灰心丧气，并且教给他一些释放不良情绪的方法，如向妈妈倾诉、听音乐、到空旷的地方大声叫喊等，及时调整情绪，让快乐尽快回归。

●**用父母的快乐感染孩子**。要想孩子拥有快乐性格，父母首先应是快乐的人，以自己的快乐感染孩子，为他营造一个快乐的家庭氛围。让孩子明白，快乐是我们追求的目标，还要让他知道如何去创造和珍惜快乐。

卡氏小语

教育的最终目的并不是让孩子去追逐成功，而是让孩子成为快乐的人。只有拥有豁达乐观的性格，孩子才更有可能获得成功。

爸妈私房话

第三章 优秀品性，筑就孩子人生坦途

第四章

能力培养，为成功积攒拼搏的实力

孩子获得的能力越多，未来的生活就会越成功。卡尔·威特主张，应当从孩子年幼的时候就开始着手培养他的各种能力。这样，当他完成积累后，社会上的任何风险都能扛得住，任何难题也能轻松解开。

优秀的心理素质，孩子获得能力的关键

> 心理素质是一个人长期的潜在动力，对人的思想情感、行为举止会产生巨大的影响。良好的心理素质是制胜的精神武器，有了良好的心理素质，可以胜不骄、败不馁，为能力的获得提供可靠保障。
>
> ——卡尔·威特

阅读时间：25 分钟　　受益指数：★★★★★

我能行——帮助孩子肯定自我

自信者从困难中看到希望，自卑者从希望中看到困难。在平时的生活中，父母要时刻注意培养孩子的自信心，欣赏孩子的每一个长处，激励他们不断进步。

故事的天空

5岁的东东总喜欢一个人待在家里玩儿，很少出门去和别的孩子一起游戏。他觉得自己无论哪方面都不如其他小朋友：讲故事没宁宁生动，唱歌没敏敏动听，所以干脆闷在家里独自玩耍。

妈妈觉得男孩子就得有一股子闯荡劲儿，待在家里练不出胆子，也就见不了世面。于是，只要有时间就带他去孩子多的地方转转，期盼他能鼓起勇气，参与到群体游戏中去。

在小区的体育健身器材区，有的孩子在单杠上打秋千，有的孩子在练倒立……攀登架前是最热闹的，龙龙、军军，还有丫丫在比试着，看谁爬得高。别看丫丫是一个只有4岁的小女孩儿，一点儿也不输给龙龙和军军。他们都能轻松地爬到最高层向远处眺望着，一点儿也不感到害怕。

大家见到东东，都围过来邀请他一起玩儿。妈妈也鼓励说："去和小朋友一起玩吧，妈妈相信你也能爬到最顶层的！"

东东站在攀登架下，仰望着顶端有点儿犹豫。

龙龙说："没事儿，看我的。"说完，轻轻松松就爬到了最高处，向下招着手，大声喊着："来吧，上面可好玩了。"

在东东身后，丫丫和军军推着他，说："咱们一起上。"

东东为难地扭头看着妈妈，妈妈再三鼓励，最后被两个小伙伴推上了攀登架，丫丫在左，军军在右，他们都腾出一只手帮助东东，而龙龙在上面给他打气。东东很费劲儿地爬上第一层，停了一会儿又开始向第二层爬去，就这样一点一点地挪动，最后终于在小伙伴的护送下爬到了最高点，脸上虽然露出了笑容，可心里还是很紧张。

妈妈很高兴，儿子终于迈出了第一步。她对着东东大声地夸道："东东真棒！"

东东受到妈妈的夸奖，立刻来了精神，再下来时，就不那么害怕了。当他抬起头来向上看去，突然觉得高高的攀登架也没什么好怕的了。

吕姐爱心课堂

自信心，是一个人获得成功的基石，能将人的一切潜能充分调动起来，使自己达到最佳状态。人在这种自信的催化作用下，可通过不断努力，百折不挠，并在失败中看到希望，最终获得成功。

初生牛犊不怕虎，孩子在人生的初始阶段，对任何事情都能充满自信，勇敢面对。之所以后来有的孩子变得胆小，不自信等，可以说，与家庭教育有着很大关系。卡尔·威特认为："在我看来，让孩子充满自信是对孩子最重要的教育。"而培养孩子的自信要"充分保护孩子的自尊心，经常受到父母夸奖和爱抚的孩子，长大后一般都会具备良好的心理素质和自信；经常被父母冷落的孩子，长大后一般会出现孤僻、任性、缺乏自信等问题。"在小卡尔成长的过程中，他常常对自己的教育方式和方法进行反思，看自己是不是尊重孩子。他觉得只有对孩子足够尊重，才能树立孩子的自信，并且还能避免孩子养成任性等不良习惯。

自信的孩子是"夸"出来的，孩子在夸奖和鼓励中，会产生良好的心境，做事会更加积极主动，从而提高成功率，成功的次数多了，自信心会变得越来越强。东东由不自信到自信，皆因受到了大家的激励和妈妈的夸奖与鼓舞。对于父母来说，不管孩子取得进步的大小，都要给予肯定，采取恰当的方式对孩子进行夸奖。

人人都需要自信，它是做事成功的基础，也是一个成功者最重要的心理素质之一。只有充满自信的人，才能勇敢地面对未来人生的一切挑战，才会创造幸福美满的生活。父母应对孩子从小进行正确的教育和引导，帮助他们肯定自我，让他们积极地认识自己，并逐渐学会相信自己，从而建立起自信。

卡氏支招DIY

孩子的自我肯定，大多源于外界的认可。激励孩子产生自信是父母的责任所在。孩子都需要从心理上被不断地自我肯定，来获取前进路上必不可少的原动力。父母的激励和正确的引导，是孩子获取自信的重要支柱。

● **完美主义要不得**。很多家长都是完美主义者，希望自己的孩子是最优秀的，所以对孩子的要求非常严格。可是由于孩子的能力所限，根本达不到父母的期望，这样就很容易让孩子形成自卑心理，觉得自己处处不如人，长此以往，就会对孩子性格的形成造成不良的影响。

● **不妨降低要求**。对待有自卑心理的孩子，父母需要一点一点来建立他的自信，所以对孩子的要求应适当降低。当孩子独立完成了一件事，最好不要过多地挑剔这里不好、那里不行，而应做出由衷的赞赏，帮助孩子从自己的行为中获得满足和动力。孩子做该做的事，并且把它做好，这本身就是成功，也是对自己最好的肯定，有利于孩子自信心的建立。

● **夸奖让孩子更自信**。孩子的心灵敏感而脆弱，特别需要得到鼓励和夸奖，虽然这只是一种口头的语言表达，却是帮孩子建立自信的最好方式。他能从中感受到爸爸妈妈对他的信任，从而增强自信心。父母不要吝啬对孩子的赞美之词，多鼓励、夸奖孩子，让孩子更自信地面对成长中的一切挑战。

● **让孩子知道自己与别人不同**。孩子往往从别人的评价中来认识自己，所以要教育孩子正确看待别人的评价，让他明白别人和自己是有区别的，对于一些有偏差或错误的评价不必太在意。告诉孩子，人和人总有不同，人的能力有大小，性格有好坏，做起事来也不一样。所以，不要拿别人的长处和自己的短处对比，以免产生己不如人的自卑心理。

卡氏小语

> 孩子的自信心是在父母的鼓励和支持下逐渐建立起来的。在教育孩子时，父母切不可轻易打击孩子的自信心，以免造成孩子畏惧胆小的心理，形成懦怯、自卑的性格。

爸妈私房话

阅读时间：30 分钟　　受益指数：★★★★★

阳光总在风雨后——锻炼孩子的心理承受能力

挫折，是面对困难或失败时的心理感受，尽管这种感觉并不舒服，但对培养人的意志品质具有重要意义。若想让孩子拥有面对挫折的勇气和能力，必须从小锻炼他们的心理承受能力。

故事的天空

4岁的茵茵和几个小朋友一起玩游戏，在跑动中不小心踩到了华华的脚，华华不满意地推了她一下，茵茵觉得自己受了委屈，退出了游戏，坐到花坛边哭泣着。

其他几个孩子并没有注意到茵茵，照旧玩得很开心。茵茵认为他们是在故意气她，干脆放声大哭起来。

茵茵的哭声吸引了很多人，几个孩子也不玩了，跑过来问缘由。茵茵心里正生着他们的气呢，只是埋头大哭，不理他们。

王奶奶经常在树荫下乘凉，喜欢看小孩子嬉笑打闹，听见茵茵的哭声，赶紧过来安慰道："好孩子，这是怎么了？"

茵茵泣不成声地用手指着几个小伙伴，抽噎着说不出

话来。

王奶奶对着几个孩子说："一起玩得好好的，怎么还惹哭了一个？"

几个孩子也不知道原因，相互看着，又都摇摇头，表示不知道。后来华华突然想了起来，对王奶奶说出了原因。

王奶奶听后，安慰着茵茵："都不是故意的，互相踩了一下，推了一把算不得什么，都是好朋友嘛！"

茵茵依旧哭着。

王奶奶拉着华华的手，说："来，给茵茵说声对不起。"

华华爽快地说："对不起！"然后伸手来拉茵茵，"咱们一起玩去吧！"

茵茵就是不肯起来。

这时茵茵妈妈走了过来，这一下茵茵哭得更凶了。

吕姐爱心课堂

娇气，是现代孩子的"通病"。在独生子女时代，许多孩子的心理承受能力很差，有点小挫折，就哭天抹泪，像是受了很大的委屈。茵茵的现象不是个案，这应该引起父母们的注意。在竞争激烈的当今社会，心理承受能力强也是一种"技能"，是竞争的法宝之一。

心理承受能力是一种很重要的个性心理品质。人生在世，总会遇到一些困难、麻烦、危险、挫折，甚至失败，心理承受能力弱的人，会表现出焦虑和退缩。而一个心理承受能力强的人，则会情绪稳定，意志顽强，敢于冒险，乐于在新鲜陌生的领域拼搏，体现出越挫越勇的斗志。

卡尔·威特说："一个人能否成功，不仅要看他掌握知识的多少，还要看他能否勇敢地面对挫折。人的一生肯定会面临很多挑战，这些挑战包括事业上的挫折、突如其来的灾难、危险和疾病等。当一个人面对严重的挑战时，除了需要有足够的能力外，还需要有非凡的勇气才能战胜外来的种种威胁。"人类生存史，就是一部不畏艰难的奋进史，过去是，现在是，将来也还会是。逆境和挫折更容易磨炼人的意志，在逆境中成长起来的人，经过了千锤百炼，其生存能力和竞争能力都更强大。

当今社会复杂多变，为了孩子将来能更好地适应社会，生活得更自信、更独立、更坚强，父母要学会放手，不要溺爱和娇纵孩子，把他们放在精心营造的安乐窝里。孩子在童年时期没有面对挫折的经验，长大以后就无法更好地战胜挫折。阳光总在风雨后，有必要让孩子从小经受一些挫折，体验一下生活的艰辛，使他们得到更多锻炼的机会。只有这样，才能提高孩子的心理承受能力，积累应对风险的经验，激发迎难而上的勇气，帮助孩子走向成功。

🐼 卡氏支招DIY

良好的心理承受力不是与生俱来的，而是经过后天的培养、吸取教训之后才能拥有的。父母应放手让孩子独立去做一些事情，只有经历困难，遭遇打击，孩子的心理承受能力才会不断地从这些挫折中得到培养和锻炼。

● **溺爱不是爱**。孩子需要保护，但不要溺爱。对孩子进行过度保护，会使他们失去许多锻炼的机会。要敢于让孩子经风雨见世面，放手让孩子去体验碰壁、失败，只有经历了艰难和挫折，他们的心理承受能力才会大大地提高。

● **不包办代替**。不要担心孩子小，不能做什么事情，就包办代替。要给孩子自己做决定和处理自己事情的机会。一个凡事依赖他人的孩子，会缺乏独立意识，缺乏战胜困难的信心和勇气。因此，孩子自己能解决的问题，爸爸妈妈就不要去帮忙，让孩子渐渐学会独立面对生活中的一切。

● **不要捧杀孩子**。孩子都喜欢听表扬的话，但表扬要客观、公正、行之有度，尽量少奉承孩子。即便孩子做了一件他该做的事，也不要总是赞不绝口，而当孩子犯了错误，不要不敢批评。否则，孩子会处处以自我为中心，变得任性、虚荣，经不得一点挫折。

● **及时为孩子减压**。当孩子遇到困难或挫折时，要及时帮助他排解心理压力。毕竟孩子还太小，生理和心理还不成熟，遇到挫折时容易出现消极情绪。父母要及时帮助其予以排解和疏导，帮孩子分析问题，鼓励他勇敢面对困难，使孩子有一个平衡的心态，从而提高他的自信心和心理承受能力。

● **挫折教育不可少**。可以根据孩子的年龄特征和个性特点，有意识地设置一些难度不等的情景训练，如让孩子去给邻居送东西，鼓励孩子处理小伙伴之间的矛盾等，以增强他们的生活交往能力，培养他们克服困难、战胜挫折的勇气和意志。

👶 卡氏小语 ♡

一个人能否成功，不仅要看他掌握知识的多少，还要看他能否勇敢地面对挫折。人的一生肯定会面临很多挑战，这些挑战包括事业上的挫折、突如其来的灾难、危险和疾病等。当一个人面对严重的挑战时，除了需要有足够的能力外，还需要有非凡的勇气才能战胜外来的种种威胁。

阅读时间：30分钟　　受益指数：★★★★

不良情绪，走开

只有爱是不够的，还需要了解和分享孩子的看法和感受，帮助他们处理负面情绪。这样，才能在自己与孩子之间建立信任和爱的桥梁，使孩子成长为更快乐的人。

故事的天空

妈妈下班一回家，就觉得气氛不对，往日一进门，5岁的女儿朵朵就站在门口迎接，扑上来搂着大腿高兴得又叫又跳。可是，现在客厅里空荡荡的。厨房里传来爸爸炒菜的声音，而朵朵却不见踪影。

妈妈知道，宝贝女儿又有不开心的事情了。果然如此，当换完衣服，推门进入朵朵的房间，只见她正抱膝坐在自己的小床上，满脸的阴云，脸上还挂着泪痕，对妈妈进来也没有反应，嘟着小嘴一声不吭。

妈妈挨着女儿坐下来，抚摸着她的头发关切地问："宝贝儿，又在生谁的气啊？"

朵朵看了妈妈一眼，愤愤地说："都是恰恰不好，

以后再也不和她玩了。"

妈妈问："恰恰怎么了？"

朵朵说出了原委，从幼儿园回来时，她和好朋友恰恰一起在楼下玩沙包，后来薇薇加入进来，三个人开始丢沙包，薇薇和恰恰在两头，朵朵在中间，有了几个回合后，碰巧恰恰把沙包砸在了朵朵的鼻子上，朵朵的鼻子立刻酸楚起来。可是，她们谁也没在意，继续来回往朵朵身上砸沙包。

妈妈说："所以，你就生气了？"

朵朵点点头，说："她们谁也不关心我，我都哭了，她们就跑回了家。"

妈妈理解地说："沙包打在小鼻子上，一定很疼吧？"

朵朵委屈地看着妈妈，说："又酸又疼呢！"

妈妈继续安慰道："恰恰不知道打疼了你，要不她一定会关心你的。再说她也不是故意的，丢沙包的游戏就是砸中谁，算谁输呀！好朋友之间要相互理解，对不对？"

在妈妈的安抚下，朵朵的脸上又有了笑容。吃饭时，一家人有说有笑，可开心了。

吕姐爱心课堂

都说小孩子是乐天派，无忧无虑，但是，在他们的成长过程中，也会出现各种各样的不良情绪，如烦恼、沮丧、悲伤、焦虑、失望、害怕等。可不要小瞧了孩子的不良情绪，如果得不到及时的疏导，没准会在他们心里埋下阴影，危害身体健康的同时，还会对孩子的心理和性格发展造成很大影响。

在对待这个问题上，卡尔·威特认为："当孩子产生不良情绪时，要给孩子讲清道理，打通他的思想障碍，解开他的心结，帮助孩子重新找回他的自信，不让问题的种子埋在心里。带着心结成长的孩子常常与烦恼相伴，坏情绪还会影响性格发展，或许一个原本活泼开朗的孩子，因心中的郁结而变成孤僻、消沉的人。"

不良情绪对孩子影响很大。当孩子感到悲观、失望、愤怒、恐惧时，机体内就会产生过多的肾上腺素，引发身体出现多种疾病。经常处于不良情绪中的孩子，容易任性、乱发脾气，因而处理不好人际关系，甚至还会产生孤独感，严重的甚至患上抑郁症。

孩子的坏情绪，可不是小问题。不要觉得孩子闹点情绪算不得什么，他们的心地非常单纯，但是也非常脆弱，经不起一点打击。父母要及时关注孩子的情绪变化，以免孩子经常处于不良情绪中，而危害了身心健康。面对孩子的不良情绪，要多理解他们，并为其疏导不良情绪，想办法让孩子处于快乐和开朗的情绪中，帮助他们健康、快乐地成长。

🐼 卡氏支招DIY

孩子的不良情绪不容忽视，有时他们表面看似没什么不良情绪了，可是内心里还会有阴影。所以，父母要给予孩子关怀和理解，帮助孩子更好地处理不良情绪，排解他们心中的不快，使孩子在心理上得到均衡发展。

● **接纳和理解孩子的不良情绪。** 当孩子有了不良情绪，父母要给予理解，接纳他的情绪，体察他的感受，这有利于孩子情绪的平息，恢复其理性思考的能力。如孩子在幼儿园受到老师的批评，心里不好受，父母不要说："一定是你做得不对，要不老师怎么会批评你？"这会让孩子心里更难过，甚至造成亲子间的冲突。应先理解、认同孩子的感受，"老师批评了你，心里一定很难过吧？"孩子觉得被理解了，心里会好受许多。然后，针对孩子的具体情况，进行分析，这时再给孩子讲道理或提建议，他就更容易接受了，不良情绪也会在与爸爸妈妈的对话中慢慢得到疏解。

● **认真倾听孩子的倾诉。** 当孩子诉说心中的苦闷时，父母一定要认真倾听，鼓励孩子说出自己内心的感受。孩子把心事吐露出来，就会觉得轻快和舒服。父母借这个机会进行引导，孩子就会听得进去。

● **给孩子独处的时间。** 当孩子发脾气时，父母不要继续刺激他，可以让孩子独处一段时间，待他的情绪慢慢平静下来后，再慢慢开导。同大人一样，孩子在气头上时，也很难听进去别人的劝阻。

● **多采取转移法。** 孩子的注意力很容易被分散，当孩子生气发火时，父母要设法转移他的注意力，使孩子暂时忘记令人不快的事情，让心情慢慢平静下来。

● **让孩子适当发泄一下。** 孩子有了不良情绪，要教他及时地发泄和疏解，如哭泣、运动、冲着远处大喊、和孩子一起唱歌等，都可以帮孩子排除不良情绪。

卡氏小语 ♡

当孩子产生不良情绪时，要给他讲清道理，打通他的思想障碍，解开他的心结，帮助孩子重新找回他的自信，不让问题的种子埋在心里。带着心结成长的孩子常常与烦恼相伴，坏情绪还会影响性格发展，或许一个原本活泼开朗的孩子，因心中的郁结而变成孤僻、消沉的人。

第四章 能力培养，为成功积攒拼搏的实力

113

多种能力，给孩子插上腾飞的羽翼

> 从小培养孩子多方面的兴趣，使他在兴趣的感召下，积极地去发展各种能力。只有真正拥有全面的能力，孩子才能在未来立于不败之地。
>
> ——卡尔·威特

阅读时间：25 分钟　　受益指数：★★★★★

给孩子一双会观察的眼睛

观察能力是孩子认知的基础，是获取知识的主要途径。良好的观察力，可以促进认知和智力水平的发展，提升孩子主动获取知识的能力。

故事的天空

3岁的直直整天在外边不肯进屋，他喜欢东看西看，有时为了看蚂蚁搬家，蹲在地上十几分钟都不肯挪动一下。许多人都说小孩子没有常性，专注力不强，这种理论在直直身上并不太适用。

直直妈妈是一个很有耐心的人，带孩子出门后，就把时间交给了儿子，他爱看什么就看什么，只要没有危险，很少干预孩子。

清晨，阳光照射在一堵灰砖墙壁上，直直站在墙下盯着墙壁专注地看着，上面好像有什么东西令他着了迷。

在一旁晨练的刘爷爷练完了一套太极剑，直直还在看墙。老人家收拾好随身携带的物品，对直直妈妈说："这墙上也没有画儿，也没有字儿，孩子在看什么呢？"

直直妈妈笑着说："我也不清楚，他喜欢看就看呗！"

看完后，直直又对一株蔷薇花产生了兴趣，他不是看花儿，而是盯着花下的土地看，原来他发现了一只虫子被小蚂蚁咬住了，虫子拼命地挣扎，小蚂蚁就是不松口，很快又来了许多小蚂蚁，虫子很快被蚂蚁包围了。

直直问妈妈:"蚂蚁为什么要咬小虫子?"

妈妈说:"那是它们的早餐啊。"

直直开始向前走去,走了半天回头对妈妈说:"小虫子好可怜啊!"接着又去寻找别的观察目标去了。

吕姐爱心课堂

眼睛不仅是心灵的窗口,也是信息的"摄取器"。人们对于周围世界的认识,许多都是通过观察得来。观察力是生存的"探照灯",观察能力差的人,就不能及时发现存在的直接问题和潜在问题,会给生活或工作带来诸多的不利因素。敏锐的观察力是想象力、创造力的源泉。观察能力强的孩子,对智力的发展也有很大的促进作用。

卡尔·威特认为:"在孩子的智力和心理发展过程中,观察力具有重要的意义,观察力直接影响孩子的判断力、注意力、想象力,甚至创造力的发展。孩子的视觉基本发育完全后,就要开始培养他们的观察力。"一般来说,1岁半到4岁,是孩子对细小事物非常感兴趣的时期,这是培养孩子敏锐观察事物习性的好时机。父母要利用生活中周围的资源对孩子进行观察力的教育和培养,将会取得事半功倍的效果。

观察力是孩子发展其他能力的基础,是人类智力结构的重要组成部分。通过宏观世界的观察,孩子的认知会更加丰富,有了丰富的"知识",才能促进大脑的发展,从而开启孩子的智慧之窗。当孩子养成善于观察的习惯,他的所有能力都会有飞跃性进展,认知、记忆、想象、创新等能力都会伴随观察习惯的养成而迅速成长。科学研究告诉我们,人的大脑所获得的信息,有80%以上是通过眼睛吸收进来

的。一个人如果没有较强的观察力，他的智力很难发展到更高水平。可见，培养孩子观察能力是多么重要。

卡氏支招DIY

观察，是一个人认识事物的重要途径，是智力活动的基础，是完成学习任务的必备能力。父母要高度重视培养孩子的观察力，使孩子练就一双"火眼金睛"。

● **让孩子在大自然中学会观察。**大自然丰富的资源，是培养孩子观察能力最好的课堂，小树叶、小石头、小果实、小昆虫，都会令孩子痴迷。还有雄伟的山川、清澈的河流、盘旋的飞鸟、田园上的牛羊，都是孩子喜欢观察的目标。父母要经常带孩子外出"采风"，陪同孩子一起去寻找乐趣，积极回答孩子提出的问题，不仅能培养孩子的观察能力，还可以开阔孩子的视野，促进其思维能力的拓展。

● **利用游戏培养孩子敏锐的观察力。**孩子喜欢游戏，而且百玩不厌，父母要利用游戏和孩子一起互动，来锻炼他的观察能力。如在桌子上或盘子里放上几样小东西，让孩子看清楚，然后让他闭上眼睛，悄悄地取走或加上一件物品，再让他睁开眼，看看发生了什么变化，说出少了什么或多了什么。还有找不同、分辨颜色等游戏，都能对孩子的观察力起到很好的锻炼作用。

● **利用家中的物品。**让孩子识别家中的各种物品，如桌子、椅子、窗子、餐具等，并让他注意细节性的东西，如色泽、形状。孩子在认识和区分这些常用物品时，也锻炼了观察能力。

● **图画的特殊作用。**在孩子智力开发过程中，图画的功能是非常重要的，父母要有艺术细胞，多购置一些绘画艺术品，让孩子观察每一幅画的不同。特别是花草和鸟兽及山水画，在让孩子观察的同时，父母予以充分的讲解，帮助孩子增加观察能力和记忆力。

● **培养孩子观察的多感官化。**除了用眼睛看，还要调动孩子的多个感官参与。如买菜回来，让孩子观察一下各种蔬菜，鼓励他仔细摸一摸、看一看、尝一尝、嗅一嗅等。通过这些多感官的参与，会使孩子对物品的印象更深刻。

卡氏小语 ♡

> 在孩子的智力和心理发展过程中，观察力具有重要的意义，观察力直接影响孩子的判断力、注意力、想象力，甚至创造力的发展。孩子的视觉基本发育完全后，就要开始培养他们的观察力。

阅读时间：25 分钟　　　　受益指数：★★★★★

别学小猫钓鱼——孩子注意力的培养

良好的注意力可以使孩子专心做事，对智力的发展和知识的吸收有很大影响。父母要竭力打造一个"专心孩子"，使孩子对任何事都能专心、投入地学习。

故事的天空

4岁的黎黎在妈妈的安排下搭积木，任务是搭一座城堡，仅两三分钟他就没有了兴趣，又拿起塑料手枪四处乱瞄。

妈妈赶紧过来劝阻，把他手里的手枪拿开，说："搭完城堡再玩手枪。"

黎黎重新坐到地板上，伸手拿起积木。

这时，有人敲门，黎黎放下手里的积木，飞快地跑去开门。

黎黎妈妈的同学林乐进来了，伸手摸摸黎黎的头，把带给他的礼物——一辆玩具小汽车，递到他手中。

黎黎开心地跑到一边玩起了小汽车。

两个大人聊起了孩子，黎黎妈妈发愁地说："这孩子，一点耐性也没有，干什么都是三分钟热度。"

林乐说："这还真是一个问题，小猫钓鱼的教训要汲

取。孩子专注力差,会影响到未来发展的。"

黎黎妈妈无奈地说:"真没办法,他就是坐不住,静不下心来。"

过来人林乐说:"看来,还是你的方法不对,对付这么小的孩子是需要一些小招数的。"

黎黎妈妈赶紧取经,说:"快说,有什么好方法?"

林乐从包里拿出一本厚厚的笔记本,说:"这是我的育儿心得,里边有不少实践经验,其中就有培养孩子专注力的经验,你或许从中能悟出点什么。"

黎黎妈妈迫不及待地看了起来。

吕姐爱心课堂

注意力是人最重要的心理素质之一。注意力水平的高低,对人的智力发展和知识的吸收有很大影响。但凡智力发展好、各方面素质均衡发展的人,都是在很小的时候就懂得专心去做每一件事情。可以说,具备优秀的注意力,是孩子心理素质水平发展的重要条件和衡量标准。

卡尔·威特认为:"注意力是伴随感觉、知觉、记忆、思维、想象等心理过程的一种心理特征。注意力的集中和分散,对孩子的发展影响非常大。一个漫不经心、注意力不集中的孩子,很难取得大的成就。"所以,他非常注重培养小卡尔的注意力。

人的注意力不是天生的,而是后天训练的结果。现在有很多孩子注意力不集中,这与爸爸妈妈有着很大的关系。如让孩子一边背歌谣一边玩玩具,或一边吃饭一边看电视,还有的父母在孩子专心做事时,总是过多地去打扰,这都会导致孩子注意力不集中,容易使他们养成三心二意的坏习惯。

当然,注意力的持续时间及专注水平,与孩子的年龄、性格、当时的身心状态以及外界的环境等很多因素有关。一般来说,孩子的年龄越大,能够坚持在一件事情上的时间就会越长,反之,年龄越小,注意力越难以保持集中。

3~6岁是注意力发展的关键期,这个阶段的孩子,注意力集中的时间不仅短暂,而且很容易转移。因此,父母要营造轻松有趣的氛围,吸引孩子的注意,耐心地引导、帮助孩子延长其有意注意的时间,让他们在生活和学习上都养成认真、专注的好习惯,从而逐步提高孩子的注意力水平。

卡氏支招DIY

培养孩子注意力的方法有很多,父母可根据孩子注意力发展的特点,采取适当的方法，有计划、有目的地训练和培养孩子的注意力。

●**充分利用孩子的好奇心**。孩子对某事物有了好奇心，就会把注意力转移到这上面来，能够长时间关注、研究。许多实例证明，强烈、新奇、富于运动变化的物体最能吸引孩子的注意。所以，父母要多给孩子创造这样的机会，利用孩子对新事物的好奇心去培养注意力。

●**从孩子的兴趣入手**。孩子对自己感兴趣的事情，往往更专注。所以，应从孩子的兴趣入手培养他的注意力。如孩子爱玩沙土，就带他去河边筑堤坝、玩沙雕；喜欢小汽车，就让他在把玩小汽车中，学习和掌握知识。而对孩子不感兴趣的事情，可以慢慢引导，但不要勉强他去做。即使他按要求在做，也会心不在焉，这不利于注意力的培养。

●**不要打扰孩子**。当孩子对某件事物产生兴趣时，不要轻易打扰他。不断干扰孩子，不仅会使孩子不开心，而且不利于他养成专心致志做事的习惯。

●**在游戏中训练孩子的注意力**。孩子在游戏活动中，注意力集中程度和稳定性较强。所以，可以多和孩子玩一些能增强其注意力的游戏。如教孩子清点玩具的数量，让他说出玩具的名称，记住玩具的种类。还可以让孩子玩捡豆子的游戏，玩拼图、搭积木等，都可以锻炼孩子的注意力。父母也可根据实际情况，自行开发一些有趣的游戏，让孩子在玩耍中不知不觉延长自己的注意力。

●**为孩子营造安静整洁的环境**。安静整洁的环境能够让孩子少受外界干扰，更好地保持注意力。如家中物品要摆放整齐，孩子的用品和玩具放在固定的位置。在孩子专心做事时，家庭成员不要大声说话或看电视，尽量减少干扰源。父母也可认真看书学习，以模范行为让孩子效仿。

卡氏小语 ♡

注意力的集中和分散，对孩子的发展影响非常大。一个漫不经心、注意力不集中的孩子，很难取得大的成就。

阅读时间：30 分钟　　　受益指数：★★★★

过目不忘——培养孩子的记忆力

记忆力是伴随人一生的一种能力，它的好坏对智力的发展有重要影响。有了记忆，智力才能不断发展，知识才能不断积累，许多经验才能得以应用。

故事的天空

5岁的皎皎认识一千个汉字，能熟练地背诵六十多首古诗，讲十二个故事，通过心脑速算进行千位的加减计算，该算是神童了吧？

皎皎妈妈却认为这是很正常的事情，算不得神童，因为皎皎的这些本事是靠记忆力培养得来的，只要方法正确，每一个孩子都能做得到。

莉莉妈妈十分羡慕皎皎妈妈，特意上门讨教经验。她认为自己的女儿虽然长得可爱，却不够聪明，尽管整天让她学习，却总是没什么成效。

皎皎妈妈说："说到经验嘛，其实也没什么。就是培养孩子兴趣，然后同孩子一起互动，没必要拘泥形式，更不能用时间量来卡孩子。"

皎皎妈妈在莉莉妈妈一再追问下，说出了自己的育儿经验，莉莉妈妈觉得这些方法用在自己女儿身上也许管用。

像什么形象记忆法、重复记忆法、儿歌记忆法等，都不是什么难做到的。

经过皎皎妈妈的指导和启发，莉莉妈妈也大获成功，体验了女儿成为"神童"的自豪。效果真的不一样，她逢人便讲，积极推广自己的教育心得。

吕姐爱心课堂

人的一切活动，从简单的认识、行动，到复杂的学习、劳动，都离不开记忆。记忆是人的智力活动的仓库。如果没有记忆能力，人的智力活动就无从开展。试想，孩子每一次都去重新认识那些已经碰见过的事物，他又如何去获得生活知识和经验呢？

卡尔·威特认为："记忆对于孩子的个性、情感、意志等都有重要意义。根据'用进废退'原理，早期教育可以使孩子记忆力发展速度大大提高。"为了培养小卡尔的记忆力，他可以说是绞尽脑汁，想出了很多办法，最终也取得了很大的成效。小卡尔能成为一名天才，与儿时的记忆力培养不无关系。

记忆是知识的宝库，在智力发展最重要的学前时期，记忆具有更重大的意义。这个阶段的孩子记忆处于意识中心，心理活动的各个方面，以记忆力占优势地位。所以，父母在对孩子进行早期教育时，一定要注重记忆力的训练，这样可以使孩子的记忆力发展速度大大提高。尤其是婴儿时期，每天重复输入相同的词汇，不断地刺激孩子大脑的记忆部位，可以促使孩子的记忆力迅速发展，也有利于大脑的发育。

记忆力是伴随人一生的一种能力，它的好坏对智力的发展有着重要影响。有了记忆，智力才能不断发展，知识才能不断积累，许多经验才能得以应用。为此，父母要高度重视这一时期的特殊性，积极培养和训练孩子的记忆能力，为今后的智力发展打好基础。

卡氏支招DIY

一切智慧的根源在于记忆，它是促进智力才能不断发展的基础。记忆能力和人的其他各种能力一样，可以经后天训练而得到加强。在孩子处于记忆训练的最佳期，只要训练方法得当，就一定会收到意想不到的效果。

● **生动形象更有助于记忆**。具体形象、生动鲜明的物体，能引起孩子的兴趣。所以，应该运用实物、标本、模型、图画等直观教具对孩子进行引导和训练，这样就能产生形象记忆，从而提高记忆能力。如在桌子上摆几件物品，让孩子在一定时间内看完，然后收起物品，让孩子说说一共几件，各是什么。

● **朗朗上口的儿歌韵文**。把学习的内容变成韵文或儿歌，也是记忆法的一种。因为读起来朗朗上口，容易引起孩子的兴趣。在孩子看来，这些平平仄仄的音调，就像好玩的游戏，刺激他们增进记忆力。

● **重复强化记忆。**不断重复可以强化孩子的记忆。孩子很多时候愿意重复，如反复听同一个故事，多次玩同样的游戏。父母要利用孩子的这一特点，让他们讲故事、背唐诗，帮助孩子加深记忆。

● **多感官参与印象深刻。**在认识事物时，让孩子尽可能动用多个感官共同参与，这样可以使他头脑中留下的印象更全面、更清晰，有助于记忆内容准确、保持时间延长。通过视觉、听觉、嗅觉、味觉、触觉参与活动，孩子会更感兴趣，记忆效果自然加倍了。

● **动作演示帮孩子准确理解。**利用动作演示，有助于孩子准确理解并记忆。如孩子背"举头望明月"时，妈妈可以做出"抬头望月"的动作。有了肢体语言的配合，可以让孩子更喜欢参与。

● **给孩子布置识记任务。**为了培养孩子的有意识记能力，可以布置有意识记的任务，让孩子刻意加强记忆。如从商店的橱窗边经过时，让他留意看橱窗内的物品，然后和他共同回忆橱窗里都摆设着什么物品，看看谁说出来的物品名字最多。带孩子去郊游，让孩子回家讲给别人听。这样，他就会认真观察，悉心记忆。

卡氏小语

记忆对于孩子的个性、情感、意志等都有重要意义。根据"用进废退"原理，早期教育可以使孩子记忆力发展速度大大提高。

阅读时间：30 分钟　　受益指数：★★★★

想象力，孩子幸福一生的源泉

爸爸妈妈要学会欣赏孩子看似不符合常规的行为和语言，从中找出想象的萌芽，为孩子提供想象力发展的空间。

故事的天空

4岁的湛湛和妈妈一起坐在河岸的柳树下，小家伙捡起一块小石块，用力地抛向河水中，石块落处，引起一阵涟漪。

妈妈指着一圈圈扩散的波纹，引导着儿子："这像什么呀？"

湛湛说："像车轮。"

妈妈又问："还像什么？"

湛湛一口气说出："像飘在水中的面包圈，还像银河系，还像摊开的煎饼。"

妈妈很满意儿子的回答，尽管并不太符合实际，但是儿子的想象力还是很丰富的，这就达到了目的。

在培养儿子的想象力上，湛湛的父母可谓不遗余力。看到什么都让孩子想象一番，任由他信马由缰地去说。

有一次，他们一家去郊游，湛湛突然指着一株老树说

第四章 能力培养，为成功积攒拼搏的实力

像蘑菇，尽管看上去更像一把巨伞。妈妈想去给孩子纠正，让孩子的说法更接近事实些，因为没有这样巨大的蘑菇，却被爸爸用眼神阻止了。

过后，爸爸对妈妈说："想象力就要没有什么限制，只有这样才能让孩子淋漓尽致地想象。古代万虎坐火箭奔月，在当时简直是异想天开，可是现在我们不是靠火箭作推动力载人飞天吗？"

妈妈感触地说："是啊，许多科学巨匠都是通过想象力来完成最初的构想，然后一点一点努力搞出许多发明创造的。"

从那以后，他们非但不限制儿子的想象，还陪他一起去丰富想象力。

吕姐爱心课堂

湛湛父母在保护和培养孩子想象力方面做得很好，可是生活中有些父母就不行了。当他们看到孩子把小木棍当枪，用纸盒建筑城市、宫殿玩耍时，认为孩子"不务正业"，为了房间的整洁，也为了让孩子做"正经事"，往往不同孩子打招呼，就破坏了他们的"杰作"。这无形中摧毁了孩子的想象力和创新精神。

想象力的发展对孩子极为重要。想象参与思维过程，可以帮助和促进孩子的智力发展。想象力远比知识更重要，它概括着世界上的一切并推动世界的发展。不管一个人多么失败，只要他还有想象力，就会有希望。没有想象力的人是不可能成功的，因为想象是创造的前提。

卡尔·威特认为："如果一个人在小时候想象力得不到发展，那么他非但不能成为诗人、小说家、雕刻家、画家，而且也成不了建筑家、科学家、数学家、法学家。"鉴于一些人只承认事实，排斥想象，他提出："凡是年幼时充分发展了想象力的人，当他遭到不幸时也会感到幸福；当他陷于贫困时也会感到快活。世界上最不幸的人就是不善于想象的人。我们的幸福有一半以上靠的是想象，不会想象的人是不懂得真正的幸福的。"

孩子的想象力就是他们未来的财富。保护好了孩子的想象力，就是给孩子未来的财富奠定了基础。对孩子来说，想象力是一种与生俱来的潜能。他们的想象力比成年人更加丰富，更加新奇，但很大程度上仍然需要父母的发现、欣赏与呵护。

幼儿时期，是培养想象力的关键时期和敏感时期，如果教育得法，效果将立竿见影。出色的想象力会在孩子今后的生活中发挥积极的作用，父母应把培养孩子的想象力放在首位。只注重灌输各种知识，而忽视了对孩子想象力的培养，会扼杀孩子的想象力，让孩子的学习变得呆板、枯燥、乏味，也会使孩子逐渐变成一个没有创造力、守旧的人，这对孩子的成长极为不利。

卡氏支招DIY

想象力是知识进化的源泉，也是创造力中最活跃的因素。孩子的想象力是宝贵的，父母要用心呵护，并采用正确的方式引导孩子大胆想象，以培养他们成为富有创造力的人。

●**不要限制孩子的想象力。**孩子从小就富有丰富的想象力，经常会有天马行空的创意和想法。当孩子提出许多离奇的问题时，父母不要对孩子的想象力加以评论和判定，而是多多鼓励孩子去想象，丰富孩子的想象力。

●**丰富孩子的生活经验。**想象是在孩子大量的生活经验的基础上积累起来的，如妈妈说橘子，他的脑海会浮现出一个"橘子"的具体形象，这个形象就是表象。孩子的想象正是依靠表象的积累才逐渐发展起来。表象积累得越多，孩子就越容易将相关的表象联系起来。所以，父母要经常带孩子走向大自然，与社会接触，让孩子有机会丰富自己的生活经验，在头脑中留下更多的表象，为想象力的发展打下基础。

●**给孩子提供适合的环境。**要想激发孩子想象的欲望，就要有适合的环境。孩子在家中生活的时间比较长，可以给孩子看能培养想象力的图书，一起分享故事描述的情景，一起想象情节的变化，鼓励孩子想一想结局怎样，都是帮助孩子发展想象力的好办法。多和孩子玩各种游戏，让孩子做导演，也可以发展他的想象力。

●**引导孩子合理地幻想。**要给孩子的假想、幻想创造空间，即使他们的想象古怪离奇，也应予以鼓励。可以引导孩子想象一下未来的交通会是什么样，未来的环境会是什么样，见到外星人怎么沟通等。幻想正是创造的开始，也是想象的更高境界。

●**在信手涂鸦中展开想象。**孩子到了涂鸦的年龄，可给孩子提供一些纸、笔，让孩子在纸上想怎么画就怎么画，不要给予孩子过多的指点。通过画画活动，唤起孩子对日常生活中所接触的事物的记忆，并在此基础上展开想象。

卡氏小语♡

> 世界上最不幸的人就是不善于想象的人，我们的幸福有一半以上靠的是想象，不会想象的人是不会懂得真正的幸福的。

阅读时间：30分钟　　受益指数：★★★★★

创造力，智慧的"点金术"

创造力的发展，才是一种真正的推动力。幼小的孩子对一切事物都充满兴趣，父母要抓住这一有利时机，支持孩子的探索活动，赞赏孩子的创造成果，这会促使他们的创造力飞速发展。

故事的天空

3岁的株株正撅着小屁股在河边沙滩上筑"堤坝"，比自己大1岁的表哥卓卓却在造城堡，株株妈妈坐在树荫下看着手中的书。

株株筑好了坝，踩着清凉的河水，用双手起劲儿地往堤坝里撩着水，看到拦截成功，她高兴地跳了起来。当她的目光触及小表哥的城堡时，收敛起笑容，坐在沙滩上，拧着小眉头开始思索起来。

当卓卓的城堡还没有完工时，株株开始在堤坝的基础上造起了长城，上个月她刚和爸爸妈妈去爬完长城。

尽管自己的长城造得有些粗糙，但是在株株的心里已经是很伟大的壮举了。在游长城时，她看到上面有许多旗帜在飘扬，便跑到岸边

去捡树叶插在自己的长城上，这下她的长城也插满了各种"旗帜"，招来许多游客观赏。

一位年轻的姑娘说："小家伙挺有创意，还知道插上树叶当旗帜！"

株株妈妈自豪地说："她可能别出心裁呢，有时候做的东西连我都想不到。"

一位老大姐说："这孩子创造能力很强，可要好好培养哦！"

吕姐爱心课堂

创造力常常被喻为"点石成金"的技术。创造力也是一种思维能力，它并不是漫无边际、天马行空式的创意，而是能提出问题、解决问题、创造新事物、帮助人适应环境的能力。一般来说，创造力在孩子3岁时突然开始发展，4岁至4岁半达到最高峰，如果父母能在这一关键时期予以正确的引导，完全可以培养出极富创造力的孩子。

人类社会发展的历史，本来就是一部充满了创造的历史。从窑洞到摩天大楼，从马车到宇宙飞船……人类社会的发展需要创造，只有不断创新，才能打破常规，创造奇迹。

创造力也是卡尔·威特培养小卡尔的重点内容。他认为："那些说孩子的创造力在成年后才能逐渐具备的观点是完全错误的。孩子早在玩耍的过程中，创造力就开始发挥作用了。"之所以后来有些孩子缺乏创造力，与父母的教育和引导不无干系。当孩子按照自己的想法随意玩、随意想、随意发挥时，父母往往会对孩子的想法或行动进行过多的干预。这样一来，孩子渐渐放弃了自己的"胡思乱想"，乖乖地向着成人想要的答案思考，创造性思维的发展也就受到了限制。

培养孩子的创造力是不可或缺的一课。父母要让孩子成为原创的思考者，让他从小就明白：许多问题不是只有一个正确答案。如此，当孩子长大以后，他才会拥有创造性地解决问题的能力，做出与众不同的事情。

早在婴幼儿时期，孩子的创造力就开始萌芽。但他们的创造力具有不自觉性、不稳定性，这就需要父母对孩子进行早期的创造力培养教育，使孩子的创造力得以最大限度的发展。只有这样，他们的创造性思维才会发展得越来越好，也会越来越聪明。

卡氏支招DIY

创造性思维是人进步的阶梯，创造力也是推动社会发展的动力。孩子只有拥有了创造性思维，才可能对社会的进步有所贡献。

●**支持孩子离奇的想法。**孩子的创造力被激发出来还是被扼杀，与父母的支持与否有着直接的关系。当孩子有了离奇的想法，一定要支持他，并引导和鼓励他去寻找答案。要允许孩子毫无保留地表达自己的看法，让他们对自己的想法和行为建立自信。

● **鼓励孩子的好奇心**。好奇心是孩子认识这个世界的动力之源，他们不断地用身体和感官探索周围的一切事物，积累着知识经验，发展着思维能力。父母不能因为孩子好动好问，对其作出种种限制和随意斥责。当孩子提问时，应该认真倾听他的问题，然后和他一起思考问题的答案并教给他寻找答案的方法，使孩子始终保持好奇心。

● **不要打断孩子的探索**。当孩子正热衷于某一事物的时候，不要轻易打断他，对孩子所做、所想的事情要给予充分的肯定和赞扬。如孩子画出绿色的太阳或粉红的河水，不要立刻指出或纠正，而是引导孩子多观察，让他自己去发现，去探索。

● **多动手培养创造力**。通过动手，可以提高创造力。在动手做事过程中，既需要大脑思考，也需要身体各个部位的协调，对孩子的身心发展都十分有利。让孩子做些动手能力强的游戏或参加力所能及的家务劳动，都可以让孩子在提高动手能力的同时，发展创造力。

● **编故事，续结局**。给孩子讲故事时，讲到高潮部分，可以停顿下来，然后鼓励孩子想象创造，让他来设想下面的故事情节。孩子有参与热情，一定要给予大大的鼓励。如果孩子表现出色，以后再讲这个故事时，不妨采用孩子的想法。经常和孩子做这样的游戏，他的创造力就会在训练中不断培养起来。

● **多和孩子玩角色游戏**。在角色游戏中，需要构思主题，安排情节，分配角色，制订规则，还要模拟和创造出心中想象的世界。这对孩子的创造力和解决问题能力的培养都大有裨益。

卡氏小语 ♡

那些说孩子的创造力在成年后才能逐渐具备的观点是完全错误的。孩子早在玩耍的过程中，创造力就开始发挥作用了。

阅读时间：25 分钟　　受益指数：★★★★

合理使用金钱——孩子理财能力的培养

给孩子一个好的消费习惯很重要，这关乎孩子今后的生存。只有学会了理财，才能科学地安排生活，合理地使用钱财。

故事的天空

5岁的孩子能像大人那样算计着花钱，估计很少有人相信。可是，兜兜就是一个理财小高手。每次和妈妈上街购物，他都要过一把"管家"的瘾。

在早市上，妈妈看中了一捆油菜，想全部买下来，可是兜兜却摆着小手阻止，他认为一大捆油菜两天也吃不完，还是买一半儿，减少浪费，还省钱。

卖菜的大姐看呆了，觉得这个小孩儿简直就是小人精，差不多和他一样大的孩子都是妈妈买菜，孩子在一边玩耍，从未见到过帮助妈妈提建议的。不仅如此，就是算账、付钱对他来说也只是件小事。

兜兜妈妈早已习以为常了，这是他们教育孩子的一个部分——培养孩子的理财能力。

早在兜兜一两岁的时候，爸爸妈妈就开始让他与钱

打交道了。每次带他一起去超市购物，去菜场买菜，去给他买零食、买玩具时，妈妈都把钱交给兜兜，让他把钱递给对方，接下找回的零钱。这样几次过后，他就懂得了钱是可以与商品进行交换的，而商品都是有价值的。

从此，他就理财上了瘾，家中的大事小情都要参与。就在他过5岁生日那天，爸爸妈妈决定让他彻底当一回家，用100元，办一次像样的生日会。

小家伙拿到钱后，觉得事关重大，赶紧找出一本笔记本，在上面用他看得懂的图形列着各项开支，生日蛋糕、蔬菜水果、熟食、饮料，还有爸爸爱喝的啤酒，都一一"画"在上边，还请来妈妈做顾问，把大致价格标上，看是否超支。

妈妈拿本子过来看后，忍不住笑了，原来上面连字带画全有，蛋糕和啤酒不会写，就画在上面。在妈妈的帮助下，他的预算做得很细，结果用100元办了一场丰盛的生日宴，还结余9元7角。

吕姐爱心课堂

理财，应早早纳入对孩子的教育计划中。因为，生活是需要钱财支撑的，每一天都有消费产生。让孩子早日学会理财，可以使他们养成节俭的好习惯，懂得如何计划着去生活。孩子没有经济来源，也没有确立成熟的金钱意识，但他们有花钱的需求和欲望，如果父母不及时予以引导，容易导致孩子养成不正当的花钱习惯。

卡尔·威特在对小卡尔进行严格教育的同时，很早就注意指导他如何正确地认识钱、使用钱。他认为："如何处理好钱财，是每个孩子在长大成人独立生活后所要面对的首要问题，这件事关系到人生幸福。所以，理财能力的培养必须从小就开始，教育得越早，收到的成效就越好。"

在现实生活中，许多孩子花钱的行为都存在着错误，如乱买东西，花起钱来从不心疼，没有节约和储蓄的习惯等。在这些孩子眼里，金钱就是可以用来吃喝玩乐的好东西，至于钱从哪里来根本就不去考虑。这不是孩子的问题，板子应该打到爸爸妈妈的身上。有些父母觉得就这么一个孩子，在花钱上不能委屈了他，还有的父母本身就虚荣，总给孩子提供太多的零用钱，毫无限度地满足孩子的各种物质要求。结果，不仅使孩子产生出过多的物质欲望，养成乱花钱的坏习惯，还使孩子养成好吃懒做、贪图享受的恶习。

如何处理好钱财是每个孩子都要面对的现实问题，理财能力的培养必须从小就开始。孩子总有一天会长大，要独立生存，这就必然要和钱打交道。从现在起，父母就要帮助孩子树立正确的金钱观念，教育他们懂得只有辛勤努力和付出才会有更多的收获，从小懂得钱的价值，懂得如何使用这些钱，学会生活，学会理性消费，而不是盲目地乱花钱。养成好的消费习惯不但可以增强孩子的自制能力，也可以教他们权衡利弊，分清主次，培养他们的计划性和计算能力。

卡氏支招DIY

作为父母，给孩子一个好的消费习惯很重要。我们不可能伴随孩子一生。只有让他们从小树立正确积极的金钱观，熟悉、掌握一些基本的理财知识，形成良好的理财习惯与技巧，在未来独立生活时，才能轻松自如地去面对现实。

●**让孩子知道金钱来之不易**。孩子看到爸爸妈妈从银行取钱，却没有看到爸爸妈妈挣钱的艰辛，所以就会认为，钱是银行给的。父母要让孩子知道，得努力工作才能把钱挣回来。最好带孩子去工作场所看一看，让他直观地感受工作的艰辛。

●**带孩子去消费**。多带孩子去购物，让他了解购物的流程，当孩子付钱的时候，帮他一起计算所需的总数。让他把钱交到收银员手中，等待找零。还可以定期给孩子一个"消费日"，让他把储蓄罐里的钱带上，买他想要的东西。并规定只能够花一定数量的钱，让孩子自己算计着花，如果孩子花光了规定的钱数，就不能再买其他的东西了。想要的话，只好等到下一个"消费日"。

●**给孩子机会挣钱**。可以安排孩子做些力所能及的家务来换取报酬，让他懂得通过劳动可以增加他的收入，进而换取他想要的东西。为了不使孩子养成不给钱就不帮妈妈做事的习惯，可以同外边做买卖的朋友事先联系好，让孩子去"打工"。即使帮助家里做家务，也要让孩子懂得为家庭尽职是理所应当的。

●**玩玩"花钱"游戏**。孩子都喜欢做游戏，父母可以把家中的物品收集到一处，在家中开一个"百货店"，让孩子了解日常用品和孩子喜欢的食品、玩具的价格。大家轮流当售货员和顾客，用真正的钱币进行"购物"，在记账、收货、花钱、找零的过程中，培养孩子对于金钱的概念，决定取舍，建立正确的金钱观。

卡氏小语♡

如何处理好钱财，是每个孩子在长大成人独立生活后所要面对的首要问题，这件事关系到人生幸福。所以，理财能力的培养必须从小就开始，教育得越早，收到的成效就越好。

阅读时间：30 分钟　　受益指数：★★★★

分清是非善恶——提升孩子的辨别能力

孩子没有任何人生经验，也不具备辨别是非善恶的能力，这就需要父母正确引导。从小培养孩子的辨别能力，不仅可以让他们是非分明，还能使他们从小学会自我保护。

故事的天空

3岁的琪琪和妈妈在地下超市购物，母女俩在服装区转来转去，妈妈看中一款女式半袖衫，放在身上比画了一番后，感到比较满意，准备让售货员包起来。她下意识地低头看看，突然发现孩子不见了，顾不上包好的衣服，急匆匆到处去找孩子。

此时，琪琪正和一位衣着光鲜的女子向出口走去。琪琪并不认识这位自称是妈妈好友的阿姨。在妈妈看衣服时，她被掉在地上的漂亮的商品标签所吸引，一路捡拾离开了服装区。这时一位阿姨说："小孩子不要乱跑哦，你妈妈叫我来接你，她已经在外面等你了。"就这样，琪琪被引到了出口处。

饶有经验的琪琪妈妈发现孩子不见了，立即同广播室取得联系，在广播寻人的同时，以最快的速度跑向出口，以免孩子跑出来找妈妈。果然不出所料，琪琪正被人牵着小手向停车场走去，一辆黑色的小汽车已经打着火，随时可以启动。

琪琪妈妈边跑边喊:"琪琪,妈妈在这儿呢!"

琪琪听到妈妈的喊声,立刻止步,回头看着妈妈。

那个年轻女子赶紧放开琪琪,飞速跑进已经启动的黑色汽车里,向停车场外开去。

琪琪见到妈妈,脆生生地说:"那个阿姨说是你的好朋友。"

妈妈紧紧地把女儿抱在怀里,说:"好孩子,亏得妈妈及时赶过来了!她是坏人啊,专门拐骗孩子的坏人啊!"

吕姐爱心课堂

坏人的头上没有标签,有些坏人从外表上是看不出来的。他们总是把自己伪装成正人君子。不要说是一个几岁的孩子,就是大人有时也难免会上当受骗。辨别真伪善恶的能力,是父母必须教给孩子的一件利器。

有些人认为,教育就是教给孩子知识,以为孩子只要掌握了丰富的知识,便完成了教育的任务。卡尔·威特对这种观点提出疑义,他说:"一个孩子如果没有敏锐的辨别能力,即使他掌握的知识再多,也只是一个储存知识的容器。对孩子的教育,要将培养他的辨别能力、分析能力放在重要位置。否则,孩子长大后不可能取得什么成就。"

孩子纯洁的心灵当然需要保护,可是现实社会中毕竟有丑陋的一面,总有一小撮坏人像幽灵一样出没在人世间。如何保护好自己,也是孩子必须学会的。应该让孩子尽早了解生活的本质,不能为了保持孩子的纯洁性,教孩子对社会上丑恶的现象视而不见,这是对孩子的一种欺骗,会导致孩子在虚假现象中变得麻木迟钝、自欺欺人。如果一个孩子从小就相信身边的一切人和事,这会使他成为一个没有分辨能力的人。轻信,只会让孩子变得愚蠢和无能。父母要正确引导,培养孩子辨别是非的能力。

许多父母在保护孩子上,可谓不遗余力,如贴身跟随,不让孩子单独出门。这样做还远远不够,还要让孩子晓事理、明是非、识别好与坏、美与丑,遇到事情知道什么是该做的,什么是不该做的。要教育孩子,应该做的就努力去做,不应该做的坚决不做,做一个是非分明的好孩子。

卡氏支招DIY

父母千万不要忽视了对孩子辨别能力的教育,只有这样,他们才能从小建立正确的人生观和世界观,增强明辨是非的能力。待长大成人后,处事才会多一点科学和理性,少一点迷信和盲从,形成正确的是非观念和良好的行为习惯。

- **创设情境教孩子明辨是非**。爸爸妈妈在家庭中，可有意识地为孩子创造一些日常生活情境，来教孩子如何辨是非。如乘坐公共汽车让座或不让座的游戏，让孩子在具体的活动中去明辨是非；在有客人来访时，教孩子礼貌让座，热情打招呼，同时告诉他反之就是不文明礼貌行为。

- **把正确的是非观念灌输给孩子**。父母平时应多向孩子灌输一些正确的是非观念，告诉孩子哪些行为是对的，哪些行为是错误或不合理的。让孩子在接受教育中掌握正确的判断事物好坏的标准。

- **利用角色游戏提升辨别能力**。平时要针对坏人拐骗儿童行为进行角色演练，教孩子如何分辨认识坏人骗人的把戏。如有人冒充爸爸妈妈的同事、朋友接园，或坏人以买东西为借口引诱孩子上当等，让孩子在演练中学会如何应对。当遇到陌生人强拉强抱时，要大声呼救，如"他不是我爸爸或妈妈"等。

- **利用宣传工具学会辨别是非**。经常让孩子看一些如何预防坏人的电视节目，带孩子多参加一些展览，通过解说、图片等学会明辨是非，从而学会保护自己。

- **用身边的事例或故事教育孩子**。通过寓言、童话、故事，以及发生在身边的事例教育孩子，帮助他们进行分析，形成自己正确的判断。让孩子把握好是非界限，掌握一些是非曲直的辨别方法。

卡氏小语

一个孩子如果没有敏锐的辨别能力，即使掌握的知识再多，也只是一个储存知识的容器。对孩子的教育，要将培养他的辨别能力、分析能力放在重要位置。否则，孩子长大后不可能取得什么成就。

爸妈私房话

第四章
能力培养，为成功积攒拼搏的实力

第五章

良好习惯，造就孩子美好人生

养成一种习惯，就会形成一种性格，进而收获一种命运。卡尔·威特在日常生活中非常重视对小卡尔良好习惯的培养，他认为健康的生活和做事习惯对孩子一生的发展有着重大的意义。

好习惯，从小开始

　　幼年时期是习惯形成的最佳时期，这时养成的习惯将会影响孩子一生。所以，父母有责任和义务从小对孩子进行良好习惯的培养。让孩子知道什么应该做，什么不应该做。良好行为一旦转变成习惯，他就不会感到任何的约束和痛苦，并使之变为他发自内心的一种力量。

——卡尔·威特

阅读时间：25 分钟　　受益指数：★★★★

干干净净讲卫生

　　干净整洁的孩子人人爱、人人夸。那些不讲卫生的孩子就不那么招人喜欢了，而且还使爸爸妈妈大伤脑筋。从小让孩子养成良好的卫生习惯，在防病健体的同时，也能为自己的形象加分。

故事的天空

　　3岁的隆隆早上起来第一件事就是刷牙，别看年纪小，他刷牙可认真了。

　　爸爸和他几乎在同一时间刷牙，隆隆认真地刷着牙，还操心着爸爸，小眼睛不时瞟向爸爸，如果爸爸不把每一颗牙齿都刷一遍，他就要求爸爸重新刷过才算完。他有这个权利，因为他是家庭卫生监督员。

　　到了洗脸时，隆隆更是认真，脖子、耳朵，就连小鼻孔也要洗到。粗心的爸爸不得不佩服儿子的认真劲儿，看着儿子如此洗脸，也不好意思胡乱洗上几把就完事，因为爸爸妈妈是孩子的榜样呀！

　　今天是星期天，姑姑带着2岁半的小表弟来做客，隆隆发现用手抓葡萄吃的小表弟的手背有点脏，就要拉着他去洗手。小家伙不肯迈步，隆隆就咬着牙起劲儿地将他往外拽着。

大人们以为两个孩子在打架，赶紧过来问究竟。

隆隆气喘吁吁地说："他的手是脏的，不能吃东西。"

姑姑看看儿子的小手，说："没事的，只是手背有点儿脏东西，手指和手心是干净的。"

隆隆坚持说不卫生，必须去洗过手才能吃东西。在姑姑的劝说下，小表弟乖乖地跟小哥哥去了卫生间。

姑姑看完隆隆给小表弟认真洗手全程后，对隆隆妈妈说："呵，这个仔细劲儿，比我还认真。"

隆隆妈妈说："养成习惯后，他特别注意卫生。每次吃东西前，都得把小手洗得干干净净才行。"

姑姑感慨地说："看来，好习惯还是越小越好养成啊！"

吕姐爱心课堂

养成良好的卫生习惯，是一生健康的基石。特别是在小的时候注意卫生，可以大大减少病菌的侵害，利于身心的发育。很多父母虽然也注意孩子的卫生，多数是为孩子做好一切，而不是让孩子自己动手。这样容易使孩子变得依赖性强，成为小懒虫，养成不讲卫生的坏习惯。一旦离开爸爸妈妈的照顾，就得讨日起来。

卡尔·威特认为："播下一种习惯，就会有一种性格，进而收获一种命运。所以说，培养孩子健康的生活习惯对孩子的人生有着重大意义。"他和妻子非常注意在日常生活中培养小卡尔讲卫生的好习惯。良好的卫生习惯是保证孩子身

体健康的必要条件。个人清洁卫生看起来是一件微不足道的小事，却往往反映出一个人的精神面貌和生活情趣。

身体的清洁干净，可以让孩子保持健康的自信心。不讲卫生的孩子，既不文明，形象不佳，又对身心健康不利。所以，父母要让孩子适当地保持个人卫生，热爱整洁，坚持让孩子勤换衣服、勤洗头、勤洗澡，做到饭前便后洗手，早晚刷牙，帮助孩子逐渐形成良好的卫生习惯。讲卫生的好习惯一旦养成，将会使孩子的一生受益。良好的个人卫生形象，既能够得到他人的尊重，又是对别人尊重的表现。

卡氏支招DIY

培养孩子养成良好的卫生习惯不是一两天能速成的，需要父母在生活中运用示范、讲解、提示、练习等方法，给孩子以具体的指导和帮助，使他们逐渐养成良好的卫生习惯。

●**要养成勤洗漱的习惯**。洗漱是讲卫生的基本条件，要督促孩子勤洗手、勤洗脸、勤洗头、勤洗脚、勤洗澡，把潜在的病菌消灭在萌芽之中。

●**早晚坚持刷牙**。要及时指导孩子学会刷牙，并养成坚持不懈的习惯。不仅早晚要刷牙，每次饭后也要仔细漱口。睡觉前不要给孩子吃糖果、饼干等甜食。

●**让孩子懂得饭前便后要洗手**。手接触外界难免带有细菌，如果不将双手洗干净，手上的细菌就会随着食物进入肚子，容易生病。所以，爸爸妈妈要告诉孩子坚持饭前便后洗手的道理，帮助孩子了解洗手的重要性。

●**养成定期剪指甲、理发的习惯**。应定期提醒孩子剪指甲，让孩子懂得长指甲中容易藏污垢，从而危害身体健康。为孩子剪指甲要注意长度适宜，并在孩子安静的时候进行，以免伤及孩子的手指。孩子大都不喜欢理发，爸爸妈妈要让孩子认识到头发和衣服一样，经常清洗和修整，才会显得更好看。可以经常带孩子去理发店参观，让他看看人们的头发在理发师手中是不是变得漂亮了？还要分析孩子不喜欢理发的原因，是害怕理发，还是不喜欢某个理发师等，分析原因之后再有针对性地解决。

●**不吃不干净的食物**。许多小孩子有抓东西吃的习惯，爸爸妈妈要及时制止，告诫孩子地上捡的东西绝对不能随便往嘴里放。生吃瓜果一定要洗干净，最好削皮后再吃。

●**禁止随地吐痰**。随地吐痰是最多见的，也是最危害自己和他人健康的恶习。痰中带有许许多多的传染性病菌，会附着在空气的尘埃中，传播到每一个角落。爸爸妈妈要让孩子养成不随地吐痰的习惯，并教给孩子如何正确处理吐出的痰液。

卡氏小语

播下一种习惯，就会有一种性格，进而收获一种命运，所以说，培养孩子健康的生活习惯对孩子的人生有着重大意义。

爸妈私房话

阅读时间：25分钟　　　受益指数：★★★★

得体的服装体现自尊

从衣着服饰上，可以折射出一个人的内心世界。得体整洁的服装，让人赏心悦目。为孩子合理装扮，也是爸爸妈妈不可忽视的重要环节。

故事的天空

周六的早上，5岁的烨烨和妈妈都在做出门的准备。她们要去参加一个小型的聚会，离8点钟出门时间还有二十多分钟，她们就在各自的衣柜前选着中意的衣服。

烨烨选了一套天蓝色的牛仔装，穿一双蓝灰色的旅游鞋，早早地站在门口等妈妈。也许是心有灵犀吧，妈妈穿着底色为蓝湖色的长裙，母女俩站在一起，很有亲子装的感觉。她们走在大街上，显得特别大方、阳光。

聚会地点在公园的假山旁，妈妈们都带着孩子。几个孩子见面后，相约一起去湖边看小金鱼。大家争先恐后地向湖边跑去，唯有烨烨在稳稳当当地走着。

妈妈们谈论的话题除了服装，就是孩子。大家都向烨烨妈妈投去羡慕的一瞥，说烨烨简直就是小天使，说话得体，举手投足都显得很有范儿。作为女人，对服装上可谓都是专家，大家一致认为烨烨母女会穿衣服。

周燕指着自己红色的裤子

说："显得俗了。"

一身珠光宝气的杨霞觉得自己衣服上档次，可就是穿不出效果来。

最后大家摸着烨烨妈妈身上的裙子，都觉得这料子、款式得体大方，与一脸书卷气的人搭配在一起，简直就是绝配。

烨烨妈妈含着笑说："我个人感觉还算可以，不过没你们说得那么好，这只是普通的面料而已。"

接下来，大家讨论起如何穿衣服来，最后她们都同意烨烨妈妈的观点：衣服不在料子贵贱，而在于得体，整洁得体的衣着最能体现出一个人的自尊。如果不讲究卫生，不注意自己的仪表仪容，即使面料再高档，也穿不出应有的气质和风采。

吕姐爱心课堂

爱美之心，人皆有之，而服饰是装扮美的主要手段。有些人觉得衣着华贵就是美，有的人认为标新立异才算新潮。其实，这些想法都是不当的。整洁得体的服饰，才是一种真正的美。而那些穿着不得体、邋遢的人，不会赢得他人的尊重，十分影响自己的形象。

卡尔·威特特别注意孩子的服装整洁得体，认为："如果孩子的衣冠不整，精神上也必然是极为散漫的。相反，衣冠端正，能使人精神抖擞。服装虽然不能太过奢侈，但必须是整洁的，整洁干净的着装可以使人信心倍增。"是啊，不仅人类注重衣着服饰，甚至连马都是这样。如果给马配上一副破旧的鞍，它就会丧失斗志，变得萎靡不振；而当给它配上一副好鞍时，它马上表现得精神饱满，士气高昂。

马都懂得着装对自己的重要性，更何况是孩子。别看孩子小，他也是有爱美心理的，当爸爸妈妈帮他梳洗干净，换上一件漂亮合身的衣服，他就会特别高兴。把孩子打扮得整洁、天真活泼、美一些，是每一个爸爸妈妈的心愿，谁也不愿意自己的孩子形象邋遢的。但是，在给孩子进行穿着打扮时，一定要端正态度，正确引导孩子的审美观点。父母也要告诉孩子，自然整洁的仪表代表着人的精神面貌和文明教养，而奢华的装扮是不应该提倡的。

卡氏支招DIY

在生活中，每天都要穿着打扮。父母在为孩子穿衣打扮时，有必要掌握一些审美知识，正确引导孩子的审美观念。

●**整齐干净是首要的。**衣服可以不华丽，色彩可以不鲜艳，但一定要整齐干净，衣服脏了要及时换洗，扣子掉了，或某处破了要及时缝好。倡导实用性，衣服式样简单朴素，宽松轻便，这样能让孩子有充分活动的余地。

●**选适宜得体的衣服很重要**。为孩子选衣服时，要考虑式样能否体现孩子的年龄、性别、体形。在发育长身体期间的孩子，穿着要合身得体，过于紧小不利于发育，过分宽大则显得精神气不足。要注重其功能，以舒服、整洁为好，使孩子看上去活泼可爱才行。饰物不可过多，以免使孩子失去稚气，影响自然美。

●**把握适当的分寸**。带孩子出席社交场合时，所穿的服饰应大方、得体，不可过分修饰。根据不同的社交场合，对孩子进行不同的衣着打扮。走亲、访友、逛公园这类较轻松自如的场合，可以把孩子打扮得活泼、大方些，以便活动；酒会、宴会等较正式的场合，孩子也可适当打扮得端庄、典雅些，以示礼貌。

●**不要异性装扮**。有的父母喜欢给孩子做异性打扮，如让女孩穿男性衣服，或让男孩做女生打扮。如果只是偶尔为之，不会造成太大的影响，但如果经常给孩子这样装扮，就容易导致孩子产生性别认同混淆的问题。

●**培养孩子自己整理衣物的习惯**。整理衣服也是应该训练孩子的内容之一，一个不喜欢整理自己衣服的孩子，在穿戴上也不会注意自己的形象，不知道爱惜身上的衣服。所以，应该培养孩子折叠、整理衣服的习惯，不要让他将脱下的衣服随意放置。如专门给孩子安排一个空间，用来放置自己的衣服和物品，在孩子出入方便的地方，准备一个固定放衣服、鞋、袜的地方，使孩子从小养成良好的生活习惯。

卡氏小语

> 如果孩子的衣冠不整，精神上也必然是极为散漫的。相反，衣冠端正，能使人精神抖擞。服装虽然不能太过奢侈，但必须是整洁的，整洁干净的着装可以使人信心倍增。

阅读时间：30 分钟　　受益指数：★★★★★

早睡早起，规律作息

充足的睡眠、合理的进餐、有序的学习与游戏玩耍，能够充分满足孩子的生长需求。使孩子养成早睡早起的好习惯，等于为他奠定了一生的健康基石。

故事的天空

2岁的倩倩的生物钟简直比闹钟还准时，每天早晨6点半，准时睁开眼睛，一点也不赖床，自己爬起来找衣服穿。现在，她自己还不能完全独立把衣服穿好，这时妈妈会及时过来予以指导。穿好衣服，自己知道去盥洗室用自己的小脸盆洗脸，然后是梳头，吃早餐。

倩倩有规律的一天生活就这样开始了。

当她和妈妈从外边转了一圈回到楼下时，住在一楼的3岁胖胖还在打着哈欠，在妈妈的催促下极不情愿地从床上爬起来。

隔着门就能听见胖胖妈妈的数落："你得了睡痨病了？喊你多少次了，还睡不够。赶紧去洗脸，吃早饭，一会儿还要出去呢。"

刚巧，胖胖妈妈推开门要去街头买油条豆浆，遇见倩倩妈妈就开始发牢骚，夸

第五章　良好习惯，造就孩子美好人生

倩倩乖，听大人的话。提起胖胖赖床的事，就皱起眉头，说简直烦死了，拿他一点办法也没有。

倩倩妈妈笑着说："冰冻三尺非一日之寒，得慢慢去改变他。"

胖胖妈妈发愁地说："简直提不起来，你喊他时，就是不动弹，巴掌拍打在屁股上，也只是稍稍挪动一下，接着睡下去。"

倩倩妈妈建议道："可以试试渐进法，每天让孩子缩短5分钟起床，等他适应了，就会改变过来了。"她看了胖胖妈妈一眼，"不是我批评你，每天让孩子睡得那么晚，第二天他能起来才怪呢！"

胖胖妈妈笑了，说："这都养成习惯了，从今天起，一定让他早睡。"

倩倩妈妈说："这就对了，早睡才能早起，才符合人体生物钟。有规律的作息利于健康，对孩子更是如此，他们正处在发育阶段呢，需要打好基础。"

吕姐爱心课堂

日出而作，日落而息，是大多数动物的作息规律，与大自然很合拍。早睡早起，更符合人体的生物钟。卡尔·威特十分重视小卡尔的生活作息，认为："保持身体健康的最大因素，就在于拥有良好的生活习惯和作息规律。"所以，从很小的时候，他就开始有意识地培养小卡尔养成良好的生活习惯和作息规律，制订了严格的作息时间表：早上6点起床，晚上9点必须上床睡觉；什么时间学习，什么时间吃点心，什么时间玩耍，都有规定。

良好的生活习惯、规律的作息时间，对于孩子和爸爸妈妈来说都是大有益处的。对爸爸妈妈来说，要能够更好地运筹一天的计划和活动安排，给孩子更精心和专注的照料，同时也能分配好属于自己的时间和空间。对孩子来说，要养成按时睡觉、早睡早起的习惯。许多父母还不知道，孩子长个儿，多在睡眠状态下完成。

充足的睡眠、合理的进餐、有序的学习与游戏玩耍，都是孩子生长的需求。在现实生活中，由于父母的原因，许多孩子养成了熬夜的习惯。如要求孩子学琴、练书法、绘画、写日记、背诵等，还有的父母每天晚上带头看电视，孩子自然不肯轻易去睡觉。熬夜对孩子的健康和成长都极为不利。因为生长激素分泌最旺盛的是晚上11时至半夜，超过这个时间睡觉，对孩子健康必然会产生负面影响。

按时作息的良好习惯，不仅可以使孩子身体健康，而且还能使孩子能够有充分的精力去积极主动地学习。因此，父母一定要给孩子营造一个良好的作息环境，养成良好的作息习惯，以更加利于孩子的身心发育。

卡氏支招DIY

生活有规律，有益于孩子的身体健康和智力发展，好的作息习惯会让孩子受益终生。培养孩子良好的作息习惯，要注重孩子日常活动的每个环节，父母要做好引导和督促工作。

●**父母要以身作则**。孩子没有自觉管理自己的意识，爸爸妈妈的起居习惯直接影响着孩子。所以，父母养成早睡早起的习惯，孩子自然也就不晚睡和恋床了。

●**为孩子制订作息时间表**。爸爸妈妈可以和孩子一起制作一个作息时间表，挂在孩子房间墙上。当他不想睡、不想起床，或不遵守作息规定时，指给他看，用制度来约束他。

●**营造睡觉气氛**。睡眠质量很关键，如果孩子躺在床上长时间不能入睡，就会影响睡眠质量。可先让孩子做好睡前准备工作，如让他去阳台呼吸新鲜空气，刷牙洗脚，静坐一会儿使身心放松等。到了睡觉时间，父母要给孩子营造一个舒适的环境，关电视、关大灯、轻声细语，还可以放一些轻柔的催眠曲，让孩子感到睡觉时间到了。这样，他就会安静地闭上眼睛，酝酿睡觉情绪。

●**减少各种刺激**。父母尽量要让孩子避免一些刺激性的活动，以免孩子过于兴奋长时间不能入眠。如睡前不要看电视，入睡前不要让孩子吃夜宵，不要让孩子喝饮料和吃巧克力，晚饭不要吃得过饱，更不要打骂训斥孩子，强迫孩子做不愿做的事等。

●**用美妙的音乐唤醒孩子**。早晨空气好，早起有利于孩子的身心健康。当规定的时间到来之际，爸爸妈妈可以给孩子放一段轻快美妙的音乐，把孩子从睡梦中唤醒。他的心情舒畅，自然更愿意配合起床。

●**午睡不可少**。孩子活动了一个上午，身体会有些疲惫，午饭半小时后，最好让孩子睡一觉，这有助于孩子下午更好地游戏和活动。

卡氏小语♡

良好的生活习惯和作息规律不仅可以使孩子身心健康地成长，而且还能使他们能够有充分的精力去积极主动地学习。好的作息习惯会让孩子受益终生。

阅读时间：25分钟　　受益指数：★★★★★

良好的进食习惯别忽视

饮食是健康体魄的保证。对于孩子来说，饮食更是生长素，没有营养，身体怎么能茁壮成长？

故事的天空

每天到了吃饭的时间，铎铎妈妈就开始发起愁来，3岁的铎铎瘦得如同一根豆芽菜，却不肯好好吃饭，一顿饭下来，比打仗还要忙。

午饭比较丰盛：肉片口蘑、粉丝炒洋白菜、虾酱蒸蛋，主食是香喷喷的大米饭。这些菜肴热气腾腾地摆在桌子上，看着就有食欲，闻着就流口水。可是铎铎对这些美味视而不见，依旧坐在地板上哗啦哗啦地摆弄他的玩具小汽车。

妈妈在碗里盛好米饭，上边放好菜，蹲在正玩耍的儿子身边，劝道："来，宝贝儿，开饭啦。"

铎铎的眼睛依旧没有离开小汽车，对妈妈递到嘴边的饭菜倒也不拒绝，张开嘴吃了一口。可是，到了第二口他就不愿意配合了，把头扭到了一边。妈妈只好耐心地不断地试探着他，等他愿意吃了，赶紧

就喂上一口。

陆续吃了几口后，小家伙不再配合了，紧紧地抿住嘴，任凭妈妈央求着，就是不肯张开嘴吃饭。妈妈只好放弃了努力，自己坐到餐桌前去吃饭。经孩子这一闹腾，她也没有了食欲，勉强吃了一碗饭，又端起饭碗去追着喂孩子了。

吕姐爱心课堂

许多父母都抱怨，他们最发愁的就是孩子吃饭问题。平时挺可爱的小家伙，到了吃饭时就不可爱了。要么不吃，要么挑食，如青菜不吃、鱼不吃、酸味的不吃等。大人哄着、追着喂饭的一幕几乎顿顿上演，搞得身心疲惫，心情很不好，连自己吃饭都吃不香了。

卡尔·威特认为："不良的饮食习惯并不是孩子天生就有的，而是因为父母的无知和纵容造成的。"现在都是一个孩子，父母只想着让孩子吃好喝好身体健壮就好，却没有考虑如何让孩子养成良好的饮食习惯。

其实，父母没必要过多地考虑口味和所谓的高营养，只要给孩子提供足够的可以满足身体营养需要的食物就可以了。在吃饭的问题上，应当让孩子感觉到进食是非常愉快和重要的事，是一件自己能轻松自如想做和能做的事。孩子一顿不吃，没有关系，下顿饿了他就会主动进食了。

许多孩子不好好吃饭，与父母不正确的喂养有很大的关系，父母总是担心孩子不会吃或者是吃得太少，以至于用餐时如临大敌，这样吃不好，那样吃不对，无形中给孩子造成一种心理压力。时间长了，孩子就将进食当成一种负担。

培养孩子良好的进餐习惯，就是培养良好生活习惯的开端。父母应该端正自己的态度，按时给孩子开饭，不要在三餐之间让孩子过多地吃零食，当孩子觉得饿了，自然会安安静静地坐下来吃饭。养成良好的进餐习惯，爸爸妈妈轻松，孩子吃得好，心情就会好，玩起来也开心，更利于孩子的健康成长。

卡氏支招DIY

让孩子养成良好的进餐习惯，还是有一些方法可循的，父母没必要为此感到烦恼，应该尝试用各种办法帮助孩子矫正过来。

●**让孩子自主进食**。当孩子有自主进食的要求时，一定要满足他，不能怕孩子将衣服、手、脸弄脏，父母就自己代劳。给孩子一个小碗、小勺，让他自己吃，这样能引起孩子极大的兴趣，渐渐养成自己吃饭的好习惯。

- **给孩子一个固定的进餐位置**。孩子就餐应在一个固定的餐椅或就餐位置，这会使他对进食形成条件反射。并且也会让孩子感到自己能和爸爸妈妈平起平坐了，同时也增加了他独立进食的信心和兴趣。

- **营造愉快的用餐气氛**。舒适良好的环境有助于孩子愉快用餐，孩子也喜欢好的氛围环境。不妨在餐厅里摆上一些鲜花，铺上色彩温馨的有漂亮图案的桌布，播放轻柔舒缓的音乐，通过这样的布置，再加上喷香的饭菜，相信孩子想不吃饭都不行。

- **不要在进餐时教训孩子**。有些父母喜欢在餐桌上教训孩子，这也不对，那也不好，孩子吃饭的乐趣被剥夺，食欲也受到影响，给孩子的身心健康也带来很大危害。

- **别把食物当作管教手段**。对孩子来说，食物只是用于充饥的，而不应该成为惩罚、奖励或者威胁孩子的手段。父母应注意把管教和食物分开，给孩子营造和谐轻松的进食氛围和环境，让孩子愉快地进食。

- **养成专心的习惯**。吃饭就是吃饭，在吃饭时不要让孩子边吃边玩、边吃边看电视，要专心致志地吃自己碗里的饭菜。

- **吃多少盛多少**。每次给孩子少盛一些饭，让孩子能够吃完，以免剩在碗里，养成浪费粮食的习惯。如果强迫孩子一定吃完碗里的食物，那么孩子就会采取不合作的态度。

- **吃饭前不要让孩子吃零食**。如果孩子在正餐时间刚好饿了，那么吃饭一定会很香。所以，尽量不要给孩子吃过多的零食，以免影响正餐的进食。

- **饮食要定量**。对孩子特别爱吃的食物要给予适当限制，不要一次吃得过多，这样既可以避免孩子挑食，又能减少孩子超量饮食影响肠胃的消化能力。

- **独占食物不可取**。吃饭也要讲民主，不搞特殊化。教育孩子先给年长的盛，再给自己盛，使孩子懂得共同分享、礼让别人的道理，防止孩子养成一切自己优先、独占食物的不良习惯。

卡氏小语

良好的用餐习惯对孩子的健康很重要。很多家长总是担心孩子不会吃或者是吃得太少，以至于用餐时如临大敌。其实，完全没必要担心孩子挨饿。只要孩子不贪食，就应当让他感觉到进食是非常愉快和重要的事，一件自己能轻松自如想做和能做的事。

阅读时间：25 分钟　　受益指数：★★★★

物归原处，让孩子做事有条理

从小得到严格的"收拾"训练，孩子以后自然也会有条理地做事。无论工作场所还是家里，资料、用品或衣物都能做到"物归原处"。

故事的天空

5岁的明明正跪在地板上堆积木，玩了一会儿，把积木一推，爬起来又去拿玩具枪跑跑跳跳地玩起了射击。

奶奶刚把他玩过的卡片收拾起来，出了他的小房间，就看到了地板上七零八落的积木，只好无奈地摇着头，又埋头去捡积木。

窗外阳阳在喊明明，约他到楼下玩沙土，小家伙兴奋地把玩具枪抛在床上，开始找起自己的衣服来。

奶奶只好放下手里的积木，到衣柜里把他的外套拿出来，说："以后不要乱扔乱放，把衣服放到衣柜里，想穿就直接去拿多好。"

明明边穿衣服，边说："我明明放在了沙发上，你偏要收起来。"

奶奶啧啧着，说："这孩子，你还有理了？跟你讲过

第五章　良好习惯，造就孩子美好人生

多少遍了，用过的东西要放回原处，你哪次这样做了？"

明明不愿意听奶奶唠叨，跑下楼去找阳阳玩沙土去了。

奶奶扒着阳台的窗户，看到两个孩子在一块儿了，才放心回到房间，继续收拾孙子扔下的东西，将它们一一放回原处。

吕姐爱心课堂

孩子乱扔东西，不知道将玩过、用过的物品送归原处，这是许多家庭普遍存在的现象。家里有个小小的捣蛋王，爸爸妈妈就不能再清闲了，跟在他身后收拾都来不及，常常是刚把这样归位，他又把那样翻腾出来。如果爸爸妈妈没及时收拾，家中就会满地玩具，拉开的抽屉不复原，衣服鞋子乱扔乱放，把家里搞得乱七八糟。

孩子之所以有喜欢随手乱扔东西的行为，主要是缺乏物归原处的意识，自制能力较差，常常为图一时痛快而将物品随手乱扔。更主要的还是和父母的教育引导有关系，如父母经常替孩子收拾东西，使其认为乱了也无妨，收拾是大人的事情，久而久之，就会养成习惯。如果父母及时予以引导，告诉孩子玩完的玩具要放回原处，脱下的鞋子放到鞋柜里，他们就不会乱扔乱放了。

卡尔·威特认为："善始善终对于孩子是困难的，却又是十分必要的。用过的东西放回原处，这不仅有助于培养孩子思维的有序性，也有益于其责任心的形成。"在小卡尔2岁的时候，卡尔·威特就开始鼓励小卡尔做一些力所能及的事情，让他将使用完的东西放回原处。如将玩具归位，看完的书也要及时放回书架等。在卡尔·威特的引导下，小卡尔养成井井有条的好习惯。

"物归原处"看似简单，可对于幼小的孩子来说，如果父母没有及时到位的指导和严格的要求，孩子也是不容易做到的，需要在日常生活中长期训练才能形成习惯。让孩子懂得物归原处，不仅可以使他们养成爱整洁的好习惯，还提高了他们的自理能力和审美能力，为将来做事井然有序、善始善终、有责任心打下良好基础。

卡氏支招DIY

在家庭教育中，父母应该有意识地从小培养孩子养成物归原处的好习惯。把东西放回原处，可以使孩子既能约束和规范自己的行为，又能处处想到他人，尊重和关爱他人，尽早地形成社会责任感。

●**教孩子整理物品。**当孩子能自理时，就要让他把个人物品和玩具进行归位整理，开始时，爸爸妈妈可以带孩子一起整理，做出示范，让孩子知道该如何去做。

- **让孩子清楚收纳的空间**。让孩子将东西放回原位，首先要为孩子规划出收纳空间，让他知道什么东西该放在哪个地方。

- **给孩子学习的机会**。当孩子刚开始学收拾物品时，由于不熟练，可能会摆放得不是很整齐，父母要一步一步慢慢引导。不能嫌孩子做得不好，批评指责孩子或为孩子代劳。

- **让孩子体会物归原处的便利**。对孩子进行物归原处训练的同时，一定要让孩子知道，这样做会给自己和他人带来便利。如想玩小汽车时，不需要在家里到处搜寻，也不需要把玩具箱翻个底朝天，直接拿来多方便，又省时又省力。而图一时省事，将用过的东西随处乱扔，不仅会给自己，也会给他人造成麻烦。

- **在游戏中学会物归原处**。游戏是对孩子最好的教育方式，爸爸妈妈不妨经常和孩子玩"送玩具回家"的游戏，如"布娃娃累了，该睡觉了""小车该进车库休息了"，久而久之，孩子会很自觉收拾自己的玩具。这远比采取强迫的方式逼孩子去收拾好得多。

- **用可爱的造型召唤孩子**。聪明的爸爸妈妈不妨花点心思，如将孩子的玩具箱按不同的颜色或造型区分开来，让孩子依据不同的颜色或造型将玩具归位，或是在鞋柜上贴两个可爱的小脚丫图案，这会引发孩子的兴趣，觉得物归原位是一件有趣的事情。当任务变成玩的时候，孩子便会更乐意去做了。

- **创设一个整洁的家庭环境**。一个凌乱不堪的家庭环境，容易让孩子养成随意乱扔、不讲条理的坏习惯。整洁的家庭环境，往往会潜在地传递给孩子爱整洁、做事有条理的健康信息。所以爸爸妈妈要带头做好物归原处的示范，把家整理得井井有条。

卡氏小语 ♡

善始善终对于孩子是困难的，却又是十分必要的。用过的东西放回原处，这不仅有助于培养孩子思维的有序性，也有益于其责任心的形成。

阅读时间：30 分钟　　受益指数：★★★★

告别磨蹭，敏捷做事不拖拉

孩子做事情磨磨蹭蹭，不仅消耗不必要的时间，还降低做事的效率。一个人应该做事果断，行为灵巧，如此方能在有限的生命中成就一番事业。

故事的天空

马上就要到7点了，5岁的瑞瑞还在磨蹭，一双袜子穿了半天。等穿好了鞋，才想起他的小书包还在房间的床头柜上。背上书包，又想起来还有水壶。等他把水壶装好，又磨磨蹭蹭地看看脚下的鞋子，回头瞧瞧已经满脸焦急的妈妈，才推门下楼去找送他到幼儿园的爸爸。

爸爸终于看到了儿子，顾不上埋怨，赶紧骑上电动车，向幼儿园方向驶去。还好，基本踩着时间赶到学校的，要是再晚3分钟，大门就关上了。

瑞瑞磨蹭的毛病不是一天两天的了，虽性格顽皮，玩耍起来风风火火的，可做起事来却磨磨蹭蹭。从上幼儿园起，就没有一天不让妈妈伤脑筋。早上起床磨蹭半天，洗脸刷牙要很久，吃饭也是东张西望，不能专心。

因为瑞瑞的磨蹭，差一点就耽误了幼儿园组织的演出活

动。那天早上，爸爸妈妈知道他有演出任务，刚7点，爸爸妈妈就洗漱完毕，可是瑞瑞却还赖在床上不起来，还是性急的爸爸把他从床上拽起，他才慢腾腾地起来穿衣服。总算穿戴整齐，正要出门，瑞瑞却一头钻到卫生间里半天不出来。

这时，老师打来电话，问他们走到哪里了。得知还没有动身，老师说来幼儿园集合是来不及了，要不打车直接到市少年宫吧，第一场就是瑞瑞的演出，不能再耽搁时间了。结果，演出就要开始了，他才赶到后台，踩着音乐出场，总算没有耽误演出。

因为瑞瑞的磨蹭，爸爸妈妈很是苦恼，为他的未来担忧着，等孩子长大了，怎样去应对这个生活节奏越来越快的社会呢？

吕姐爱心课堂

家有小磨蹭，爸爸妈妈苦恼不休。孩子动作太慢，做起事情来磨磨蹭蹭，可不是好习惯。在快节奏、快速度的今天，动作慢半拍的人是不受欢迎的。

卡尔·威特发现，身边有许多人，总是在磨蹭很久之后才开始工作，他们在磨蹭之中白白地虚度和浪费了许多宝贵的时间。他总结道："这种磨蹭的习惯实际上是自幼养成的。"为此，他非常注意培养小卡尔做事有效率的习惯，并且常常告诫他，"做事富有效率、干净利落，才能成为一个受人欢迎的有能力的人，才能在有限的生命中干出非凡的事业。"

孩子的磨蹭有许多原因，一般来说，小孩子注意力不集中，很容易受周围环境的影响，被他认为好玩的事情所吸引让他忘记了时间；孩子觉得不好玩的事，没有兴趣也常常磨蹭；没有时间概念也是导致动作缓慢的重要原因。由于他们的思维具体而形象，对看不见、摸不着的时间没有概念，所以他们做事时，并不懂得浪费时间的危害。

孩子做事磨蹭，一定要及时予以纠正，否则对性格、思维都会有影响，不利于孩子的成长。不要觉得孩子小，就忽略这方面的引导。

卡氏支招DIY

孩子做事磨蹭，固然应该引起爸爸妈妈的重视，但也不必视磨蹭为洪水猛兽，一看到孩子磨蹭就对他横加指责，而应在生活中多投入些精力，做好引导监督工作，使孩子逐渐改掉做事拖拉磨蹭的不良习惯。

● **兴趣是最好的动力**。有了兴趣，孩子自然有热情，有热情行动就会快起来。爸爸妈妈可以选择孩子平时最爱听的故事、最喜欢的游戏、最爱看的动画片等，这样就激发了他们快速做事情的愿望。如"你快些把玩具归位，'喜羊羊'马上就要开始了""赶紧把房间收拾好，来听《小木偶》的故事"等。需要注意的是，不能用谎话欺骗孩子，答应的事情一定要兑现，否则，下次就不灵了。

●**教孩子做事的方法**。孩子做事磨蹭，爸爸妈妈要有所区别对待。有的时候是因为方法不当，造成孩子动作缓慢。这时，就需要给孩子做示范，教给他正确的方法，这样就会提高速度了。

●**在比赛中提高速度**。孩子天生好胜，都喜欢当第一。爸爸妈妈可以经常与孩子进行一些比赛游戏，如比赛穿衣服、洗脸、吃饭、收拾玩具等，使他在游戏中提高动作的敏捷程度。争强好胜的孩子一定会很高兴地赶紧把事情做完。

●**提高孩子的注意力**。孩子自控力差，注意力不容易集中，就会造成磨蹭现象。平时可多让孩子做一些培养注意力的练习。在孩子做事时，应尽量保持环境安静，使孩子能专心于他正在做的事情上。

●**体验"磨蹭"带来的后果**。孩子只有体会到磨蹭给自己带来的"不良后果"，才能够自觉快起来。不妨让他们为自己的磨蹭付出点代价。如孩子边吃边玩，磨磨蹭蹭吃饭，告诉他，如果在规定的时间内吃不完饭，就要把饭菜收起来了，而且中途饿了也没有东西吃。尝过几次这种滋味的孩子，自然就不会在吃饭时再慢腾腾的了。

●**表扬鼓励不能少**。当孩子做事比以前有所进步时，爸爸妈妈一定要及时给予表扬鼓励，使孩子意识到自己的进步，并因此产生自豪感，增强自信心。

●**减轻孩子的依赖感**。许多父母喜欢替孩子做事，结果造成了孩子的依赖心理。当他们自己做事时，总是磨磨蹭蹭想着爸爸妈妈会来帮助。为此，爸爸妈妈该放手时就放手。孩子的事情一定要让他自己去做，不要让他养成依赖的心理。

卡氏小语

做事富有效率、干净利落，才能成为一个受人欢迎和有能力的人，才能在有限的生命中干出非凡的事业。

阅读时间：30 分钟　　　受益指数：★★★

坚持不懈，培养孩子的毅力和恒心

培养孩子具有坚强的毅力和恒心，对其一生的发展有着重要影响。父母要及时对孩子进行引导，让孩子从小养成做事有头有尾、不半途而废的好习惯。

故事的天空

6岁的翘翘正埋头组装他的小汽车，已经一个多小时过去了，还在专心致志地忙活着。有时他为了一个螺钉，也要鼓捣半天，忙得满头是汗，也顾不上去擦一擦。

来做客的尹阿姨看着小家伙如此认真执着，佩服得不得了。她回到客厅对翘翘妈妈说："这孩子将来一定会有出息，单看他这股子钻劲儿，就能成大事。"

翘翘妈妈也为儿子自豪，但还是谦虚地说："小孩子，还不是贪玩，他就爱鼓捣这拆装玩具的事情。"

翘翘爸爸放下手里的书，说："可不只是拆装玩具，他还把自己的小自行车修好了呢。"

翘翘妈妈说："还别说，我家的锅盖抓手坏了，也是他修好的。"

尹阿姨羡慕地看着翘翘，嘴里啧啧不断地说："还真是一个小能人，你们是怎么调教的？"

夫妻俩相互看看，翘翘妈妈

说："其实也没怎么调教，见他爱鼓捣东西，就没去干扰他。"

翘翘爸爸说："最初，他可是小破坏狂。"

翘翘妈妈笑着说："可不，好好的小闹钟在他3岁的时候就被大卸八块了，现在他也没有复原上。还有音乐盒，也发不出声音来了。"她抬手拢拢头发，接着说："他倒很有信心，说以后他再大些一定能修好。"

尹阿姨说："孩子这种乐观、坚持不懈的信念是最难能可贵的，有了这种不畏艰难的坚持劲儿，没有什么做不成的。"

这时，翘翘终于顺利地完成了他的任务，用遥控器指挥着小汽车，把小汽车开出他的房间，在客厅里为大家展示前进、后退、转弯等功能，成功的喜悦挂在脸上，把大人也都感染了，一齐对他竖起大拇指。

吕姐爱心课堂

能像翘翘这样，具有这股子韧劲儿的孩子并不多，许多孩子刚开始做事时，认认真真，蛮像那么回事，可是时间稍长就会马马虎虎不耐烦起来了。可以说，缺乏坚持不懈、持之以恒的精神，是很多孩子的通病。

卡尔·威特认为："要想成为一个优秀的人，必须具备持之以恒的毅力。人生在世，难免会遇到各种困难和挫折，坚持一下，也许就能赢得最后的胜利。"为了培养孩子的坚持力，他在小卡尔刚出生不久，便开始着手对其进行耐力训练。经过长期训练，小卡尔逐渐养成了做事坚持不懈的习惯，这在他以后的学习过程中发挥了巨大作用。

坚持力是不可缺少的一种能力，要想取得成功，就不能半途而废，正可谓"不积跬步，无以至千里，不积小流，无以成江海"，坚持不懈才能到达成功的彼岸。要想让孩子的未来不断走向成功，需要从小培养他做事坚持不懈的好习惯，一个缺乏坚持力和恒心、容易半途而废的人最终是无法取得成功的。

卡氏支招DIY

孩子的毅力和恒心是可以培养的。婴幼儿时期正是毅力和恒心开始萌芽和初步发展的阶段，若想孩子具有顽强的毅力和恒心，养成做事坚持不懈的好习惯，父母们就要及早对其进行培养和训练。

● **按既定目标去做。**给孩子一些具体的目标，让孩子每天坚持去做，并及时鼓励他不要半途而废。在完成一个个目标的同时，也锻炼了孩子的耐力和持之以恒的精神。在确立目标时，要根据孩子的实际水平量力而行。如果目标过高，孩子怎努力也达不到，还会影响孩子的积极性，不利于孩子坚持不懈品德的形成和毅力的培养。

●**奖励是必不可少的**。当孩子坚持做一件事，并取得一定成效时，要及时给予孩子奖励。奖励不一定是物质的，一个微笑、拥抱、亲吻，或是孩子喜欢的动画片，都可以对孩子起到激励的作用。

●**给孩子逐渐适应的过程**。孩子刚做事情的时候，会因为遇到困难而动作迟缓，甚至停下不做了。爸爸妈妈不要觉得孩子没有长性，做事不够坚持。培养孩子坚持不懈是个循序渐进的过程，需要让孩子慢慢适应，等他养成不放弃的好习惯时，自然就有了坚持性。

●**不妨用点小技巧**。在训练孩子的过程中，也需要讲点技巧。当孩子做不下去时，可以试试激将法，如"我不相信你能把桌子擦干净！""你一定忘记怎样叠被子了！"，孩子为了显示自己的能耐，便会鼓起劲来做好原本该做好的事情。

●**为孩子树立榜样**。为了培养孩子做事坚持不懈的习惯，爸爸妈妈不管做任何事情，都应体现出榜样的力量。在做事情时不轻言放弃，让孩子感受到坚持也是一种能力，坚持就能取得成功。

卡氏小语

要想成为一个优秀的人，必须具备持之以恒的毅力。人生在世，难免会遇到各种困难和挫折，坚持一下，也许就能赢得最后的胜利。

阅读时间：25分钟　　　受益指数：★★★★

立规矩，莫错过习惯培养最佳期

孩子的规矩意识要尽早培养。遵守规则的生活可保证孩子在秩序中成长，学会判断是非善恶，并使之逐渐内化为自己的良好习惯和本能。

故事的天空

带带和爸爸妈妈一起坐在沙发上讨论着家规条款，别看小家伙只有4岁，说起自己的见解也能滔滔不绝地讲上半天。

带带看着爸爸说："你不要担心我，家规立起来，就怕你不坚持遵守。"

爸爸一拍胸脯，保证道："没问题。"

带带说："不准抽烟。"然后对执笔的妈妈说，"快写上，第一条不准抽烟。"

妈妈立即赞成，赶紧写到纸上。

爸爸有些为难，说："在家不抽烟。"

带带说："不，在哪儿也不能抽。"

妈妈说："为了孩子，为了全家人健康，为了你的一诺千金，戒烟是必须的，要给孩子树立起好的榜样嘛！"

爸爸下定决心："好，戒烟！"他眼睛一转，看着儿子，说"你也不许耍赖哦，家规人人

都要遵守。"

带带得意地说:"哼,到时候看谁犯规!"

家规一条一条地商定好了,小家伙积极性很高,把"监督员"这个光荣职位抢了过来,觉得自己一定能遵守。

吕姐爱心课堂

没有规矩不成方圆,这个世界是有规则的。处于幼儿期的孩子可塑性很大,在这一时期容易养成好习惯,也容易滋生不良习惯。因此,在孩子成长的这一特殊时期,要适时为他们立规矩,使他们在生活中有可以遵守和约束的准则,从而自然而然养成良好的习惯。

卡尔·威特说:"在孩子很小的时候,父母对孩子的教育是非常关键的。这时如果教给孩子正确的规则,他就会知道什么是被允许的,什么是被禁止的,防止他形成不良习惯。如果等孩子养成了不良习惯再去纠正的话,难度会很大。而且随着孩子年龄的增长,他在主观上也会对改变已有的习惯产生排斥心理,错过了孩子习惯培养的最佳时机。"在对小卡尔的培养上,他处处立规矩,严格监督儿子按规则去行动。为此,他本人也起到了表率的作用,和孩子一起恪守诺言,用实际行动影响着孩子。

良好行为习惯的养成要比知识的获取重要得多,养成良好的习惯是一个人独立于社会的基础。给孩子立规矩,是为了帮他养成良好的生活习惯。如果在孩子小的时候,就严格要求他,他的习惯无疑会变成一种"与生俱来"的天性和本能。

规矩,能给孩子带来安全感,帮助他们知道什么是可以期盼的,什么是不可能达到的,从而学会规范自己的行动;可以更好地帮助孩子有序地生活、学习和游戏,提高自我控制能力。所以,父母从孩子年幼时开始,就要逐步为其制订合理的规则,给孩子提供一个安全、有序的环境,让他们在规则的范围内自由表现,在父母的指导下健康成长。

卡氏支招DIY

立规矩能给孩子奠定遵守规则的良好人生基础,长大后能成为一个身心健康、有教养、善于与人交往、做事条理性强、独立性强的优秀人才。所以,父母们适当给孩子立规矩是十分必要的。

● **立规矩要符合孩子身心发展规律。**给孩子立规矩,要具有可行性,并且还要考虑是否符合孩子年龄段的要求。不要苛求孩子,立下不适合孩子身心发展规律的规矩，这不利于孩子身心发育和良好习惯的养成。随着孩子渐渐长大，规矩也要随之作出相应的调整。

● **让孩子知道行为标准**。给孩子立规矩时，要让他知道明确的规矩，告诉孩子具体的行为标准是什么，在什么样的情况下做某件事情是允许的。最好让孩子参与其中，让他觉得自己立的规矩更要严格执行，否则就是失信于自己。

● **为孩子创造遵守规矩的条件**。给孩子树立规矩，是希望他能养成良好的习惯，而不是给他的行为设置障碍。所以，爸爸妈妈要为孩子创造有利于遵守规矩的条件和环境，如让孩子按时上床睡觉，就要为他创造一个舒适的睡眠环境和氛围；想让孩子自己洗手、洗脸，就要给他提供适合他身高的盥洗设备。

● **带头遵守规矩**。规矩是需要大家共同来遵守的，爸爸妈妈首先要带头执行，给孩子树立起榜样。否则，孩子就会认为规矩没有约束力，自然也就不会去认真履行了。

● **始终如一地坚持规则**。规则一旦确立，要始终如一地贯彻执行。不能因为心情好或别的原因，就对孩子违反规则的行为采取宽容的态度，这会让孩子认为这些规矩不是那么严格，是可以违反的，想让规则达到预期效果也就很难了。

卡氏小语

在孩子很小的时候，父母对孩子的教育是非常关键的。这时如果教给孩子正确的规则，他就会知道什么是被允许的，什么是被禁止的，防止他形成不良习惯。如果等孩子养成了不良习惯再去纠正的话，难度会很大。而且随着孩子年龄的增长，他在主观上也会对改变已有的习惯产生排斥心理，错过了孩子习惯培养的最佳时机。

让孩子远离坏习惯

　　父母有责任培养孩子从小具有好习惯，千万不要让孩子因为年幼没有得到良好的指导而失去方向。如果小时候不对他们严格要求，坏习惯就会伴随孩子一生，等稍大后再纠正，恐怕已经来不及了。

——卡尔·威特

阅读时间：<u>30</u> 分钟　　　受益指数：★★★★

冷处理，别"奖赏"孩子的坏习惯

　　孩子有了不良习惯，实在令爸爸妈妈苦恼。别烦，不妨淡化他们的这种行为，没有了观众和舞台，孩子自然会偃旗息鼓。

故事的天空

　　5岁的鲁鲁最近不知怎么养成了挖鼻孔的坏习惯，妈妈觉得这个习惯实在不雅，总是一再提醒他，可鲁鲁非但没有改掉，反而变本加厉。每次妈妈对他进行管教时，他都不听，还故意用小手指往鼻孔捅，看到妈妈生气的样子，他笑得更开心。

　　在外地工作的小姨来做客，鲁鲁高兴地拉着小姨的手又蹦又跳，把小姨给他带来的好吃的一一摆在茶几上，玩起了开食品店的游戏，小姨成了他的顾客。

　　吃饭时，妈妈最担心鲁鲁犯老毛病，结果他真的又当着小姨的面儿挖起了鼻孔，妈妈没有好意思去制止，而小姨更是视而不见。鲁鲁觉得很没有意思，就专心地对付起碗里好吃的饭菜。

　　饭后，趁鲁鲁午睡，姐俩说起了鲁鲁的坏习惯。

　　姐姐烦恼地说："这孩子不知怎么就养成了挖鼻孔的坏习惯。你越说，他越这样，还故意气你。"

　　当幼师的妹妹说："你装作看不见，别理他，没有了观众，他自己就偃旗息鼓了。

第五章　良好习惯，造就孩子美好人生

我们幼儿园里有各种坏习惯的孩子多了，就这一招，让他们都逐渐改正了过来。"

姐姐有些不相信地说："不管他还不上天了？"

妹妹说："你去阻止他，反而是对他的'奖赏'，使他更有表现欲了。"

姐姐说："那以后就试一试吧，但愿如此。"

自那以后，鲁鲁再挖鼻孔，妈妈该干什么干什么，连看都不看他一眼，更不要说数落和提醒他了。鲁鲁看到妈妈没理他，感到很奇怪，接连试探了几次，妈妈都没反应，他觉得很没趣，就跑去玩积木了。

碰了几回"壁"，鲁鲁感到很无趣，慢慢也忘掉了挖鼻孔的坏习惯。

鲁鲁妈妈暗自高兴，觉得妹妹的这招还真管用。

吕姐爱心课堂

许多父母在处理孩子的坏习惯时，也都和鲁鲁妈妈以前的做法一样，认为孩子有了不良习惯，一定要多管教和督促他，只有这样，才能帮助孩子纠正和改掉不良习惯。可令爸爸妈妈苦恼的是，尽管一遍遍地督促、数落，甚至责骂，孩子依旧我行我素，有时还会出现变本加厉的情形。这到底是怎么回事呢？

道理其实很简单，卡尔·威特曾经就这种现象，给我们解释道："孩子的一些不良习惯是为了引起别人的注意，即使被父母责骂，他也会觉得受到了重视。在他眼里，父母的责骂就是一种奖励。为了得到奖赏，他就会不断地表现这种不良行为。"他认为，让孩子改掉不良习惯的最好办法就是取消这种"奖励"。一旦爸爸妈妈对他的做法毫不理睬，漠不关心，他自己也渐渐觉得没有什么意思了，不再去重复，因此就会在不知不觉中改掉坏习惯。

由于孩子年龄小，人生经历少，缺乏足够的判断和处理问题的能力，在他们的成长过程中，难免会出现这样或那样的不良习惯。他们这样做的目的，多数是为了表现自己，得到爸爸妈妈更多的关注。在爸爸妈妈批评斥责时，会有一种心理上的满足，结果矛盾愈演愈烈。

面对孩子的坏习惯，父母应该采取不同的办法去加以解决，不要认为当众教训孩子或一遍遍斥责、数落，才能帮助他们改掉坏习惯，才能树立自己的权威。殊不知，这会伤了孩子的自尊心，而对那些有意表现的孩子来说，无异于是一种"奖励"。教育孩子也要讲究方式方法，尽量少对孩子说些消极的、否定的词语，不妨多运用积极、肯定性的语言，给孩子以明确的行为指导，以增加他的积极情绪。

卡氏支招DIY

冷处理孩子的不良行为，不是对孩子不采取教育措施，任由其自然发展，而是让孩子意识到没人关注自己的这种行为，做起来也没什么意思，从而逐渐减少做出这种行为的频率。这是一种积极减少孩子重复不良行为的好方法，爸爸妈妈们不妨试一试。

●**处理时要冷静**。在面对孩子的坏习惯时，父母一定要稳定情绪，忍住愤怒，冷静对待。千万不要严厉地去责骂，强迫孩子去改正，或是一遍遍地数落，更不要过分关注。

●**装作视而不见**。爸爸妈妈要装作一副没看见或无所谓的样子，故意忽视孩子的不良行为，因为孩子就是为了引起别人的注意才做的，如果没有了观众，他自然会偃旗息鼓。

●**提醒比批评更有效**。孩子有了坏习惯，需要爸爸妈妈帮助他才能得到纠正，除了冷处理外，还要少批评，多提醒。当然这种提醒不见得非要用语言，因为在发现孩子的坏习惯后，语言往往会变味，从而失去提醒的意思。不妨用一些肢体语言或表情来制止孩子的不良行为，这会对孩子起到暗示作用，如孩子用遥控器敲打电视机时，爸爸妈妈用摆手的方式来示意停止；当孩子在公众场所想要做某个不良行为时，可以用摇头或皱眉的方式，示意孩子不要做。这些提醒的方式要比批评更能令孩子接受。

●**注重强化作用**。对于孩子的坏习惯，爸爸妈妈不要过分责骂，也不要过分提醒。而是运用夸奖的方式来改变他，如孩子今天没有做出某种不良行为，可以大大夸奖他一番："今天真有礼貌，一次都没有当众抠鼻子。"这就会让孩子意识到，哦，原来不这样做，还能得到表扬。为了赢得更多的夸奖，孩子便会逐渐减少不良行为。

● **允许孩子出现反复。** 孩子的坏习惯不是一两天养成的，因此纠正起来也不是一朝一夕的事情。所以，对孩子要求不能太高，要切合实际，也要有耐心，允许孩子在纠正坏习惯的过程中出现反复，给孩子多一点时间。经过一段时间的磨合，相信孩子一定会改掉坏毛病，养成好习惯的。

卡氏小语

孩子的一些不良习惯是为了引起别人的注意，即使被父母责骂，他也会觉得受到了重视。在他眼里，父母的责骂就是一种奖励。为了得到奖赏，他就会不断地表现这种不良行为。

爸妈私房话

阅读时间：25 分钟　　受益指数：★★★★

预防不良习惯，先从爸妈做起

父母的言谈举止，犹如一本没有文字的教科书。因此在孩子面前，无论思想品德，还是生活小节，都要时时谨慎，处处小心，以免不恰当的言行被孩子看在眼里，记在心上。

故事的天空

星期天，爸爸妈妈带4岁的欧欧去郊外度假，一家人带着许多野餐食品，准备爬到半山坡有瀑布的地方小憩，开始进行惬意的午餐。

在瀑布的对面，一家三口把一块帆布单铺在草地上，摆上各种食品，然后席地而坐。爸爸打开一罐啤酒，妈妈和欧欧喝罐装橙汁，正准备举杯时，一只蚂蚱突然从草丛里跳到欧欧的身旁，小家伙吓了一跳。

爸爸说："真他妈扫兴，怎么突然蹦出一只蚂蚱来。"

欧欧看着蹦走的蚂蚱，挥动着小拳头，说："他妈的，小心点，下次再来，就揍扁你。"

对爷俩的这句脏话，妈妈是最反感的，不知批评他们多少次了。这次也不例外，说："说脏话可不是好习惯。"

爸爸一吐舌头，不以为然地说："又没人听见。"

妈妈却不同意这种观点，反驳道："孩子没有听见？要不是你出口成'脏'，孩子怎么会骂人？"

爸爸不好意思地说："下次一定不说了。"

妈妈继续说："希望这是最后一次，要给孩子做出好的榜样才行。"

吕姐爱心课堂

欧欧妈妈批评得对，爸爸如果运用文明语言，不说脏话，孩子又怎么学会骂人呢？生活中我们常见到一些父母，不注意自己的言谈举止，在孩子面前也不懂得规避不恰当的行为。殊不知，这都会被孩子看在眼里，记在心上。即便当时不一定进行模仿，但会应用到日后的生活当中去。所以，爸爸妈妈在孩子面前，不能过于随随便便，要给孩子树立正面的榜样。

卡尔·威特在小卡尔面前，就十分注意自己的一言一行，他说："孩子每天都在用最精细的眼神观察着父母的一言一行、一举一动，他们模仿着、学习着，往往在你还没有觉察的时候，你的言行举止已经给孩子留下了深刻的印象。"父母的影响对孩子十分重要。如果想让孩子从小养成良好的做事习惯，就必须以身作则，做好孩子的表率。

爸爸妈妈当然不想让孩子有不良的习气，可是在生活当中，由于多年养成的习惯难以改掉，尽管自己很注意了，还是有可能不经意间下意识地做出或说出。这就需要父母们进行自我教育，平时注意自己的行为规范，不要让自己错误的、不良的习惯潜移默化地传染给孩子。

榜样的力量是无穷的，爸爸妈妈对孩子的影响体现在方方面面。孩子在家庭的日常生活中，和爸爸妈妈朝夕相处，日夜为伴，尤其对于年幼的孩子来说，对爸爸妈妈的依赖性、模仿性都很强，他们认为爸爸妈妈的一切言谈举止都是最标准、最正确、最美好的，对爸爸妈妈的一切言行都有强烈的模仿欲望。父母如果不注意自己的小节，言行举止不当，很容易被孩子模仿去，从而给孩子造成负面影响。因此，爸爸妈妈应时时注意自己的形象，努力给孩子营造一个良好的行为环境。

卡氏支招DIY

不良习惯往往是一种顽疾，一旦形成，改起来就不太容易了。孩子的行为习惯大都从周围环境中模仿而来，所以要想孩子远离不良习惯，爸爸妈妈首先要端正自己的行为，早做预防，使之在未形成之前便将其扼制住，为孩子在好习惯形成过程中扫清

"障碍"。

●**增强自我修养**。有了孩子,所有的言行都要检点,不要以为孩子小,其实他们时刻都在看着爸爸妈妈,模仿着爸爸妈妈的一言一行。在日常生活中,父母要加强自身道德修养,自觉而积极地利用"榜样"的力量来影响孩子。

●**改掉或根除恶习**。本身带有不良习惯的父母,为了孩子的健康成长,也为了自身素质的完善,做出些必要的努力,还是十分值得的。

●**养成良好的生活和行为习惯**。为了给孩子树立榜样,父母要养成良好的生活行为习惯,讲究卫生、早睡早起,不挑食、偏食,勤劳俭朴,做事有条理,尊重他人、诚实守信等,对孩子都能产生积极、深远的影响。

●**营造良好的生活习惯氛围**。孩子的行为习惯,往往也是家庭总体习惯的一部分。家庭习惯,是孩子习惯形成的重要土壤。所以,父母应为孩子营造一个文明、健康、和睦、整洁的生活习惯氛围,使孩子从小就能养成良好的习惯。

卡氏小语

> 孩子每天都在用最精细的眼神观察着父母的一言一行、一举一动,他们模仿着、学习着,往往在你还没有觉察的时候,你的言行举止已经给孩子留下了深刻的印象。

第六章

沟通与交往，连接人与人心灵的桥梁

　　卡尔·威特认为，一个不懂得与人交往的孩子，是不会有很大作为的。由于接触的东西有限，会使他的思维受到限制。这样的人即便天赋再高，最终也只会沦落为一个孤僻狭隘、故步自封的庸人。

与孩子成功沟通的秘籍

　　与孩子的沟通也是一门艺术，它的成功与否包括很多因素，如时间、地点、环境、方式等。父母应掌握一些与孩子沟通的经验和技巧，使亲子之间获得良好的沟通和更深的理解。

——卡尔·威特

阅读时间：30 分钟　　受益指数：★★★★

仔细倾听，让孩子敞开心扉

　　善于当听众的父母，孩子才能和你最知心。因为，你给予了孩子最大的尊重。别看孩子小，他也知道尊严，也知道被人尊重是件很自豪的事情。

故事的天空

　　5岁的聪聪和妈妈关系可融洽了，最喜欢跟妈妈讲悄悄话，每天起床前，她都要和妈妈说一会儿话才起床。妈妈总是认真倾听，偶尔提一个问题或表示一下赞赏。

　　在幼儿园大门口，妈妈接到了女儿，看来今天她心情不错，一见到妈妈，就勾勾小指，让妈妈蹲下来，然后趴在妈妈的耳边说起了悄悄话。孩子兴奋地讲，妈妈欣喜地听，过了一会儿，她们才起身准备回家。

　　莉莉妈妈很是羡慕，说："看着你们亲热，我都眼馋了。"

　　聪聪妈妈觉得这很正常，说："你和孩子不也是这样的吗？"

　　莉莉妈妈有些神情黯淡地说："她回家什么都不肯对我说。"

　　等听完莉莉妈妈的话，聪聪妈妈明白了，孩子之所以不愿意和她交流，还是她不给孩子倾诉的机会，总是爱用命令的口气和孩子说话，在听的过程中要么心不在焉，要么粗暴地打断，孩子自然不愿意和她交流了。

莉莉妈妈爱抚地摸着小聪聪的头，说："我女儿要这么乖有多好啊。"

聪聪妈妈说："我给你提一个建议，保证管用。"

莉莉妈妈眼睛一亮，说："快说，快说。"

聪聪妈妈把自己的经验传授给了她——认真倾听，和孩子朋友似的平等相待。和孩子交了心，她才能对你敞开心扉。

吕姐爱心课堂

卡尔·威特说："我认为倾听是一种非常好的教育方式，因为倾听对孩子来说，是在表示尊重，表达关心，也是促使孩子去认识自己的能力。倾听他们的心声，对父母更深入地了解孩子很有帮助。只有在情感上赢得孩子的信任，父母才能真正地和孩子自由自在地沟通。"

善于当听众的爸爸妈妈，孩子才能和你最知心。可是在现实生活当中，有多少爸爸妈妈能像卡尔·威特那样，肯认真倾听孩子的倾诉，做他们的知心朋友？一些父母认为，小孩子就要严管教，不给他点颜色，还不蹬鼻子上脸，无法无天啊。特别是淘气的孩子，爸爸妈妈更难静下心来做一回听众。结果许多孩子出现了叛逆、淘气等问题。

追究其原因，还是沟通不畅造成的。其实孩子能说话了，就能够与大人进行沟通了，四五岁的孩子，就能通过比较完整的语言来表达自己的感受，描述个人的经历了。这个时期，他们的表达欲望很强烈，找到一个可以倾诉的对象，就像小麻雀一样

说个不停。没有耐心或忙于做事的爸爸妈妈常常觉得孩子啰唆，嫌小孩子说话烦人，便会想尽办法试图让孩子闭上小嘴。殊不知，在孩子的喋喋不休中，蕴含了他们的各种情绪、感受和需求。别看孩子年龄小，他们也有独立的人格尊严，也有认知世界的独特视角和表达自己内心感受的愿望。无论孩子想说些什么，就让他们把话说完，孩子说得有道理，就大加鼓励赞赏。说得不合理，可以进一步交换意见。只有这样，才能建立健康、和谐的亲子关系。

为此，爸爸妈妈不能对孩子的倾诉置之不理，或是敷衍孩子，而是要有些耐心，多给孩子表达、表现的机会。只有善于倾听孩子的心声，爸爸妈妈才能走进他们的精神世界。孩子跟爸爸妈妈沟通多了，表达能力也强了，自然就愿意把发生在自己身边的事情讲出来，和爸爸妈妈一起来分享。当孩子感受到来自爸爸妈妈的关注，就会敞开心扉，无话不谈。这不仅可以让父母体验到亲密无间的温暖，还可以走进孩子的内心世界。

🐼 卡氏支招DIY

语言是交流的工具，当孩子的语言能力逐渐完善起来时，他们急于把自己看到的和感受到的事物说给爸爸妈妈听，爸爸妈妈们不要忽视了倾听孩子心声的重要性，这是亲子互动的开始。要想今后有融洽的亲子关系，倾听孩子的心声是不可缺失的重要一环。

● **看着孩子的眼睛**。孩子对爸爸妈妈说话时，他的眼神总是充满了激情和快乐，目光总是落在爸爸妈妈的身上，来判断爸爸妈妈是喜欢还是敷衍。当听孩子说话时，爸爸妈妈身体要稍稍向前倾，认真看着说话的孩子，很自然地用眼神来表达出自己的兴趣和愉悦。这样，孩子会更加信赖爸爸妈妈，愿意和爸爸妈妈分享心中的快乐。

● **蹲下身来更显亲切**。在倾听孩子说话时，最好蹲下身来，与孩子处在同一水平线上，这体现了爸爸妈妈对孩子的尊重和认真的态度。这样，可以营造出一种民主和谐的亲子关系。

● **一心一意倾听**。倾听孩子说话要一心一意，不可一心二用，如边听孩子说话边做家务，或边看电视，或干其他的事情，这会让孩子感到自己不被尊重，从而难以达到良好的沟通效果。

● **与孩子积极互动**。爸爸妈妈不仅要一心一意地仔细聆听，还要对孩子的话进行积极地回应。在不打断孩子说话的情况下，爸爸妈妈可以用肢体语言或表情向孩子表达出自己的感受，与他产生共鸣。如当孩子高兴时，可以用点头、赞许的目光予以回应；当孩子伤心难过时，给他一个温暖的拥抱，这些无声的语言会让孩子觉得爸爸妈妈与他是心有灵犀的。

●**和孩子一起解决问题。**对于孩子表达出的心事，父母要和孩子一起寻找解决问题的方法，帮助他们解开心里的疙瘩。如孩子表现出不想去幼儿园了，不要认为孩子表现得不好，不分青红皂白地骂孩子一顿。而是应该向孩子了解情况，一起探讨解决问题的办法。

卡氏小语♡

> 父母都希望孩子能对自己敞开心扉，也都希望孩子能重视自己的意见。那么，首先得学会倾听孩子。倾听是对孩子的尊重，只有在情感上赢得孩子的信任，父母才能真正地和孩子自由自在地沟通。

爸妈私房话

阅读时间：25分钟　　受益指数：★★★★

友好协商，增进亲子间的相互理解

协商，是最公平的一种解决问题的方法。爸爸妈妈要放下做家长的架子，凡事要讲公平，与孩子进行协商，以求得共识或找出正确解决问题的途径。这不但能维持孩子的自尊，而且能使他乐于改正错误，并与父母悉心合作。

故事的天空

5岁的柳柳和妈妈一起到书店买图画书，在儿童专柜前，她们挑了好几本童话书，可是在面对《一千零一夜》的选择上，母女俩有了分歧。

柳柳喜欢精装版的，上面的图都是彩色的，特别好看，说："我就喜欢看这些漂亮的插图。"

而妈妈拿起简装版的书，对比着说："你看，文字都是一样的，插图也一幅不差，只是黑白的而已，可是价格却要便宜一半。"

柳柳噘着小嘴，嘟哝着："我就喜欢彩色的。"

妈妈没有说什么，放下手里的书，去书架上寻找别的可买的书籍去了。柳柳翻看着手里的精装版的《一千零一夜》，忘记了方才和妈妈的那一幕。

等柳柳翻完了书，妈妈过来，用商量的口气说："宝贝儿，妈妈又找到一本《格林童话》，价钱刚好是你手中精装版的一半，你要

是也想要这本的话，就不能选择精装版的了，因为妈妈带的钱不够。"

爱看童话的柳柳放下手里的书，翻看着妈妈递过来的《格林童话》。

等她合上书本，妈妈说："怎么样，咱们还是要《格林童话》吧，又不增加一分钱。"

柳柳看看那本精装的《一千零一夜》，又看看手里的《格林童话》，开始在心里盘算起来。

妈妈趁热打铁，说："简装的《一千零一夜》除了没有色彩，其他方面没有什么区别的，咱们主要是看故事……"

柳柳最后把精装的《一千零一夜》放回了书架。

吕姐爱心课堂

当父母与孩子因为某些问题意见相左时，协商作为沟通的一种方式，其好处是，在协商过程中，父母对孩子作一些不影响原则的让步，可以使孩子很快地同意爸爸妈妈的要求。协商还可以让孩子觉得自己也有发言权，能满足孩子的独立意识，有助于发挥他们的主观能动性。

卡尔·威特认为："通过和孩子就相同问题进行协商，可以让孩子明白'理解、信任、承诺、准时'等观念的重要性。更重要的是，这种协商方式，还有利于让孩子养成站在他人的立场上考虑问题、理解他人的习惯。"其实，孩子也有受尊重的心理需求。如果爸爸妈妈经常用与孩子协商的形式来处理问题，他们就会非常乐意与爸爸妈妈交流。这样做，更有利于增进彼此之间的理解，建立良好的亲子感情。只要父母与孩子互相理解，那么任何问题都能轻而易举地解决了。

在日常生活中，只要与人相处，分歧就在所难免，和孩子的相处同样如此。如果不是采取友好协商，而仅仅是用严厉地批评或简单地拒绝等方式，孩子不仅不能真正理解父母的苦心，还会觉得自己受到了不公正的待遇，从而变得越来越不听话。

孩子也是有尊严的，尊重孩子的父母，才能换来孩子的尊重。有着友好协商交流习惯的家庭，许多矛盾都会消失在无形之中，对孩子的培养会更有利。当孩子做一项决定的时候，也会主动去跟爸爸妈妈商量，而不是一意孤行。这不仅有利于家庭的和睦，还能使孩子从小养成善于合作的精神。

卡氏支招DIY

喜欢用协商方式与孩子交流的父母是民主的父母，在这样的家庭氛围中，孩子也渐渐会养成民主协商的习惯，什么事情都愿意主动与爸爸妈妈进行沟通。融洽的亲子关系会让孩子与爸爸妈妈的心贴得更近。

●**协商要站在平等的角度**。在与孩子协商的过程中，爸爸妈妈要把他们当作朋友一样平等对待，不能戴着有色眼镜看孩子，认为"小孩子的想法太天真""父母的经验更丰富"等，如果带有这样的想法去和孩子协商，结果往往也不尽如人意。

●**真诚地与孩子协商**。与孩子协商时态度要真诚，尽量避免用指责或命令的语气。如果孩子更有道理，不妨接受他的想法。对于协商过程中孩子出现的错误想法，应采取耐心引导的方式，帮他们仔细分析，让孩子自觉主动地接受爸爸妈妈的观点，而不是强迫他们去执行。

●**协商不是谈判**。协商是爸爸妈妈与孩子良好沟通的途径，目的是解决问题，增进亲子感情。而不是与孩子"谈条件"或"等价交换"的谈判，这样就谈不上沟通了，也就很难产生情感的交流与共鸣。

●**用商量口气让孩子快乐做事**。爸爸妈妈无论要求孩子做什么事情，尽量避免使用命令口气强制孩子去做，而是要用商量的口吻。这样，孩子会认为你尊重他、关心他的感受，从而乐于接受派发的任务，并积极地去完成好。如"妈妈正在洗碗，能帮我把地扫一下吗？"要比"快去把地扫干净！"效果好得多。

●**凡事都要学会商量**。只要是涉及孩子的事情，爸爸妈妈都不要自作主张，先与孩子进行沟通，和他商量一下，看他有什么不同的意见，尽量征得孩子的认同。

卡氏小语 ♡

在日常生活中，只要与人相处，分歧就在所难免，和孩子的相处同样如此。如果不是采取友好协商，而仅仅是用严厉地批评或简单地拒绝等方式，孩子不仅不能真正理解父母的苦心，还会觉得自己受到了不公正的待遇，从而变得越来越不听话。

阅读时间：30 分钟　　　　受益指数：★★★★★

畅所欲言，有效的家庭会议式沟通

良好的亲子沟通状态需要日积月累的细心呵护，通过家庭会议进行积极的亲子沟通，孩子能以更加主动自信的心态去面对他们所处的环境，并可以理智从容地解决问题。

故事的天空

今天是周六，固定的家庭会议日，5岁的田田像模像样地坐在沙发上，正发表着自己的"高见"，爸爸妈妈都在认真听着。

这时，门铃响了，田田闭住嘴巴，等爸爸去开门。

来客是妈妈的好朋友，邻邻妈妈，4岁的邻邻抓着妈妈的衣角，有些腼腆地看着坐在沙发上的田田。

打过招呼，邻邻妈妈说："看你们一家子围坐在茶几前，聊什么呢？"

田田妈妈说："没聊什么，在开家庭会议。"

邻邻妈妈以为自己听错了，赶紧问："什么，家庭会议？"

田田妈妈点点头说："是呀，家庭会议。"

邻邻妈妈说："太不可思议了，还有家庭会议？"

第六章　沟通与交往，连接人与人心灵的桥梁

田田妈妈把家庭会议的形式内容大致讲了一遍，粼粼妈妈觉得这种形式好，讲民主，才能教育好孩子，值得借鉴，并请求想列席参加。

田田继续讲着话，他对爸爸上周迟到回家表示批评，并要求下次没有特殊情况不能太晚回家，对妈妈予以了表扬，说妈妈家务做得好。对自己也做了评价，总体上表现良好，就是在写生字时出现了错误，把"本"写成了"木"，少了一横，太马虎了。

爸爸妈妈也都相继发表了自己的看法，最后在愉快的氛围中，田田把下周主持的席位移交给了爸爸。然后，小家伙才拉着粼粼一起去玩耍了。

吕姐爱心课堂

生活在民主氛围家庭中的孩子，一般都明事理、大度。这是因为，民主家庭讲究地位平等，凡事大家一起商量。在生活中，总会有这样或那样的小矛盾或小摩擦，不要小看这些不和谐的因素，很有可能会使家人之间产生心理障碍与隔阂。如果家庭中充满亲情和民主氛围浓郁，就可以避免诸多不愉快的事情发生。

卡尔·威特认为："当我们的家庭内部出现矛盾的时候，尤其是涉及孩子的教育时，如果父母对冲突采取一种积极的态度和方法，和孩子一起坐下来，在和谐融洽的家庭会议上进行解决，这种解决的方式是最有效果的，而且还会收到较为满意的结果。"在生活中，每个家庭都会因为各种琐事产生一些矛盾，有的家庭能轻松化解，有的家庭把小矛盾激化成了大问题。之所以会出现两种截然不同的效果，关键还是一个态度的问题，以积极的态度去沟通解决，就会皆大欢喜。反之，消极回避或者无限度地容忍，都解决不了实际问题。

家庭是每个人的避风港，具备积极的团结力量。定期地举行家庭会议，大家心平气和地坐下来聊聊天，谈谈心，可以将潜在的问题提前暴露出来。通过民主协商的方式，父母与孩子都可以畅所欲言，一起民主地作出决定，那么家庭的情感沟通、对孩子的教育等都会收到理想的成效。而且，还可以为培养孩子的沟通能力，以及解决问题的能力提供一个演练的平台。

卡氏支招DIY

家庭会议可以化解许多家庭矛盾，父母要高度重视起来，把这种沟通方法当作家庭教育的手段长期坚持下去，充分地利用家庭会议这种方式来消除家庭中所遇到的矛盾。

● **会议时间安排。** 安排家庭会议最好每周一次，会议时间半个小时为宜。所有家庭成员一定要准时参加。

- **列出待议事项清单**。在开会前，先列出议题清单，然后展开讨论。主持人先要总结上周情况，把议论话题汇总，然后提出本周要求。议题可以包含家庭生活的方方面面，如日常琐碎家务，家庭外出活动的选择，本周发生的重大突出事件等。
- **基本规则的制订**。根据家庭的具体情况制订一些合理的会议规则。如每个人都有发言的机会，但同一时间内只能有一个人发言。有什么不同意见等发言人说完再补充，不能开成吵架会或辩论会。
- **尊重每个人的意见**。不论是大人还是孩子，地位都是平等的，对每一个人的意见都要尊重，有漏洞的地方，大家可以去完善。
- **不要开成批斗会**。家庭会议万万不能变成对孩子或某一个人的批斗会，应该在民主的气氛中各抒己见，无论谁做错事情，都要用协商的口气讲，而不是批评打击。
- **轮流坐庄**。家庭会议的主席，应由家庭成员轮流担当，包括孩子在内。主席的职责是确保会议顺畅进行，而当众人出现矛盾僵局时，要出面协调排解矛盾。这样可以激发孩子的责任心，让他有被重视的感受，同时锻炼了他对集体活动的组织领导能力，并学到解决问题的能力。

卡氏小语 ♡

当我们的家庭内部出现矛盾的时候，尤其是涉及孩子的教育时，如果父母对冲突采取一种积极的态度和方法，和孩子一起坐下来，在和谐融洽的家庭会议上进行解决，这种解决的方式是最有效果的，而且还会收到较为满意的结果。

阅读时间：30分钟　　　受益指数：★★★★★

拥有童心，走进孩子的内心世界

只要爸爸妈妈充满爱心，带着童心，就一定能与孩子之间架起沟通的桥梁，走进孩子的世界，不知不觉地缩小与孩子之间的距离。心灵接近，孩子自然没有了烦恼，就能在宽松快乐的环境中茁壮成长。

故事的天空

大雪纷纷扬扬地下了一整夜，一觉醒来，窗外已是一片银白的世界，朝霞把大雪都染成了金色，明晃晃、金灿灿的。

4岁的楚楚趴在窗子前，兴奋地喊着爸爸妈妈来看窗外的景色，一家人都很兴奋。妈妈建议去堆雪人、打雪仗，大家一致表示赞同。一家人很快穿戴整齐，来到了小区的广场。比他们早来的人已经开始动手堆雪人了，楚楚高兴地在雪地上打着滚，鼻尖上粘上了冰凉的雪，很快就在鼻子上化成了水。

爸爸妈妈虽然没有肆意地打滚，却笑得和孩子一样开心，他们互相打起了雪仗。楚楚看见妈妈被攻势凌厉的爸爸打得节节败退，一骨碌从雪地上爬起来，同妈妈一起向爸爸反攻。这回轮到爸爸败退了，最后脚下一滑摔了个大屁墩儿，母女俩趁势把爸爸

压在身底下，楚楚抓起一把雪塞到爸爸的嘴里，看着爸爸咳咳地吐着雪，高兴地跳了起来，嘴里喊着："胜利喽！胜利喽！"

一个小男孩儿挣脱妈妈的手，看到他们一家人像孩子似的嬉闹着，好不羡慕，站在那里喊妈妈，也想玩打雪仗。可是，妈妈却以雪地脏为由，拉起他的小手，只许他当观众，用眼睛去看，不许随便动手。

打完雪仗，楚楚一家又开始堆雪人，爸爸妈妈负责堆积雪人的身子，楚楚负责捡树叶，做雪人的眼睛、眉毛、鼻子、嘴等。楚楚在幼儿园里学的泥塑在这里派上了用场，把雪人做得有模有样，引来许多人驻足观看，有的人还在雪人前合影留念呢！

那个小男孩儿又挣脱了妈妈牵着的手，跑来和雪人比高低，他对楚楚甜甜地喊着"姐姐，姐姐"，想和她一起玩耍。楚楚拉起他的小手，围着雪人跑着圈儿，小男孩儿"咯咯"地笑着。远处的妈妈没有阻拦，也许她也觉得该让孩子开开心心地玩上一回吧。

吕姐爱心课堂

只有走进孩子的内心世界，才能知道他们的所思所想。年幼的孩子，在与人交流上存在一定的障碍，如果爸爸妈妈不能与他们心贴心地进行交流，从他们的只言片语、肢体动作来得出答案，就容易和孩子之间产生各种误解和冲突，令孩子不快，从而使孩子出现哭闹、不合作的行为。

卡尔·威特认为："小孩子的童心和童趣，应该受到所有人的尊重，尤其应该受到自己父母尊重，父母只要尽可能多地保留一些童心和童趣，就会发现，教育孩子其实并不是一件很难的事情。"在现实生活中，有些爸爸妈妈教育孩子失败，往往就是因为缺乏童心所致，总是用成人的眼光看孩子。孩子有自己的天地，他们对任何事物都感到新奇，充满了幻想，好游戏，爱提问题，喜欢按自己的想法来。可是爸爸妈妈总认为让孩子"规规矩矩"地像个"小大人"，才算教育成功，结果可想而知，爸爸妈妈和孩子就好像成了两股道上跑的车。

做爸爸妈妈的拥有童心很重要，只有深入孩子的心灵，才能与他们亲密无间。如果缺乏童心和童趣，即使天天和他们生活在一起，也很难进入孩子的世界。找不到共同的爱好和语言，就不可能顺畅地交流思想和感情。

其实，和孩子打成一片一点儿也不难，只要站在孩子的立场，多一分理解和赞赏，少一分对孩子的责怪和训斥，就能拉近彼此的心理距离，就能创造出适合孩子成长的氛围和环境。这样，他们就会从沟通中得到许多心理上的满足、精神上的依赖和感情上的补充，自然与爸爸妈妈形成亲密的关系。

卡氏支招DIY

孩子的世界与成人不同。在孩子成长的过程中，爸爸妈妈要放下身段，进入他们的童真世界，学会与孩子共舞，这不仅会使孩子快乐和满足，还能换取他们对爸爸妈妈的爱戴与崇敬。

● **从孩子的角度看问题。** 孩子的内心世界并不复杂，很容易理解，但前提是要了解孩子的心理。爸爸妈妈应站在孩子的角度看他们的各种举止，不要用成人世界的尺度去衡量孩子，唯有这样，才能和孩子一起平等交流。

● **参与孩子的游戏。** 当孩子玩玩具、做游戏时，爸爸妈妈不妨一起参与进来。把自己完全当成一个大孩子，该打滚时就躺倒滚来滚去；该打闹时就和他们厮打；和孩子一起快乐玩泥、玩沙、打雪仗、堆雪人，使孩子觉得爸爸妈妈就是他的好朋友、好玩伴，没有了心理上的距离，孩子自然就会敞开心扉了。

● **不妨回忆一下自己的童年。** 逝去的童年时光，总是令我们充满无限留恋与神往。当面对孩子一些无聊、无趣的游戏或举止时，不妨常常回忆一下自己的童年岁月。这对宽容和理解孩子，正确地引导孩子都是大有好处的。

● **保持童心也要与时俱进。** 如今的时代与从前不同，爸爸妈妈要用发展的眼光来看待现在的孩子。由于生活条件的改善、信息的广泛和观念的改变，现代孩子的兴趣、爱好与爸爸妈妈童年时有了很大差别。保持童心，也要与时俱进，不能以旧观念影响新一代的孩子。否则，不利于和孩子实现良好的交流与沟通。

卡氏小语 ♡

做父母的如果缺乏童心和童趣，就很难进入孩子的世界，因为两代人之间找不到共同的爱好和语言，难以真挚地交流思想和感情。要使父母的教育能潜入孩子的心灵，引起"教育效应"，做父母的一定要有童心。

孩子与他人相处的智慧

　　良好的人际关系会让人觉得一切都很顺利，反之就会处处碰壁，什么事情都做不成。父母在与孩子积极沟通的过程中，也要教孩子学会与他人相处的智慧。

——卡尔·威特

阅读时间：25 分钟　　　　受益指数：★★★★

尊重别人，就是尊重自己

　　孩子不懂得"尊重"可不是小问题，只有尊重别人，才能换来别人的尊重。父母要从小引导孩子学会尊重他人，为孩子未来的社交打下牢固的基础。

故事的天空

　　4岁的维维是个淘气鬼，也是一个冒失鬼，最令爸爸妈妈苦恼的是，这孩子一点儿也不知道尊重别人，在别人说话时随意插嘴、喊别人绰号或对长辈直呼其名。

　　星期天，大街上人来人往。维维和妈妈一起上街，小家伙一会儿走走停停，一会儿又跑跑跳跳的，就是不肯好好走路。妈妈跟在后边一直喊着"小心点儿"。

　　对面有一位腿有残疾的姑娘走了过来，维维站在那里看了一眼，便学着那位姑娘的走路姿势，一步一步地迎了过去。

　　行人们看见这一幕，都停下了脚步，向他看去。

　　那位姑娘倒很沉着，依旧按着自己的节奏走着路，当维维一瘸一拐地走到面前时，姑娘笑笑，伸手在他的肩头轻轻拍拍，意思说这真是一个调皮的孩子，然后继续走自己的路。

　　维维等姑娘走过去，又回头跟在人家后边学了起来，直到和妈妈会合，被妈妈一

第六章　沟通与交往，连接人与人心灵的桥梁

把扯住，才不得不停下来。

一位老爷爷有些看不过去了，对维维妈妈说："这孩子得好好管教管教，太不尊重人了，简直不像话嘛。"

维维妈妈红着脸，说："是，是，一定管教。"

回家后，夫妻俩都觉得不能再这样下去了，现在不把他管教过来，对他的成长是很不利的，没人喜欢一个不会尊重他人的家伙。

吕姐爱心课堂

尊重他人是每一个人必须具备的品德，而这种品德需要从小的时候开始培养。懂得尊重别人的孩子，才能受到欢迎，也利于他的社会交往。

卡尔·威特认为："在与他人相处的过程中，要学会尊重身边的每一个人，只有这样，人与人之间的感情才会越处越深。要引导孩子学会尊重他人，告诉孩子，尊重他人也就是尊重自己，尊重他人的人才会赢得他人的尊重。"他在教育小卡尔时，总是循循善诱地要求他一定要尊重别人，而且要从内心去尊重每一个人。

可是在现实生活中，由于孩子小，缺乏辨别是非和判断的能力，往往会做出一些不尊重他人的行为，如打人、说脏话、模仿他人的缺陷、在别人说话时随意插嘴、喊别人绰号，等等，这就需要爸爸妈妈及时给予孩子教育和指导，因为他们还不懂得尊重别人的重要性，以及如何去关注和尊重他人。

每个人都渴望得到友爱和尊重，尊重的缺失自然会导致交往的失败。尊重，可以说是人际关系的起点。不尊重别人，别人也就不会尊重你，更不可能相信你。这样的人际关系必然矛盾重重，在人生的道路上会失去许多帮助和支持。一个被孤立于群体之外的孤家寡人，是很难立足于复杂的现实社会的，更不会取得什么大的成就。

卡氏支招DIY

尊重别人，是人与人之间友好相处的秘籍，也是人的一种美德。父母要及时对孩子进行正确的引导，让他们从小就明白哪些举止是尊重别人，哪些行为是不应该做的，从而养成尊重别人的好习惯。

● **让孩子懂得尊重父母**。孩子在成长过程中与父母接触是最多的，一个连父母都不懂得尊重的孩子，更不可能去尊重别人。所以，要让孩子从学会尊重家人开始，养成尊重父母的良好习惯，为走向社会尊重他人打下牢固的基础。

● **及时纠正孩子不尊重他人的言行**。当孩子有不尊重他人的行为时，爸爸妈妈要及时进行劝导，让他知道不尊重别人是不礼貌的，是可耻的。但要采取说服教育的方式，杜绝打骂等不文明的行为。

● **为孩子树立尊重他人的榜样**。在日常生活中，父母要注意自己的言行，给孩子做出尊重他人的表率。孩子有了可以模仿的榜样，自然也会渐渐养成尊重他人的习惯。

● **引导孩子如何尊重别人**。孩子不知道自己哪些行为是不尊重别人的，父母要及时加以教导。如要注意倾听他人的讲话，不乱插言、不骂人、不说脏话，对人有礼貌，不给别人取绰号等。在生活细节上要衣着干净；站着和别人交谈时，不要连连跺脚；参加婚庆场合不要说不吉利的话；别人办丧事时，不要兴高采烈地大喊大叫等。

● **教孩子学会尊重别人的劳动成果**。一粥一饭来之不易，教育孩子不挑食，不浪费粮食；注意保持良好的环境卫生，不乱洒水、不乱扔瓜皮纸屑等。告诉孩子，要学会尊重他人的劳动成果。可适当让孩子参与家务劳动，当他体会到劳动的辛苦时，就能懂得尊重他人的劳动成果了。

● **给孩子足够的尊重**。在要求孩子尊重别人的同时，爸爸妈妈也要尊重孩子，让他们生活在一个充满尊重的环境中，自然会学会自重和尊重别人。

卡氏小语 ♡

在与他人相处的过程中，要学会尊重身边的每一个人，只有这样，人与人之间的感情才会越处越深。要引导孩子学会尊重他人，告诉孩子，尊重别人也就是尊重自己，尊重他人的人才会赢得他人的尊重。

阅读时间：30 分钟　　受益指数：★★★★

懂得忍让和克制，才能交到更多朋友

宽容忍让是一种良好的心理品质，以平和的心态待人处世，是一种爱心的体现。拥有它，自己和他人都会感到愉快。

故事的天空

小区广场上，几个孩子在一起快乐地做着游戏，叽叽喳喳开心极了。可是，5岁的岚岚却退出了游戏，坐在一旁的长椅上生闷气，还不时地抬头看看玩得正开心的小伙伴们，那眼神是幽怨的。

姚爷爷出来遛弯，看见岚岚闷闷不乐的样子，就坐在她身边，关切地问："岚岚，怎么不去一起玩啊？"

岚岚气鼓鼓地说："才不理他们呢！"

姚爷爷慈爱地抚摸着她的头，说："是不是和谁生气了？"

岚岚这回找到了倾诉的对象，把事情的经过详细地说了一遍。原来，几个小孩儿玩木头人的游戏，妞妞没有站稳，被岚岚抓到了。妞妞说她没有跑动，不算犯规。岚岚坚持说她没有站稳，就可以抓她。结果发生了争执，妞妞生气地推了她一把，说不和一个赖皮鬼玩了，岚岚很生

气，还指责花花和蕊蕊偏心，不帮她说话。就这样，她一气之下退了出来，坐在长椅上生闷气。

姚爷爷劝道："有点小矛盾不算啥，大家都谦让一下不就没事了？要不，我把他们几个叫过来，一起说和说和？"

岚岚却把头一摆，做出绝不通融的姿态。

姚爷爷无奈地起身走了，边走边叹息着说："小孩子家有个磕磕碰碰的算点儿啥，怎么就不能相互谦让一下呢？"

吕姐爱心课堂

在小孩子的交往过程中，往往会出现这样那样的小冲突、小矛盾，如何解决冲突、化解矛盾，与小伙伴更好地合作交往，也是爸爸妈妈需要教给孩子的一件重要的事。

卡尔·威特认为："这些矛盾和冲突看起来虽然很小，但是如何处理，处理方式是否得当，处理效果是否恰到好处，却关系到孩子未来对待人生的态度，以及社会交往能力等大问题。"他常常教育小卡尔，在与小伙伴交往中要学会克制和忍让，并告诉小卡尔："一个人如果不懂得克制，往往被人看得轻浅、无知，认为经受不住痛苦、挫折和失败。一个人沉不住气，又怎能挑起重担，成为有用的人呢？"在这样的教育理念下，他把小卡尔教育成为一个深受大家欢迎的人。小卡尔从来不跟别人打架，也从来没有跟伙伴们发生过非常不愉快的争吵。即便上了大学，与同学们讨论学术上的问题遇到意见不合时，也会非常注意克制自己，避免伤害到彼此之间的关系。

孩子小，容易冲动，加之遇事不懂得克制、忍让，难免会出现一些"冲突"或与自己意愿相悖的事，这就需要父母及时予以引导。让孩子保持良好的心态，学会克制忍让，才能避免矛盾的发生。豁达礼让，是赢得人们尊敬的制胜法宝，利于良好性格的形成。而心胸狭隘的人，就不能理解他人，无克制的交往，容易使孩子形成偏激的性格。所以，父母一定要教孩子学会容忍与合作，学会服从多数人的意见，这样才能使交往顺利进行。

卡氏支招DIY

宽容忍让是一种良好的心理品质，以平和的心态待人处世，是一种爱心的体现，会使自己和他人都感到愉快，使孩子在交往中能理智地与人打交道。

●**帮助孩子消除特殊的概念。**尽管现在都是一个孩子，但也要教育他们摆正自己在家庭中的位置。不要娇惯和溺爱孩子，无限度地满足他们的欲望，滋生高高在上的特殊心理。孩子在家中能有一个平常心态，在与人交往上就能摆正心态。

● **目空一切要不得。** 不能与他人融洽相处的孩子，多是以"我"为中心，一切只顾自己。心中根本没有他人，自然不肯低人半头，处处都想唯我独尊了。在日常生活中，父母应引导孩子，在满足自己需要的同时，要意识到其他人的存在，共享才能共赢。

● **有意锻炼孩子的克制能力。** 应有意制造一些挫折，让孩子碰碰钉子，然后适时地进行教育引导，帮助孩子认识到不懂得忍让是不会受人欢迎的，只有友善和互助才能赢得大家的喜欢。要指导孩子在游戏中感受尊重、帮助、谦让别人的乐趣，学会控制自己不合理的情绪。

● **营造友爱宽容的家庭环境。** 为孩子营造一个民主、温馨、和谐、友爱、宽容的家庭环境，使孩子在潜移默化的影响中，逐步形成稳定的宽容忍让的良好品质。爸爸妈妈还要为孩子做出表率，遇事不斤斤计较，宽以待人。

● **让孩子多交几个小朋友。** 只有在实际交往中，才能锻炼和检验孩子的克制能力，所以要创造机会让孩子多接触同龄人，在交往的过程当中互相取长补短，提高人际交往能力以及社会适应能力，养成良好的性格。

● **和孩子玩增强自控能力的游戏。** 让孩子学会控制自己的情感，可以经常和他们玩一些能增强自控能力的游戏。如让孩子在不触碰其他木棍的情形下，从一堆木棍中移走一根。游戏虽然简单，但必须集中精力，协调好自己的动作。经常玩这些游戏，孩子的情感控制能力就会不断得到提高。

● **克制不是无原则地忍让退缩。** 一定要让孩子知道，克制并不是让他一味无原则地忍让退缩，更不是让他夹着尾巴做人。当面对无理的挑衅或侵犯到自己的人格和尊严的事情时，要坚决地予以拒绝和抵制。

卡氏小语 ♡

一个人如果不懂得克制，往往被人看得轻浅、无知，认为经受不住痛苦、挫折和失败。一个沉不住气的人，又怎能挑起重担，成为有用的人呢？

阅读时间：25 分钟　　　受益指数：★★★★

教孩子正确择友

结交什么样的朋友，对一个人的成长至关重要。处于幼年期的孩子心智还不成熟，父母一定要为他们指引好道路，教他们学会正确择友。

故事的天空

5岁的风风屁颠屁颠地跟在爸爸的身后往家里走去，父子俩刚从百货店购物出来，爸爸两只手都拎着刚买的东西，无法牵着儿子的手，只好走几步回头看一眼身后的儿子，看他跟上来没有。

小家伙虽然步伐小，但跑跑走走地还能跟上爸爸。

闷头走了几步的爸爸又开始回头去看儿子，发现小家伙停了下来，站在那里从口袋里掏出一瓶木糖醇，正拧开盖子往嘴里倾倒。爸爸清楚地记得自己没有给他买过木糖醇，便赶紧走过去问情况。

风风看见爸爸走了过来，赶紧把手背到身后，结果木糖醇撒了一地。

爸爸厉声地问道："哪儿来的木糖醇？"

小家伙吭哧了半天，才含混不清地说："商店里的。"

爸爸说："我问你是哪里来的？"

风风向上翻着眼睛，看着爸

第六章　沟通与交往，连接人与人心灵的桥梁

爸说:"从货架上拿的。"

爸爸气坏了,要不是在大街上,准会给他几巴掌,忍住气继续问:"偷的?"

凤凤轻轻摇摇头,接着又使劲儿地点点头。

爸爸的脸色都变了,他没有想到儿子会偷东西。在大街上没法问究竟,只好等到回家再说了。

到家后,爸爸把孩子的情况同妈妈讲了,妈妈也很惊讶,不过妈妈没有发火,和颜悦色地把儿子拉到怀里,让他说出为什么要偷东西。

凤凤怯怯地小声说:"我看见尚尚哥哥拿了货架上的东西。"

原来,邻居7岁尚尚经常带凤凤出去玩耍,凤凤看见尚尚有过几次偷东西的举止后,心里就想学,刚好今天和爸爸去购物,趁人不注意,就偷拿了一瓶木糖醇。

爸爸妈妈给他讲完道理后,凤凤表示以后再也不偷东西了。最后爸爸妈妈异口同声地说:"今后再看见尚尚偷东西,你要进行制止,而不是学他偷东西。"

吕姐爱心课堂

卡尔·威特说:"对于小孩子伙伴的选择,父母必须参与进来,尽量选择那些有相同爱好,而又有好教养的孩子,他们可以在一起玩耍、一起探讨问题,可以从彼此身上学到一些好的东西而不用担心会出现意外。""近朱者赤,近墨者黑"的古训也在告诉我们,交友是需要慎重的。

小孩子一般都很单纯,缺乏对事物的辨别能力,而模仿力又强,很容易从朋友身上学到不好的行为习惯。这些不良行为时间长了,就会成为很难改掉的恶习。所以,在对待孩子交友的问题上,爸爸妈妈一定不要疏忽,不能觉得小孩子在一起开心就行了。如果对孩子放任不管,可能会使他交上不好的朋友,从而染上一些坏习惯。等到有一天,发现自己的孩子有了偷窃、说脏话、撒谎等恶习后,想要帮助他们矫正过来可就费劲了,还不如把这些隐患消灭在萌芽之中。

儿时的交友可能会影响孩子的一生。儿童时期是人生的第一起跑线,交什么样的朋友,玩什么,对孩子的将来都有着极为重要的影响。在孩子选择玩伴上,父母要对他们进行正确的指导和引导,教他们学会正确择友。这可以提升孩子做人的品格,使他们朝着健康的方向发展。

卡氏支招DIY

帮助孩子选择品行端正的好朋友,他会从朋友身上汲取友爱的营养,以利于孩子今后的社交生活朝着健康的方向发展。

●**帮助孩子交朋友**。孩子不可能整天闷在家里，也需要有社交活动。聪明的父母要帮助孩子交朋友。告诉孩子在外面交朋友应该注意些什么，平常也可以引导孩子谈谈他们的朋友，从侧面了解孩子的交友情况。

●**邀请孩子的朋友常来家里玩**。爸爸妈妈不要嫌弃孩子多，不要因为把家里闹个乱七八糟而拒绝孩子的朋友来家做客。要经常邀请小伙伴到家里一起玩，这样不仅可以赢得孩子们的信任，还可以通过和他们交流，发现他们的长处或短处，指导他们如何健康地玩耍和交朋友。

●**选择志同道合的朋友**。孩子除了受父母的影响大外，朋友的影响也很重要。最好让孩子交志同道合的朋友，如孩子爱读书，找个爱读书的小伙伴，他们就会有更多的话题；孩子喜欢运动，和爱运动的小朋友在一起玩耍也会更开心。

●**引导孩子分辨是非**。交往也是一门艺术，父母要引导孩子分辨哪种友谊要得，哪种友谊不值得提倡。如爱骂人的孩子，就要敬而远之；谦和大度的孩子可以进一步交往。这样，孩子就会有是非辨别能力，能在接触中亲身感到蛮横、粗俗的朋友不值得交往，主动不再与其来往了。

卡氏小语 ♡

> 在孩子与他人交往的过程中，一定要让孩子学会正确择友。如果孩子和那些品行端正、性格良好的孩子交往，就会相互鼓励、相互促进；相反，如果和有许多恶习、缺乏教养的坏孩子交往，就容易沾染不良习惯，甚至误入歧途。

阅读时间：30 分钟　　受益指数：★★★

学会给人留面子

孩子不会掩饰自己的小心思，看到他人不合常规的做法和言行，会毫不客气地指出。殊不知，坚持真理也需要智慧的头脑。学会给人留面子，是一种社交技巧。

故事的天空

星期天，5岁的睽睽早早就等在了门口，爸爸的同事小关叔叔要来做客了。上次来做客时，关叔叔答应送给他一本好看的图画书。时隔两个星期了，小家伙还记得这回事，就等关叔叔来按门铃了。

关叔叔很准时，见到睽睽，就把手里的新书举在眼前逗着他，直到睽睽跳着脚够到书，才罢休。

吃饭时，关叔叔讲着他见过的一件趣闻，他说："那天我到心（沁）河边去钓鱼，一个老头……"

没等关叔叔讲完，睽睽就打断了他的话头，纠正着："叔叔，是沁河，不是心河。"他还用汉语拼音拼了出来。

关叔叔脸变得有些红了，很尴尬地笑笑。

睽睽妈妈赶紧说："小孩子家，赶紧吃饭。"

睽睽认真起来，指着客厅墙壁上挂着的毛主席《沁园

春·雪》说："这上边就有，爸爸还教我背过呢！"说着，张口就要背诵这首诗词。

爸爸端起酒杯，对关叔叔说："来，老弟，干一杯。"

两个人一口干掉杯中的酒，就此转移了话题。

事后，妈妈对儿子说："以后啊，不能当着客人面，说让人家下不来台的话。"

暧暧说："他说错了呀！"

爸爸搂着儿子，给他讲了一番关于礼貌方面的知识。小家伙频频地点着头，不知道能不能记在心上。

吕姐爱心课堂

童言无忌，许多小孩子都不知道给人留情面，如看到小朋友流鼻涕，就直接说他真脏、真丢人；听到小朋友说错了话，回答错了问题，就当面说他太傻、太笨。这种话在孩子中间还算不得问题，对方并不一定觉得很下不来台。可是，如果是成年人，在大庭广众之下被当面指出错误或是缺点，肯定会感到万分尴尬。

教育和引导孩子学会给人留面子，也是必须要给孩子上好的一堂人生课。卡尔·威特说："小孩子的心灵大多是纯洁的，不会掩饰自己的情绪和想法，看到大人有不合常规的做法和言行时，他们会毫不客气地指出。许多父母只是一味地要求孩子坚持真理，做个好人，但是坚持真理却需要机智、灵活的头脑。"

暧暧当面纠正关叔叔的错误，就是很好的一例，当着众人的面被小孩子指出错误，成人一般都会觉得很尴尬和没面子。坚持真理没有错，但是要讲究方式方法，如果私下给他指出这个错误，他不仅不会感到尴尬，没准还会很感谢呢！

由于年龄的原因，许多孩子一时还不能理解为什么不能当面纠错。这就需要父母平时多引导，教给孩子如何与人交往的技巧。告诉孩子，照顾到别人的情绪和情面，也是对人的一种尊重。一点面子也不给别人的人，往往难以与人相处，是找不到知心朋友的。

卡氏支招DIY

在一定的场合和场景下，懂得适当给别人留面子是一种交往的艺术。父母要引导孩子学会与人交往，懂得如何照顾别人的情面。这会使孩子在未来的社会交往中，表现得更理智、更出色。

●**告诉孩子不要伤害别人的自尊**。让孩子知道，每个人都有自尊心，失去自尊对一个人来说，是件非常痛苦的事。当面指出别人的不足或错误，会使对方感到自尊心受伤害，伤害别人的自尊是严重的失礼行为。

●**给人留面子不是撒谎**。由于孩子年龄小，可能会对爸爸妈妈的讲解感到困惑，认为这是在撒谎。爸爸妈妈要让孩子知道，给人留面子不是撒谎，而是对人的一种尊重。在这种情况下，其实只保持沉默就可以了。如果大家在一起，都互相挑剔或宣扬对方的毛病和过错，就会演变成争吵不休。

●**私下指出他的不足**。告诉孩子，如果对方的确存在某方面的错误或不足，可以私下里告诉他，不要在公众场合当面指出。这样，既使得对方了解和认识到了自己的过错，又很好地保护了他的自尊心。

●**事先叮嘱演练**。为了防止孩子乱说话，在客人到来之前，爸爸妈妈要对孩子事先进行叮嘱，并进行模拟演练，防止孩子乱说话。通过事先演练，可以让孩子知道哪些话可以说，哪些话不能讲，从而保证不会出现让客人尴尬的局面。

●**保持沉默或转移话题**。如果孩子在客人面前说了令人尴尬的话，父母们不要开口解释原因了，保持沉默或转移话题都可以。千万不能为此当着客人面责怪孩子，小孩子不懂成人交往的礼仪，会认死理、穷较真，反而给客人造成更大的尴尬。

●**事后多引导**。客人走后，爸爸妈妈要和颜悦色地对孩子进行说服教育，让他明白当面揭穿别人是不礼貌的，使孩子懂得讲真理和讲礼貌都是应该的，但二者要结合起来，采取更加有策略的方法会更好些。

卡氏小语

> 许多父母只是一味地要求孩子坚持真理，做个好人，但是坚持真理却需要机智、灵活的头脑。

阅读时间：25分钟　　受益指数：★★★★

赞美他人的魔力

向别人传递真诚的赞美，能给对方的心灵带来光明和欣慰。赞美是处理人际关系的一种积极态度，这种习惯应该从小就开始培养。

故事的天空

5岁的旭旭手脚灵活，干什么都比较利索。一天，他和好朋友查查一起合作，用积木搭建一座城堡。

在打基础阶段，二人合作得不错，可是越往上，难度越大，查查显得笨手笨脚起来，总是把积木放不到对的位置上。

旭旭便不客气地说："笨死了。"

查查更有些心慌了，心里虽然想竭力做好，可是心脑手总是协调不一致。

旭旭有些着急了，本想由自己来，可是没有人配合还不成，情急之下，更是埋怨不断。查查有些气馁，闷闷不乐地停了下来，不想做下去了。

旭旭妈妈一直在一旁观望着，借着停下来的时机，把儿子叫到另外一个房间，指点着说："我看查查挺尽力的，你不要老是那样对他说话，而是应该鼓励他，'没关系，耐心一点就好了'。即使他做得不是很好，也

要适当夸奖一下，'你真棒，做得不错！'这样，他就有信心和兴趣了。"

在重新开始后，旭旭接受了妈妈的建议，不断地夸查查能干。这样一来，查查备受鼓舞，结果很快就把一座城堡建成了。查查比旭旭还高兴，体验到了成功的快乐。

吕姐爱心课堂

赞美，是对别人的一种欣赏，也是一种激励，并且能增加彼此之间的信任和友谊。赞美是一种积极的情绪，学会赞美和欣赏别人，就是学会找出别人的优点，无形中看到自己的差距，这是一种潜在地激励自己的动力，有助于自己的进步。

让孩子学会赞美他人，对于提高孩子的情商水平有很重要的影响，卡尔·威特说："他人的表扬和鼓励，往往能成为一个人努力做事的动力。在孩子的成长过程中，如果父母经常表扬他，就会促使他更好地配合做他应该做的事。同时，也要让孩子明白表扬和鼓励的巨大魔力，使他们学会如何表扬和鼓励他人，这样可以让孩子得到他人更多的帮助。"

其实，每一个人都渴望得到他人的肯定。特别是孩子，有时候他们不遗余力地做事，目的仅仅是为了得到他人的赞美。当与人合作时，这种赞美还能起到鼓励的作用，使合作在愉快的氛围中顺利完成。所以，父母要教孩子学会不失时机地表扬他人、鼓励他人，这样做既能得到他人的尊敬，也能换来别人的真心帮助。

赞美，是对他人优良品质、能力和行为的一种语言肯定，是人们对待世界的一种健康心态，是人际关系的润滑剂。没有一个人不渴望得到他人的赞赏和鼓励，因为有了赞赏和鼓励，可以使人精神备受鼓舞，充满信心地去做事。反之，如果向一个人传递消极的期望，则可能会使人自暴自弃，放弃努力。

卡氏支招DIY

送人玫瑰，手留余香。爸爸妈妈在经常赞美孩子的同时，也要鼓励他们多用欣赏的眼光看别人。让孩子懂得，学会欣赏和赞美他人不仅悦人，而且悦己，是交到朋友的一剂良方。

● **赞美一定要出自内心。**赞美不是随口而出的廉价的溢美之词，而是要出自于内心的真诚。否则，对方不会为之打动，反而会引起反感。赞美有时候没有必要用刻意的修饰，只要是发自内心的真情流露，就会收到良好的赞美效果。

● **乱用赞美不可取。**赞美绝不是虚伪地胡乱夸赞，特别是要注意用词遣句，如果别人办砸了一件事情，你还不"不失时机"地赞美，这时就变成一种讽刺了。不但不会使人心情舒畅，反倒容易伤害别人。

● **对事不对人**。毫无根据的赞美不可取，如果只是说："你真是一个好人！"这样的赞美是毫无意义的。所以，一定要让孩子学会赞美事情的本身，如带孩子到朋友家赴宴，要让孩子说："阿姨做的饭真好吃。"而不要只是说："阿姨真好。"只有这样，才是真的赞美。

● **具体明确的赞扬**。爸爸妈妈要告诉孩子，赞美别人时，可以用具体明确的语言、表情称赞对方的行为。如"你的手工做得真好，我要是也能做到该多好啊"，这样的话语既平等又真实，充满羡慕，让人听起来很舒服，且会对称赞者平添一份友好的感情。

● **用表情、动作间接赞美**。语言是最直接的一种赞美的形式，除此以外，也可以运用间接的赞美形式。大人可以教孩子以眼神、动作、姿势来赞美和鼓励别人。如可以用微笑、惊叹，或是夸张地瞪大眼睛表示对别人的能力的倾慕和敬佩，这样也能起到很好的赞美效果。

卡氏小语 ♡

他人的表扬和鼓励，往往能成为一个人努力做事的动力。在孩子的成长过程中，如果父母经常表扬他，就会促使他更好地配合做他应该做的事。同时，也要让孩子明白表扬和鼓励的巨大魔力，使他们学会如何表扬和鼓励他人，这样可以让孩子得到他人更多的帮助。

第七章

理性的爱，卡尔·威特的家教智慧

父母爱孩子是天经地义的，但爱一定要充满理性和智慧。卡尔·威特认为，家长教育孩子最基本的原则是，在对孩子的教育和管束上尽量做到既能有效地制止他的不良行为，又能够减少或者不产生负面影响。只要合理教育，大多数孩子都会成为非凡的人才。

给孩子正确的教育

教育也是一门艺术。唯有正确的教育，才能把孩子导入正确的航向，而不至于被引入歧途，失去教育的作用。　　　　——卡尔·威特

阅读时间：30 分钟　　　　受益指数：★★★★

小孩子的大人格

尊重孩子的人格尊严，是每个父母的责任。孩子再小，也是一个完整的个体。父母应与孩子平等相待，保护孩子的自尊心，用欣赏的眼光，鼓励性的话语，给予他们真诚而积极的评价。

故事的天空

酒店的大堂里，前来参加同学聚会的人很多，许多同学带着孩子，有着几个小不点儿穿插在大人之间跑来跑去，同学聚会的氛围更加热闹而温馨了。

5岁的理理就是喜欢热闹，当他随妈妈进入大厅，立刻高兴得手舞足蹈起来，他没想到来了这么多小朋友，大家正在大厅里你追我赶地嬉戏着，理理很快就和他们打成了一片，玩得可开心了。

酒宴就要开始了，大家正准备入座，突然在大厅的另一边传来几个孩子的争吵声，理理叫得最响。

理理妈妈赶紧跑过去，她知道自己儿子的脾气，是个到处惹是生非的主儿，尽管事先已经给他打了"预防针"，还是没有起作用。

大人们都围了过来劝说着，别的孩子都不吭声了，只有理理还在大喊大叫着。

理理妈妈觉得很没有面子，赶紧给大家道歉，然后当众批评着儿子，指责他的不是。小家伙这回对妈妈也发起火来，说妈妈偏向外人，气呼呼地跑到一个餐桌前，拿起放在桌子上的可乐，拧开盖儿，"咕嘟咕嘟"地喝了一大口，冲妈妈鼓着腮帮子，

表示心中的不满。

理理妈妈想上前把他拉过来，被几个同学好言好语拦住了，气得差点掉下眼泪。理理在几个阿姨的哄劝下，很快也恢复了平静。

虽然这仅是一个小插曲，可是理理妈妈还是觉得自己没有教育好孩子，赶紧吃完饭，有些羞愧地带着理理退出了聚会。

吕姐爱心课堂

管教孩子也要分时间、地点，理理妈妈的方式之所以不成功，皆源于没有选对地方。小孩儿也是有尊严的，在大庭广众之下受到批评指责，他不但不会服从，还会为了维护自己的尊严而战，变得更加不肯听话。

卡尔·威特认为："尊重孩子是对孩子进行教育的前提，要在不伤害孩子自尊心的前提下，给他讲道理，他才能够接受。当孩子做错事或由于某些原因受到惩罚时，千万不要当着众人的面嘲笑或奚落他。"许多爸爸妈妈觉得，当众批评孩子会让孩子觉得羞耻，促使他为挽回自尊而改正。恰恰相反，这样一来，有些性格倔强的孩子很容易产生强烈的对抗情绪和叛逆心理；有些孩子会产生极度的负罪感和心理上的自我贬低，变得自卑、敏感，丧失努力进取的信心。

孩子也有自尊心，爸爸妈妈在任何情况下，都要维护孩子的自尊，保护孩子的"面子"。这对培养他的自信至关重要。不要当着众人的面大声呵斥孩子，可以在与他单独相

处的时候，给他讲浅显的道理，尽量用真诚打动孩子，让他真心认识和改正错误。

卡氏支招DIY

孩子是需要教育的，但是教育要在尊重人格的维护尊严的前提下进行，只有这样才可能培养出"人"来。对孩子人格的尊重，会使他们更加自尊，有了自尊，才可能自强。

● **不要当众批评孩子**。孩子有了错误，父母要予以教育和引导，要和他们讲道理。无论是批评孩子，还是与其讲道理，都要在私下进行。应避免在外人面前训斥孩子，揭他们的短。这会伤害孩子的自尊心，使孩子心理上产生阴影，恶化亲子间的感情。

● **孩子不是私有财产**。孩子虽小，却是一个完整的个体，爸爸妈妈要尊重孩子身体和精神的自由，尊重他们自己做事的权利，给予他们自己做主的机会，让孩子在实践中锻炼独立能力。不要把孩子看成自己的私有财产，随意打骂训斥，支配指挥。

● **与孩子做朋友**。要和孩子交朋友，坦诚相待。做孩子的朋友，理解和尊重孩子。当他们遇到困难和困惑时，要及时予以指导，而不应该是生气和指责。

● **别在他人面前谈论孩子的缺点**。有些爸爸妈妈从不顾及孩子的情面，当着孩子的面，对他人谈论孩子的缺点，令孩子感到无地自容，自尊心受到强烈的伤害，从心理上会与爸爸妈妈渐行渐远。

● **不要取笑孩子的幼稚行为**。孩子的一些行为在成人眼中幼稚可笑，但对于他们来说，却是天大的"正经事"。每个孩子都有快些成长的欲望，希望得到成人的认可。所以，千万不要取笑孩子天真幼稚的行为，这会使孩子自尊心受到伤害。

卡氏小语 ♡

尊重孩子是对孩子进行教育的前提，要在不伤害孩子自尊心的前提下，给他讲道理，他才能够接受。当孩子做错事或由于某些原因受到惩罚，千万不要当着众人的面嘲笑或奚落他。

阅读时间：25 分钟　　受益指数：★★★★

耐心解答孩子的提问

家有爱提问的孩子应该感到高兴，说明他开始了思考和探索，这是孩子在为自己的大脑"充电"，父母一定要认真对待，不要打消他积极探索的兴趣。

故事的天空

3岁的妍妍和妈妈一起坐在礁石上，面向大海看着风景，在她们旁边，坐着一位年轻的女性，此时她4岁的儿子正和爸爸在海水里嬉戏着。

妍妍看了一会儿，收回目光，问妈妈："妈妈，大海有多大啊？"

妈妈耐心地说："大海很大，从这一边乘船到另一边，要好多天才能到的。"

妍妍"哦"了一声，指着盘旋的海鸥问："那些海鸥不累吗，为什么总是飞呀？"

妈妈说："它们累了就会休息的，在天空飞是为了寻找食物。"

妍妍又来了话题："那海鸥有妈妈吗？"

妈妈和颜悦色地说："有呀，动物都是有妈妈的。"

妍妍不再发问了，用双手支起下巴，眯着眼睛去看海鸥，似乎在分辨着，谁是妈妈，谁是孩子。

看着她们母女如此亲密，旁边的女性好羡慕，她冲妍妍妈妈一笑，说："你可真行，孩子问什么

都不烦。"

妍妍妈妈笑笑说："回答孩子问题，也是一种学习。要不是她总问这问那的，我还不会读那么多书拼命去恶补的。"

这位女性低下了头，看看海水中的父子俩，感触地说："看来，还是我错了，对孩子没完没了的提问，要么敷衍，要么不予以回答，孩子都和我生分了。"她指着海中嬉戏的父子俩，"他们一起玩，偏偏把我甩在一边。"

妍妍妈妈说："孩子提问题是好事，说明他们迫切想要了解这个世界，是主动学习的表现，可不能轻易打击孩子的这种爱学习的积极性啊！"

吕姐爱心课堂

好奇是人类的天性，有了这种天性，学习起来才有动力和兴趣，探索的脚步才能继续前进。每个人都有不同程度的好奇心，特别是在孩童时期。但很多人在渐渐长大的同时，好奇心也随之渐渐消失，变得对新事物缺乏了解和探索的兴趣。这主要是由父母教育不当造成的，这是一个巨大的损失。

卡尔·威特说："幼儿的究理精神从两三岁起就已经萌发了。具体的表现就是他们开始向大人提问，提出的问题越来越多，而且千奇百怪。这是值得高兴的事，说明孩子开始对世界进行思考了。"这时，爸爸妈妈要抓住时机，对孩子所提出的问题不能随随便便敷衍一下或简单粗暴地制止，不给予耐心的说明和解释，而是要有问必答，让孩子更多地了解这个世界，丰富他们的人生阅历和知识。

孩子的成长是一个复杂的过程，他们的好奇心、他们的困惑、他们提出的许多问题，都是求知欲的体现。不管他们所提的问题多么离奇，都不是在给爸爸妈妈找麻烦，而是在为自己"充电"，武装自己的大脑。教育孩子的真正目的，就是要为他们打开智慧的天窗，使他们能够敏锐地观察到社会上的人和事，洞察出社会上的矛盾和缺陷，了解这个大千世界的奇妙。父母必须重视孩子最初对世界的探索，积极回应他们的每一个问题。

卡氏支招DIY

家有"爱问孩子"，父母一定要对他们的好奇心加以呵护，耐心并积极地回答孩子的每一个问题，使他们的求知欲和探索欲长盛不衰。

●**回答不可模棱两可**。对孩子的提问能回答就回答，回答不上来的要做出解释，告诉孩子下次弄清楚后再告诉他。千万不要给孩子不合理或似是而非的答案，这样会误导孩子，不利于他们的成长。

●**要让孩子能够理解**。在回答孩子的提问时，爸爸妈妈要根据他们现有的知识和思维能力来作答。不能不考虑孩子的接受程度，给他们一个过于深奥而不能理解的答案，这会使孩子更加迷惑。由于心中的谜团仍没有解开，他们还会一直追问下去。如果爸妈的回答总是使他们的好奇心得不到满足，久而久之，孩子也就变得不爱发问了。

●**保护孩子提问题的积极性**。除了不欺骗孩子，并耐心地作答外，对孩子的提问要予以鼓励。不能因为自己正忙或回答不了，就挥手让孩子一边玩去，这样会打消他的积极性，甚至觉得爸爸妈妈是什么也不懂的人。

●**鼓励孩子自己找出答案**。待孩子稍大一点，懂得的知识更多一些时，他再提出问题时最好不要立刻给出答案，而是让他先思考一下，尽力自己去找答案。如果他的答案不正确也不要一口否定，而是要帮他分析问题，找出错误，让孩子彻底弄懂。

●**和孩子一起找问题**。爸爸妈妈也要在孩子面前做个童心未泯的大孩子，引导孩子去发现问题，并寻找解决问题的答案。如让孩子比较小鸟、小昆虫的叫声有什么不同，观察蓝天和大海的颜色有什么区别等。

卡氏小语 ♡

对于孩子千奇百怪的问题，父母应为此感到高兴，说明孩子开始对世界进行思考了。要抓住孩子的好奇心，不能随便敷衍一下或简单粗暴地制止，而应给予他们极大的鼓励，并耐心地作出说明和解释。

阅读时间：30分钟　　受益指数：★★★★

不要迁就孩子的无理取闹

无理取闹是孩子的惯用伎俩，切不可因为不忍心而对他迁就和纵容。"好好家长"容易做，但最终既害了孩子，也害了父母。

故事的天空

在商场的玩具专柜前，蒙蒙和爷爷站在那里僵持不下。

"看，已经给你买了这么多好吃的，还有这个'变形金刚'，咱们下次再买手枪。"爷爷哄着孙子。

"不行，就不行！"蒙蒙甩动着爷爷的手，大声叫喊着，引来许多顾客的目光。

爷爷看看四周投来的目光，尴尬地小声说："爷爷带的钱不够了，下次一定给你买。"

"不行！我现在就要！"

爷爷两手一摊，为难地说："那怎么办？"

"我不管，不管。我就要买左轮手枪。"蒙蒙双脚蹦得老高，不依不饶。

售货员见蒙蒙爷爷尴尬万分，打着圆场说："宝贝，明天来买吧，阿姨给你留着，绝对不再卖给别人。"

"不！"蒙蒙小脖子一拧，仰头看着天花板，一副谁也不睬

的样子。

爷爷很无奈，只好借售货员的电话给蒙蒙小姑打电话求援。

蒙蒙如愿以偿了，举着左轮手枪兴高采烈地四处乱瞄着，嘴里"叭叭"地喊着，一路冲出商场。

在回家的路上，小姑埋怨爷爷不该这么惯孙子，老是迁就孩子的无理取闹。爷爷无可奈何地不住摇头叹息着，这孩子简直是个"购物狂"，见什么要什么，这已不知道是第几次了，才几岁的小不点儿就这么难管教，大了可怎么得了！

吕姐爱心课堂

迁就孩子，是许多父母和长辈的通病。理由是孩子小，不明事理，当然要让着他们，等长大些，能听懂道理了，再教育他们也不晚。在这种错误的理念下，许多孩子变得更加肆无忌惮，动辄又哭又叫，无理取闹，俨然成了家里的"小霸王"。当父母想对其进行教育时才发现，小家伙并不太好对付，变得更加难缠和不可理喻了。

卡尔·威特总结道："当孩子习惯用哭闹方式来得到自己想要的东西后，他就会继续使用这种方式，等他长大后，他会用各种无礼的方式要求别人来达到自己的目的。可见，在孩子成长的早期，父母与孩子之间的关系会影响到他今后的人际关系和处世方式。"

对孩子迁就，就等于是在放纵他。当孩子第一次用哭闹的方式，轻而易举地得到他想要的东西后，下次他还会用这种方式索取，日久成了习惯，他获取东西的方式就不仅限于哭闹了，而会有更无理的手法。在生活中，许多大孩子，甚至是青年人，在向父母索要物品或钱财时，轻则采取要挟恐吓，重则还会出现打骂父母等粗暴行为。到了社会上，他的无礼也不再只是针对父母，他同样会为了满足自己的要求而对别人采取无礼方式。

把孩子培养成人不是件容易事，如果孩子长大后只知道索取，而不去通过自己的努力得到自己想要的东西，就不仅仅是道德问题了，还会牵扯到法律问题。对于父母来说，无疑是教育的失败。所以，父母一定要坚持原则，不能迁就满足孩子的无理要求。一味迁就，满足其不合理的要求，会养成孩子以哭闹要挟来满足个人欲望的不良性格，不利于今后的成长。父母要让孩子从小就知道，哭闹不是达到目的的好方法，不管当时情况是什么样的，都不能用哭闹来解决问题。

卡氏支招DIY

当孩子出现无理哭闹行为时，爸爸妈妈一定要狠狠心，无论他怎么哭闹，都坚决不让步。目的就是让他明白，如果想得到东西，哭闹的方式是不起任何作用的。

● **半点迁就都不要有**。对待孩子的无理哭闹，绝对不能有丝毫的动摇。特别是涉及一些原则性的事情，不能答应的，就是不答应。等碰了几次钉子后，他就会明白自己的哭闹起不到任何作用，知道要赖也没有用，更达不到目的，自然就偃旗息鼓，不再使用这一招数了。

● **讲道理，辨是非**。对孩子的无理哭闹，爸爸妈妈不用太在意他的举动，不妨采取冷处理的方式来缓解，没必要在气头上给他讲道理，激动的孩子这时是听不进去的。可以先不理他，等孩子情绪平静下来后再去和他讲道理。要使孩子明辨是非，知道美与丑，多从积极的方面培养孩子的优良品德，他就会自然而然改掉无理哭闹的毛病了。

● **控制住火气**。孩子耍赖撒泼，确实令人大为恼火，但是作为父母，一定要控制住自己的情绪，不要对孩子发火，而是要耐着性子和他讲道理。即便当时他不接受，日后心平气和时，也能接受父母的建议。如果控制不住火气，打骂孩子，非但起不到制止的作用，还会强化他们的不良行为。

● **试试转移他的注意力**。孩子哭闹不止时，小一点的可以给他一块糖或给他喜爱的玩具，哭闹马上就会停止。对于较大的孩子，可以转移他的兴趣，如带他到动物园看动物，去游乐场玩蹦床。当他想要的目的没有达到，就会接受到别处玩的建议，毕竟孩子是没有长性的，很容易改变自己的主意。

● **防患于未然**。家长是最了解自己孩子的，知道在什么情况下容易发生什么行为。所以，最好在预料到孩子将要做出某些不合理行为之前就采取措施，避免事态进一步发展。如在去超市之前先和孩子说好，可以给他买一件喜欢的玩具，但不可以随便乱要东西。如果答应了，才可以一起出去，不答应的话就留在家里。孩子有了事前的约定，就会努力克制自己。

卡氏小语 ♡

一味迁就，满足其不合理的要求，会养成孩子以哭闹要挟来满足个人欲望的不良性格，不利于今后的成长。父母要让孩子从小知道，哭闹不是达到目的的好方法，不管当时情况是什么样的，都不能用哭闹来解决问题。

阅读时间：30分钟　　受益指数：★★★★

你确定可以许诺吗

有过承诺，就要兑现。让孩子体会到诚信的重要，孩子自然会模仿，而由模仿养成习惯，再由习惯积淀成品格。

故事的天空

爸爸去北京出差，临行前承诺给女儿萌萌买一个会眨眼睛、会说话的布娃娃。3岁的萌萌一直在追问"是真的吗？"她太想要这样一个布娃娃了，好朋友芸芸就有一个，羡慕得不得了。

当爸爸背上旅行包出门时，她还拉着爸爸的手追问。爸爸蹲下身来，亲着她的小脸蛋儿，要她把心放到肚子里，承诺一回到家，就让她在第一时间见到布娃娃。

萌萌点点头，目送爸爸出门。从爸爸出门的那一刻，她就开始掰着手指头盼着爸爸的归期。

在爸爸就要回来的头一天晚上，萌萌问妈妈："爸爸买到布娃娃了吗？"

妈妈抚摸着女儿的头，说："放心吧，布娃娃一定会有的。等你一觉醒来，爸爸就回来了，睁开眼睛就看见布娃娃睡在你的身边。"

第七章　理性的爱，卡尔·威特的家教智慧

萌萌满意地闭上了眼睛，憧憬着见到布娃娃的那一刻，很快进入了甜甜的梦乡。

第二天一睁开眼睛，萌萌就伸出小手在身边摸一摸，没有见到布娃娃躺在旁边。赶紧起床去客厅，因为她听见爸爸进门的声音。

爸爸果然回来了，她咧开小嘴笑着，眼睛盯着爸爸的背包看，期待着盼望很久的布娃娃从里边现身。

爸爸换好鞋，从背包里一一往外掏着东西，妈妈的高跟鞋、女儿的新衣服，还有一些好吃的、出门替换的衣服、洗漱用具，在茶几上堆了一大堆，最后也没有布娃娃出现。

看到女儿失望的眼神，爸爸歉疚地说："宝贝儿，爸爸太忙了，没有时间赶到玩具市场去买布娃娃。"

萌萌小嘴一撇，哭着跑回自己的房间。

妈妈赶紧追过来安慰着伤心的女儿，对跟进来的爸爸说："答应孩子的事情，就一定要做到。自从你出门那一刻起，孩子就盼着盼着，这下好了，看她哭得多伤心啊。你叫孩子今后怎么相信你的话？"

爸爸惭愧地低下了头，赶紧给北京的朋友打电话，请他们帮忙去买一个布娃娃，快递寄过来，以弥补自己的失信。

吕姐爱心课堂

一诺千金，这是一个人诚信的体现。对孩子也同样如此，有过承诺，就一定要兑现。一是彰显自己的诚信，二是给孩子树立起好的榜样，孩子自然会模仿，而由模仿养成习惯，再由习惯积淀成品格。

卡尔·威特认为："许诺是诚信的一部分，对孩子的承诺一旦落空，父母的人格和信用就会受到质疑，从而失去孩子对你的信任。"他在教子时，特别注意自己的言行，只要承诺给了儿子，就想办法去兑现。小卡尔在父亲的诚信的影响下，逐渐养成了诚实守信的好品格。

诚实守信，是做人的基本品格。父母在教育孩子上，要以身作则，尤其是对于天真的孩子而言，给出承诺更是不能轻易落空的，爸爸妈妈的爽约会影响孩子纯洁的心灵。很多爸爸妈妈因为孩子表现好，一时高兴，或者为了激励孩子达到某项目标，而许下诺言。可是当孩子做到了，却没有得到相应的奖励，孩子会失望，更会伤心，在他们幼小的心里形成爸爸妈妈是不可信任的印象。这就给亲子关系蒙上了一层阴影。父母经常失信，也会"传染"给孩子，使他们养成撒谎、不守信用的不良习惯。这可是关乎孩子人格的大问题，是成长路上的绊脚石。

🐼 卡氏支招DIY

许诺，是奖励的一种方法，能对孩子起鼓励、促进和教育作用。但是，爸爸妈妈对孩子一定要慎许诺言。一旦许下就要信守承诺，说到做到。在与孩子的沟通中，同样需要爸爸妈妈坚守诚信的态度。

● **说了就要做到。**父母一定要言而有信，说了便要做到，这种言行一致的品质，不但能取信于孩子，而且会潜移默化地影响孩子，给孩子树立起学习的榜样，这样他与人相处时，也会言而有信。

● **及时向孩子道歉。**小孩子也是讲道理的，当许诺由于某种原因未能做到时，要及时向孩子诚恳说明情况。必要时要向孩子道歉，以取得孩子的谅解，并尽可能择日兑现自己的承诺，换取他们的信任。

● **承诺也要讲原则。**对孩子的许诺要把握分寸，不合理的，即便孩子有所要求，也不要许诺。不该答应的事，一定要坚持原则。对孩子许诺虽然是一种教育手段，但在运用时，要适度，掌握好分寸，不能过多使用更不能滥用，否则会成为孩子对爸爸妈妈进行要挟的手段。

● **许诺不妨讲点技巧。**向孩子许诺时，可以运用点小技巧，如答应孩子去动物园，不要把时间给自己限定得太死，告诉他"下个星期日带你去动物园"，不如说"这个月带你去动物园"。这样，就避免了下个星期日加班不得不对孩子爽约，而给孩子带来的伤害。

😊 卡氏小语 ♡

> 许诺是诚信的一部分，对孩子的承诺一旦落空，父母的人格和信用就会受到质疑，从而失去孩子对你的信任。

第七章 理性的爱，卡尔·威特的家教智慧

阅读时间：30 分钟　　受益指数：★★★★

正面管教，给孩子理性的爱

爱孩子，就要从小对他进行严格管教，约束他们不正当的行为，而不是过度纵容和放任自流。唯有如此，才是对孩子真正的爱。

故事的天空

在林荫道上，3岁的特特从路边捡了一条枯树枝，小家伙在手里挥动着，学着电视里的赶马车的人，不停"喔喔啊啊"地喊着，蹦蹦跳跳地一路跑下去，玩得可开心了。

妈妈跟在后边，叮嘱着："慢点跑，不要跌倒喽。"

对面有两位穿着裙子、婀娜多姿的姑娘，边说边笑地一路走来。特特跑到两位姑娘身边时，挥动着手中的树枝，敲打着人家姑娘的裙摆，还坏坏地笑着。

两个女孩躲闪着，嘴里说着："这个小孩儿可真坏！"

妈妈看到这一切，没有及时制止，只是轻声地对孩子说："以后不要这样了。"

玩得兴起的特特根本没有听见妈妈的话，眼睛开始往过路人的身上瞄去，他摇动着手里的树枝，准备抽打下一个目标。

一个老大姐拎着一篮子菜低头走着，没有提防路边站着的特特，小家伙举起树枝抽在老大姐的腿上，虽然不是很疼，却被

吓了一大跳。她赶紧停住，看是一个顽皮的小不点儿，笑笑，伸手摸摸他的头，和蔼地说："宝贝儿，打人是不礼貌的，以后不要这样了。"

也许特特没有打够吧，又举起树枝做打人状。

老大姐赶紧躲开，对走过来的特特妈妈说："这孩子得管教啊，随便打人可不是好习惯。"

特特妈妈说："孩子还小，他不知道什么。说了也白说，方才我也说他了，就是不听。"

老大姐说："作为过来人，我得向你传授点经验，孩子再小，他也是懂道理的，你不给他讲透，他当然不听。小孩子可不能放任自流啊，养成了坏习惯可就不好改了。"

特特妈妈嘴上说是"得管、得管"，可心里却不以为意，认为小孩子哪能听懂大道理。再说了，他也就是打着玩儿，没有多大劲儿，打不疼的。

老大姐看出特特妈妈的敷衍神情，觉得是在对牛弹琴，只好扭头走了。

吕姐爱心课堂

管教孩子虽然没有绝对、统一的方式方法，但有一点是相同的，那就是需要正面管教。对孩子身上出现的任何不良苗头，都要及时予以纠正。那位大姐说得对，孩子不能放任自流。可是在现实生活中，有的父母还真是对孩子有些溺爱，不把孩子身上的缺点当缺点，而是觉得很顽皮可爱。等孩子坏习惯养成，再去对他进行教育，可就很难改正了。

卡尔·威特一再强调："作为父母，有责任和义务教孩子知道什么是该做的，什么是不该做的。父母是孩子的第一任老师，对孩子的影响重大，如果小时候不严加管束，那他们自由散漫的观念将会根深蒂固，等长大后再想改变，恐怕就来不及了。"事实也正是这样，许多孩子长大后存在这样那样的恶习，都与小时候爸爸妈妈的放任自流有关。爱孩子绝对不是纵容和放任自流，而是要严格管教。孩子年幼无知，时常犯错，爸爸妈妈不及时约束他们不正当的行为，等长大后再想改变，已经难上加难了。

管教是爱心的起点，贯穿孩子成人前的全过程。孩子不管不行，管不好更不行，这是失职。爸爸妈妈首先要明白，管教孩子是随时随地的，只要发现不好的苗头，就要及时管教，引导孩子朝着正确的方向发展，这才是负责任的父母。

对孩子正当而有效地管教，才是真正地关心他，爱他，也有助于形成一个幸福的家庭。娇惯、溺爱不可取，这样会使孩子从小就接受着唯我独尊的思维训练，容易养成任性、霸道、不尊重他人的性格。爱与管教是可以并行不悖的，父母要肩负起教育孩子的重任，通过适当的管教，把孩子培养成才。

卡氏支招DIY

孩子需要父母无限的关爱，但也需要父母及时、正当的管教。要想孩子有一个美好的未来，从现在起，父母就要收起溺爱，对他们进行正面管教。

●**管教不等同于处罚**。管教的目的是让孩子学会如何和与爸爸妈妈合作，形成良好的品性和习惯，而不是处罚孩子或被爸爸妈妈控制。有效的管教不等同于严厉的处罚，用强硬的手段逼迫孩子听话。而是应该在一种民主的氛围中进行适当合理的管教，既能让孩子有所感悟，受到行为上的规范，又能与孩子和谐、温情地相处。

●**树立规则观念**。让孩子知道我们都生活在有规则的世界里，任何人都没有特权。所以，在孩子小的时候，爸爸妈妈就要给孩子灌输遵守规则的思想，并在实际行动中去及时予以指导和矫正。从小遵守规则的孩子，具备爱心、忍让、信心、快乐、诚实、善良等优秀品格，才能承担更大的责任，获得更大成功。

●**处罚也要有爱**。如果孩子由于能力不足或不小心酿成意外，不能处罚他，这不是孩子有意犯错，因此而受处罚，会使他产生敌对心理和行为，对孩子身心发展不利。即便孩子做错了事，的确应该受到处罚，也应让孩子清楚地知道爸爸妈妈为什么要处罚他，令孩子心服口服，心甘情愿。只有这样，孩子才能明白受处罚的原因，在以后的生活、学习中加以规避。孩子受处罚后，更需要被疼爱和肯定。爸爸妈妈应适时向孩子解释清楚，处罚他是因为他做错了事情，并不是爸爸妈妈不再爱他；可以紧紧地拥抱孩子，传达你对他的爱意。

●**要顾及孩子的尊严**。对孩子实施管教时，要尊重孩子的人格和尊严，不要在公共场合责罚孩子。而是私下和孩子进行交流，这样会使孩子觉得爸爸妈妈是爱护自己的，真心对自己好，自然就能及时改正错误了。

●**不要在盛怒下管教孩子**。无论孩子做了多么出格的事情，父母的头脑都要冷静，最好先离开现场，冷静一下再回来，这样可以避免说错话，或失去理智打孩子。对孩子的正面管教，不应掺杂个人情绪，否则会让孩子失去对我们的尊敬。这就失去了教育的意义。

卡氏小语♥

爱孩子绝对不是纵容和放任自流，而是要严格管教。孩子年幼无知，时常犯错，爸爸妈妈不及时约束他们不正当的行为，等长大后再想改变已经难上加难了。

阅读时间：25 分钟　　　受益指数：★★★★

赏罚分明，让孩子明辨是非

在采取赏罚手段时，一定要赏罚分明，否则会给孩子造成认识上的混淆，不利于孩子成长。

故事的天空

5岁的安安在玩耍时，不小心把妈妈梳妆台上的小花瓶碰倒了，小家伙赶紧伸出小手，想把花瓶扶起来，结果动作慢了半拍，花瓶滚落在地板上摔碎了，好在妈妈在厨房里收拾清理着餐具，没有听到花瓶摔碎的声音。

安安怕妈妈责怪，赶紧跑回自己的小房间，爬到床上，边装模作样地翻看着彩绘书，边侧耳留心着妈妈的动静。

妈妈收拾完厨房，回到自己的房间发现了地上的花瓶碎片，一看就知道是宝贝儿子干的。

安安在忐忑中迎接着妈妈的到来，还故意装作一副很认真看书的样子，其实心跳得十分厉害，小眼睛不时地偷偷瞟向妈妈。

妈妈问："安安，花瓶是怎么回事？"

安安听到妈妈的问话，心虚地扭头对妈妈说："不知道，我没有去你的房间。"

妈妈说："还骗我，刚才你

不是到我房间的大床上翻跟头去了吗？"

安安低下头不说话了。

妈妈："准是你毛手毛脚把花瓶打碎了。"

安安狡辩着："没有！没有！"

妈妈故意说："我在厨房里就听到了响声，还听到你咚咚跑回自己房间的声音，还说不是你干的？"

安安知道妈妈揭穿了自己，头低得快要贴到书上了。

妈妈狠狠地批评了他，小家伙伤心地哭了起来。看到自己的宝贝儿子哭了，妈妈又觉得很心疼，百般地哄着儿子，承诺给他去买一个冰激凌。

下楼去买冰激凌时，碰上了好友王红霞。她听到缘由后，说："批评孩子撒谎行为后，立即给他买冰激凌，你是表扬他的这种行为呢，还是给他受到批评的补偿？"

安安妈妈想了想后，不好意思地笑笑说："还真是的，我怎么就没有想到这一层呢？"

吕姐爱心课堂

爱孩子是爸爸妈妈的通性，但爱和溺爱是不同的。爱孩子也要讲究方式方法。生活中，很多父母都发生过类似的情形。当孩子犯错时，予以批评或处罚，看到孩子痛哭流涕的样子，立刻就产生心疼、后悔的心理，赶紧给孩子再来点"甜头"作补偿。这是一种错误的教育方式，刚受到惩罚，转身又得到奖励，会把孩子搞糊涂了，既不知道妈妈为什么责骂他，更不知道在挨了批评后为什么又获得了"奖赏"，从而让孩子产生认知偏差。他根本不知道什么是对，什么是错。有的孩子甚至尝到了甜头，做错了事也会无所谓，反正爸爸妈妈不能把自己怎样。

"打一巴掌再给个甜枣"式的教子方式不可取，不仅管不出正面积极的效果，反倒会滋生孩子思维混乱、情绪不稳定、性格焦躁等问题。该赏则赏、该罚则罚，才是明智的做法。卡尔·威特认为："父母的言行一致，赏罚分明，会对孩子的教育产生积极效果。如果出尔反尔，只会使孩子无所适从，不但起不到管教作用，还会伤害孩子。"他对小卡尔处罚很少，但如果儿子的确做错了事情，也会毫不犹豫地给予批评，绝不姑息纵容。

教育孩子时，不能将赏罚混淆、颠倒，一定要做到赏罚分明，赏要赏得有据，罚要罚得有理，让孩子始终明白爸爸妈妈惩罚是源于爱，是要自己改正错误。当孩子明白了这些道理，就能正确理解爸爸妈妈对自己的管教。即便受到批评，也能接受并加以改正。

卡氏支招DIY

奖励和惩罚都是家教手段之一，在日常生活中，孩子做好事应该鼓励，犯了错误，必须惩罚。这样，才可以使他们懂得如何规范自己的行为。

● **赏罚一定要分明**。对孩子的教育一定要赏罚分明，奖惩有度。无论是赏还是罚，都要让孩子明白，自己为什么受到了表扬或受到了处罚。赏要赏得理所当然，罚要罚得刻骨铭心。只有这样，他们才能理解赏罚的意义。

● **不要有补偿的行为**。当孩子犯了错误，就要及时批评孩子并要求立即改正。不要看到孩子哭了，心就软了，立即去安抚。这种补偿行为会被孩子误以为爸爸妈妈批评他是批错了，心里会更加委屈，自然就更不知道原本是自己有错在先而受到了批评。如果惩罚方式不对，爸爸妈妈应该向孩子道歉，而不是给予孩子"奖赏"和"补偿"。

● **父母态度一致**。无论谁奖励，还是批评，做父母的应当在孩子面前采取同一态度。如果爸爸在孩子做错事批评他时，妈妈却抱起来又亲又哄，孩子就会认为错在爸爸，而不是自己，容易造成是非观念混淆。

● **处罚要让孩子心服口服**。对孩子处罚一定要让他心服口服，惩罚之前，应先给孩子予以警告，当他犯错之后要言出必行，并用他能听懂的道理对他讲清原因，这样孩子才会在以后的生活中加以规避。

● **鼓励和惩罚使用要及时**。由于孩子小，如果鼓励或处罚延迟的时间过长，不利于条件反射的建立和刺激强化。所以，赏罚都要立即进行，目的是让孩子记住为什么受到奖励或惩罚，否则时间一长，孩子会忘记原因，而失去了教育效果。

卡氏小语 ♡

父母的言行一致，赏罚分明，会对孩子的教育产生积极效果。如果出尔反尔，只会使孩子无所适从，不但起不到管教作用，还会伤害孩子。

阅读时间：30 分钟　　受益指数：★★★★★

别用拳头和孩子说话

孩子的心原本是善良和纯洁的，就像一张洁白的纸，爸爸妈妈要用爱来为孩子着色，让孩子感到家庭温暖如春，愉快地度过美好的童年。

故事的天空

晚饭后，6岁的强强坐在一只小椅子上面壁思过，起因是他过于贪玩，回家比平时晚了半个小时。爸爸的大手掌在他屁股上狠狠地"亲"了三下，他泪眼婆娑地吃完饭，就被爸爸安排在一角进行思过。

对爸爸的"拳头"家教，妈妈颇有微词，觉得孩子不是打就能管教的。而爸爸却不以为然，振振有词地强调"孩子不打，上房揭瓦"，接着历数儿子不听话的实例。

正当两口子就教育孩子问题发生争吵时，几年不见的老朋友方大明来访。夫妻俩赶紧让座、端茶。

方大明看到含着泪的强强时，有些惊讶地说："哈，孩子都长这么大了，几年没见，当年的小不点都长成'小伙子'啦。"接下来关切地问，"孩子怎么哭了？"

强强爸爸见儿子没有打招呼，吼道："过来，见叔叔也不

问声好。"

强强赶紧凑过来，依偎在妈妈腿边，怯怯地小声说："叔叔好。"

强强爸爸不满地看了儿子一眼，说："看你就是欠揍，问个好比蚊子哼哼大不了多少，没出息的东西。"

方大明阻止道："像什么话，你对孩子的态度过于粗暴了，教育孩子可不是靠打骂，弄不好会把孩子毁了。"

强强妈妈赶紧说："可不是吗，原来孩子挺懂事的，让他打得变得胆小、孤僻起来。"

方大明批评起朋友，说孩子不能打，对孩子的性格形成不利，还影响孩子的心智发展。经过老朋友的开导，强强爸爸觉得自己确实有些过头了，没有学会怎么管孩子。其实，打完孩子他也后悔，就是看孩子做事情笨手笨脚，贪玩，就气不打一处来，总是恨铁不成钢，拳头不由自己控制就举了起来。

吕姐爱心课堂

孩子年幼无知，难免做出不合时宜的事情。这在有些爸爸妈妈眼里，孩子就是不听话，语言达不到想要的效果，就使怒动粗，采取高压的姿态压制孩子，迫使他们屈服。

管教孩子没有错，但是用拳头说话，却不是一种好办法。一味地打，只会造成孩子种种不良的心态和心理偏差，决不能获得教育孩子的效果。卡尔·威特认为："正确教育孩子的方法是既能达到教育效果，又不伤害孩子的教育。打骂孩子并不利于孩子的健康成长，以理服人比任何强制手段都更加有力量。"他从来都不会打孩子，十分讨厌那种不文明的行为。小卡尔是幸运的，从来没有感受到专制家长的拳头和责骂。

在传统的家庭教育中，打骂贯穿孩子的整个童年时期，"棍棒出孝子"就是其理论依据。其实，粗暴的教育方法会对孩子的心理造成极大的伤害，使孩子变得顽固、粗暴、冷酷和残忍。相对生活在民主家庭中的孩子，少了大度、友爱、善良等好的品质。

打骂孩子使不得，即便可能会解决眼前的一个小问题，却会给孩子的成长留下大隐患。其实，不打不骂才能教出优秀的孩子。父母应该把孩子当朋友，与他们进行发自内心的交流，通过情感交流感化孩子，让他们感知到爱的力量。当孩子心中充满了爱，就会明理，对父母的引导自然会言听计从，成为一个有主见、有思想、有爱心的好孩子。

卡氏支招DIY

孩子也是人，其自尊是伤不得的。父母在教育孩子时，可以使用各种方法，就是要收起拳头，不能用暴力来威吓孩子。

●**保持冷静，克制情绪。**如果孩子做了错事，或就某一件事与父母争论、顶嘴，甚至对着干，爸爸妈妈应保持头脑冷静，控制情绪，不要一味地批评孩子，更不能大打出手。可以在无法克制自己的情绪时，暂时离开孩子一会儿，心中默念"我不使用暴力也能解决问题"，或者"孩子也有他的道理，我应对他多些宽容"。这些都可以使自己的情绪很快稳定下来，过一会儿再面对孩子时，就可以采用更加理性和合理的教育方法了。

●**善于从孩子的角度看他们的行为。**在与孩子相处中，要多从孩子的角度来看问题，由于他们心智还达不到一定的成熟度，有些举止肯定与成人相差很多。孩子会按照自己的想法做事情，爸爸妈妈不要按成人的要求去约束孩子，而是要引导他们逐渐发展。

●**放下身段，与孩子交朋友。**一家三口，原本就该是亲密无间的，父母应该为孩子创设和谐民主的家庭氛围，与孩子做亲密无间的好朋友，自然就没有了对抗的温床。

●**冷处理不可少。**孩子犯错在所难免，如果孩子犯了错，不妨采取冷处理的方式，如让他在房间里独自待一会儿，想一想自己是不是错了？错在哪里？给孩子一个独立思考的时间和空间，让他冷静下来。然后再和他讲道理，倾听孩子的想法。只有尊重孩子，才能换得孩子发自内心的尊重。

●**父母要常自省。**俗话说，一个巴掌拍不响，孩子与大人闹对立，父母也是有责任的。在日常生活中，要多自省，发现自己的做法不对，赶紧纠正，尽量减少与孩子间的不必要摩擦。

卡氏小语

正确教育孩子的方法是既能达到教育效果，又不伤害孩子的教育。打骂孩子并不利于孩子的健康成长，以理服人比任何强制手段都更加有力量。

阅读时间：30 分钟　　受益指数：★★★★

给孩子自由选择的机会

孩子的未来应该掌握在自己手中，父母只能起到参谋作用，千万不可代替孩子去做本应该属于他们的选择。因为在未来的生活中，脚下的路，是需要自己去走的。

故事的天空

5岁的潇潇站在少年宫的门前犹豫着，妈妈并不急于让她决定，只是反复地强调，要她自己做出选择。

原来，潇潇喜欢画画，看到邻居的小哥哥整天背着画板出来进去的，好不羡慕，多次向爸爸妈妈提出要学画画。为了让她谨慎选择，妈妈还带她和邻居的小哥哥一起去郊外，看小哥哥写生，这更勾起了她要当"画家"的欲望。

现在，她就开始在心里暗暗选择了，显得有些犹豫不定。在来时的路上，她还满心思都是画画的想法，可是到了少年宫里转了一圈，她听到一个大厅里飘来美妙的音乐声，循声找过去发现，有十几个小女孩儿穿着练功服，正在练习跳舞。看到她们轻灵地跳来跳去，又觉得跳舞是自己的最爱。结果就出现了开头纠结的一幕。

潇潇妈妈并不急于帮助她做决定，而是给她自己选择的机会。潇潇咬了半天手指，才最后下定决心，还是去书画班报名。

在她们身旁，有几个前来接孩

子的家长,看到这一幕后,都觉得不可思议,认为这么小的孩子能决定什么,还不是爸爸妈妈选择什么就是什么。

可是潇潇妈妈却不这样认为,她觉得孩子也有选择的权利,不给她选择的机会是不公平的。孩子自主选择的好处是,可以激发他们的兴趣,从而主动去学,愿意去学。而没有选择的孩子,多半是为了应付大人,不得已而为之,自然提不起兴趣,不能真正地体现自己的心愿。

大家听后,也觉得有些道理,纷纷检讨起来。

吕姐爱心课堂

选择不仅是一种行为,更是一种能力。父母要在孩子小的时候就给他们自主选择的锻炼机会,让孩子体验到被尊重的快乐,逐渐养成自己做主的意识。这样,当他们走上社会,就不会因为不会选择或犹豫不决失去大好时机。

卡尔·威特说:"在家庭教育中,多给孩子选择的机会,在日常生活中,培养孩子掌握选择、判断和取舍的能力尤为重要。如果我们能多给孩子选择的机会,孩子会感受到他们被尊重、被信任,从而带给他们自信和成就感,使他们感受到自己能把握生活。"孩子有了自信,才能在选择中有底气,有方向,做出的选择也会去坚持履行。

有些父母总是从自己的角度出发,过早地替孩子选择人生道路,根本不给孩子选择的机会。结果,往往事与愿违,孩子没有兴趣,却还要按父母指出的道路去走,迷失了自我,也浪费了精力,将孩子本身的潜能抹杀掉。

父母的职责是照顾和抚育孩子,将自己的生活经验提供给孩子,但是不能代替他们去决定和选择。当然,由于社会知识和生活经验不足,孩子在自主选择时,难免会出现偏差。这时爸爸妈妈可以做参谋,帮助和引导孩子去做出自己的决定,而不是剥夺他们自由选择的权利。在平时的生活中,不妨多给孩子一些自主选择的机会,让他们对自己的事情做主,鼓励他们用自己的意志进行选择或取舍。在不断决定事物的过程中,逐渐培养起孩子肩负责任的自主性与积极性,形成遇事冷静、有主见的良好心理素质。

卡氏支招DIY

孩子成长的不同阶段,会面临诸多不同的选择机会。让孩子经历选择,可使其能力不断提升。因此,父母要大胆放手,让孩子在自由选择中学会把握自己的生活。

●**让孩子拥有选择的权利**。许多父母认为孩子还小，不会选择；习惯于将自己的意志强加给孩子。其实，越是不给他们选择的权利，他们越是不会生活。所以，无论做什么事情之前，只要没有危险，就应允许他们自作主张。只有这样，才不会限制孩子自己思考，抑制其创造力的发展。

●**为孩子创造选择的机会**。在生活中，许多事情是孩子可以自己选择的，如在购物时，让孩子做出选择；穿衣服时，也要征求他的意见。父母要学会让孩子在选择中学会思考，学会优中择优，学会承担选择的后果。

●**对孩子的决断要有耐心**。孩子自己做选择的时候，因为其反应能力与成人不同，需要有一段思考的过程。父母要有耐心，要表示出尊重孩子的兴趣和选择。

●**给予孩子必要的指导**。在尊重孩子选择的前提下，爸爸妈妈不能彻底放手不管，必要的指导和监管还是要有的。当孩子做出某种不恰当的选择时，爸爸妈妈要通过商量的方法耐心引导，使孩子能做出正确的决断。

卡氏小语♡

在日常生活中，培养孩子掌握选择、判断和取舍的能力尤为重要。如果我们能多给孩子选择的机会，孩子会感受到他们被尊重、被信任，从而带给他们自信和成就感，使他们感受到自己能把握生活。

阅读时间：30 分钟　　　受益指数：★★★★★

让孩子全面发展

对于学前期的孩子来说，全面发展尤为重要。在幼年时期打好全面发展的基础，也是孩子未来生活、学习、工作的必备条件，从而让孩子一生受益匪浅。

故事的天空

4岁的久久站在篮球架附近，羡慕地看着几个哥哥打球，小眼睛一直盯着传来传去的篮球看，恨不得自己也能拍上几下。终于有了一次机会，篮球滚到了他的脚下，小家伙赶紧抱起来，乐呵呵地送了过去。

久久妈妈正和邻居郝姐聊天，发现儿子站在球栏边观战，赶紧过去把他拉了回来，告诉儿子，站得近了有危险，篮球容易打在脸上。

久久站在妈妈身边觉得没有意思，蹲在地上寻找着过路的蚂蚁，眼睛不时向几个打球的哥哥瞟去。

久久妈妈对郝姐说："这孩子可喜欢看打篮球了，见到有人打球就走不动，非要看下去不可。你说那有多危险啊，万一被球打着可怎么办！"

郝姐看看蹲在地上的久久说："孩子喜欢运动是好事啊，德智体美劳全面发展对孩子才有利呢。"

久久妈妈不这么看，说："孩子一天够忙活的了，识字、背唐诗，还要去学画画，根本顾不过来。"

郝姐笑笑说："孩子小，可以不必忙着要求他学多少知识，主要还是培养兴趣。"

久久妈妈还是觉得把学习抓好才是关键的，其他方面并不重要。

郝姐没有再劝她什么，而是把自己的育儿经验传授出来，现在孩子已经上初中了，由于比较注重全面发展，现在在学校里不仅学习成绩好，其他方面也都很优秀，刚上初一，就入了团，成了大家羡慕的对象。

经过一番推心置腹的交谈，久久妈妈思想有了转变，觉得孩子确实要全面发展才行，更适合今后的人才要求。

吕姐爱心课堂

优秀的孩子应该是健全、活泼、快乐，充满了信心和勇气的，这些是他今后打拼的资本。一个聪明却没有爱心的人，是不会受到欢迎的；一个学识渊博，但身体虚弱的人，又怎么能担当重任呢？当今社会竞争日趋激烈，要想孩子在未来竞争中立于不败之地，就要注意让孩子从小平衡发展。

卡尔·威特在教育小卡尔的过程中，始终坚持把他培养成一个全面发展的人为目标，觉得只有兴趣广泛、身心健康的人才有成才的可能。他认为："一个理想中的真正优秀的人，应该是品质、才能、健康全面发展的人。父母可以通过各种途径，让孩子均衡地发展，拥有快乐的人生。"

一个优秀的人才，学识、品质和身体三方面都要优秀，才能担当起重任。对于孩子来说，必须要全面发展，不仅要学好书本上的知识，还要不断丰富社会实践经验和掌握日常生活实用知识。健康的体魄同等重要，没有健康的身体，就无法支撑起学习和实践。

孩子在成长过程中，每一个进步都需要感觉、动作和认知等各种能力协调来完成。任何一个能力发展落后，都会影响整体智能进一步发展。因为，一个人的成长包括很多方面，哪个方面出了问题都是不健康的。所以，培养孩子必须要有长远的眼光，把基础打牢是科学育儿最重要的原则之一。要把基础打牢，就必须从小对孩子进行全面的培养。

卡氏支招DIY

实际上，全面发展与特长培养并不是矛盾对立的，但是对孩子进行特长的培养必须以全面发展为前提，只有这样，孩子的发展才是健康、全面、和谐、可持续的。

- **德育是做人的基础**。品德，是衡量一个人的标准，一个人要是连做人都做不好，其学问也值得怀疑。父母要多在培养孩子的品德上下功夫，使孩子从小就具备良好的道德品质。

- **知识是成功的翅膀**。知识是一个人走向成功的阶梯，父母要肩负起第一任老师的责任，把知识传授给孩子，为孩子今后走进课堂打下一个良好的基础。为了积累知识，可以带孩子多去大自然走走，从生活中学习生存技能，从书本上学习理论知识，不要使孩子养成死读书、读死书的习惯。

- **给孩子一个健康体魄**。孩子正处于发育阶段，父母必须适度引导孩子运动。鼓励孩子做些正当、安全、有益的活动，以促进孩子身体健康和发育。生活上要劳逸结合，作息规律，保证孩子充分的休息和睡眠时间；饮食方面要教育孩子不偏食、挑食，以汲取多种营养；教育孩子讲究卫生等。这些都是孩子拥有健康体魄的保证。

- **全面、充分地了解孩子**。父母要全面细致地了解自己的孩子，要清晰地看到孩子各个方面发展的情况，不可以偏概全。只有通过全面和充分地观察，父母才可准确地了解孩子，也才有可能真正实现因材施教。

卡氏小语

一个理想中的真正优秀的人，应该是品质、才能、健康全面发展的人。父母可以通过各种途径，让孩子均衡地发展，拥有快乐的人生。

阅读时间：30 分钟　　受益指数：★★★★★

孩子一定要自己带

孩子渴望有爸爸妈妈陪伴，无论多忙，爸爸妈妈也要抽出时间与孩子在一起，让孩子感受到来自爸爸妈妈的爱，给孩子一个良好而完整的家庭教育。

故事的天空

姚顺和李华夫妇在深圳打拼，只有在过年的时候才能回老家与家人团聚。他们3岁的女儿娇娇和爷爷奶奶在一起，他们不知道女儿长高了没有，在回家的路上，他们的脑海里一直是女儿的影子。年初离家时，她才2岁，"爸爸妈妈"叫得心里甜丝丝、酸溜溜的。现在她还是那个奶声奶气、走路摇摇晃晃的样子吗？

走进村口，离家近了，心情更迫切起来，李华抓住丈夫的手说："哎呀，我这心跳得快要蹦出嗓子眼儿了。"

姚顺扛着大包，有些费劲儿地侧过脸，说："你是见孩子心切。"

李华说："谁说不是呢，都一年了，咋能不想！"

进了家门，爷爷奶奶正在院子里忙着，李华和公婆打过招呼，赶紧四处寻找女儿娇娇，嘴唇有些哆嗦着，喊出的声音也变了调。

在鸡棚前，一个小女孩儿蹲在地上，手里拿着一个短棍下意识地在喂鸡的盆子里搅着鸡食，眼睛有些迷茫和胆怯地看着奔过来的妈妈。

李华站在那里，弯下腰，拍着

第七章　理性的爱，卡尔·威特的家教智慧

双手，极亲热地喊着："娇娇，过来，让妈妈抱抱你。"

娇娇看看妈妈，又看看笑盈盈的爷爷奶奶，站起来，迟疑了一下，丢掉手里的木棍，"咚咚咚"地跑到奶奶那里，躲在奶奶的身后，有些惊恐地探出头，偷偷地打量着刚进门的爸爸妈妈。

李华怔住了，在她的想象中，母女一见面，就是急切的相拥，还有欣喜的泪水。可是，到了家，见到了女儿，却是如此的陌生，她好像不认识自己的爸爸妈妈了。

奶奶笑呵呵地说："小孩子忘性大，过几天熟悉了就好了，快进屋喝口水，歇歇身子，咱们就开饭，我做了你们最爱吃的红薯蒸饭。"

娇娇听说开饭，立即跑到屋子里，想避开"陌生人"，奶奶拉都没拉住。

正如奶奶说的那样，娇娇过了几天才和爸爸妈妈相认，只是不如以前那么亲密无间了，还是有些生疏感。

年后，两个人商量，还是把孩子带上吧，不亲自带孩子，与爸爸妈妈生疏是小事，失去爸爸妈妈的关爱，对孩子影响太大。于是，当他们踏上南下的列车时，女儿娇娇也欢天喜地和爸爸妈妈在一起了。

吕姐爱心课堂

不管工作怎么忙，事业多么重要，父母都要尽可能抽时间与孩子在一起，千万不要将孩子丢给长辈或保姆去带。在教育孩子的问题上，父母才是不可缺少的主角，没有人能代替得了。

卡尔·威特认为："母亲的角色是其他任何人都无法取代的，孩子的早期教育最好由母亲来承担。有很多人出于各种原因雇用其他人来对孩子进行教育，这些人作为母亲是不称职的，她们推脱了母亲应负的责任。当然，这并不是说，不需要别人帮忙来照看自己的孩子，而是说母亲在教育和照料孩子方面，一定要承担起主要责任"。对于那些在职场打拼时间不充裕的父母来说，可以把孩子暂时交由爷爷奶奶或姥爷姥姥，也可以雇用保姆来帮忙照料孩子。但是，爸爸妈妈一定要每天坚持和孩子见面，下班回家后，多与孩子亲近，亲自照料孩子的生活。

现代心理学研究表明，孩子对父母的情感需求，是任何感情都替代不了的。孩子缺少血肉相连的父母之爱，极可能产生情感和人格上的偏差，容易导致心理和行为障碍，如对人对物缺乏爱心、易产生暴力倾向和行为等问题。

父母是孩子的安全岛，是他们情感相依的温馨的港湾。孩子跟爸爸妈妈在一起，会有安全感和信任感。这种信任感，会发展成为幸福感。反之，父母不在身边的孩子，见生人爱哭，容易发展为信任危机。

孩子是这个世界的小天使，每个爸爸妈妈都有抚育他们的责任。除了在生活上的照顾外，有时候，心理上的育儿更加重要，这也关系到孩子日后基本心理素质的养成。所以，孩子一定要自己带，这是十分重要和必要的。

卡氏支招DIY

培养孩子是一个巨大的工程，需要时间、计划、耐心和爱心。这是自己的义务和责任，不能把这个责任推给别人。

● **与孩子一起享受快乐时光。** 孩子就是爸爸妈妈的开心果，每天利用业余时间和孩子开开心心在一起。如陪孩子一起玩耍、游戏，给孩子讲故事，带孩子逛公园等。让孩子感受家的温馨和爸爸妈妈的关爱。

● **再忙也要抽出时间陪孩子。** 对忙于职场的父母来说，时间显得尤为金贵，但越是忙碌，越要学会把平时一些零星的空闲时间拼接起来，有效地对孩子进行陪伴和教育。如利用早晨起床前，和孩子说说话；出门前与孩子拥抱、亲吻，告诉孩子下班回家后还和他一起玩儿；下班后先和孩子游戏一会儿，再做家务。只要方法用得好，时间一点也不嫌少。

● **外出打工族，最好能带上孩子。** 孩子不能和爸爸妈妈长久分离，外出打工一族，最好把孩子带过去一起生活。如实在有困难，也要经常与代养人进行电话交流，了解孩子的成长情况，并让孩子接电话，通过声音和话语来慰藉孩子，让孩子感觉到爸爸妈妈没有忘记他。

● **营造一个温馨的家。** 给孩子一个幸福的家，他们才能无忧无虑地成长。如夫妻间相互体贴、关爱，对老人尊重和孝敬，对孩子信任和教导，都会让孩子深刻感受到家的温馨和谐，心中也自然备感快乐幸福。

卡氏小语 ♡

孩子的早期教育最好由母亲来承担。有很多人出于各种原因雇用其他人来对孩子进行教育，这些人作为母亲是不称职的，她们推脱了母亲应负的责任。当然，这并不是说不需要别人帮忙来照看自己的孩子，而是说母亲在教育和照料孩子方面，一定要承担起主要责任。

阅读时间：30 分钟　　受益指数：★★★★

育儿日记，记载孩子的成长历程

孩子的成长日记凝结了父母的心血，是辛勤育儿的纪念，更是给孩子未来最珍贵的成长礼物。待孩子长大，看到这些成长历程时无疑有感动，有自豪，也有失落，还会有思考。

故事的天空

已经有身孕的王静来到好友陆笑的家，她要向已经当了2年妈妈的陆笑取取经。对于生儿育女，她从未经历过，有了现成的老师，岂肯放过学习的机会？

午饭后，陆笑拍着2岁的儿子虎虎，给他讲着睡前故事。王静坐在一旁静静地看着，也许就要当妈妈的缘故吧，她特别喜欢看小孩子。她发现，小家伙在入睡前，眼睛闭上又睁开，然后翻着白眼，接下来就进入了睡眠。

她们蹑手蹑脚地离开虎虎的小房间，坐到客厅的沙发上，王静做出洗耳恭听状，等着陆笑介绍经验。

陆笑从卧室里翻出一本厚厚的笔记本，放在茶几上说："经验倒谈不上，不过心得还是有的，都在这上面记着呢。"

王静赶紧拿起笔记本，逐页翻看着，上面的记录很详细，每时每刻都有记录。她钦佩地说："你可真行，记得这么详细。"

陆笑说："这是他的成长历

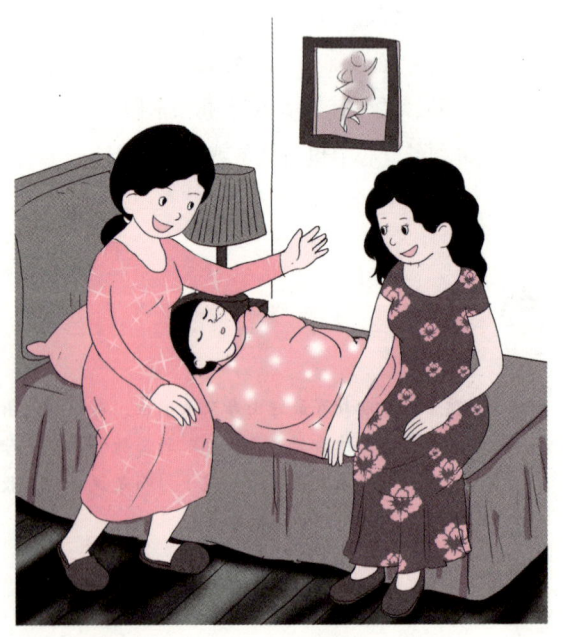

程，很有意义的。"

王静说："伺候那么小的一个小不点儿，你还有时间、精力和心情记日记？"

陆笑感触地说："累是一定的，但是当你看到孩子是那么的可爱，这点累就算不得什么了。幸福，会冲淡劳累的。"

王静有些爱不释手地抚摸着笔记本，提出要带走看看。

陆笑说："知道你要提出这个要求的，我都给你准备好了，总共是六本日记，从怀孕的那一刻起，一直到昨天都在上面。"说完，转身去卧室，拿出六本复印本，递到好朋友的手中，大方地说："送你了，从现在开始，你可以参照借鉴执行了。"

王静心肝宝贝儿似的收进包里，谢过老朋友，欢天喜地地回家学习去了。

吕姐爱心课堂

孩子的成长日记，不仅是父母的心血凝成的一段经历，也是爱的见证。对于孩子来说，无疑是一份珍贵的大礼。当他结婚时，可以作为礼物送给他，让他感受父母当年的爱和付出的辛苦。通过这本日记，提前了解育儿知识，待做了父母，有一定的经验可循，在教育后代时也能从中得到一些启发。

卡尔·威特一直坚持给儿子记日记，如今天都教了孩子说哪些话，孩子开始使用了一个什么新词，他对什么感兴趣，因为什么责备了孩子，孩子表现出了什么智慧，等等，都详细记录。他说："这样可以更有效地对孩子进行教育，有利于培养孩子的好习惯，防止染上恶习，也有利于教育设想按照计划正常实施。"育儿日记不仅记录着孩子的成长历程，同时还可以随时约束父母的行为，让他们努力按照预期计划实施对孩子的教育。

作为一个真正关心孩子的父母，孩子成长中的每一刻都是弥足珍贵的，都值得记录收藏。如孩子的第一声啼哭，第一次叫爸爸妈妈，第一次学会走路等。当若干年过去时，再回头看这段经历，必然能勾起许多美好的回忆，这也是一种特殊的精神享受。

陪孩子长大的过程，也是爸爸妈妈一生最珍贵、最值得记忆的一段人生旅程。孩子的每一个成长阶段，都凝结着爸爸妈妈无尽的心血和爱。记录孩子的成长点滴，不仅可以帮助爸爸妈妈把这段宝贵的时光留住，待日后自己细细品味。还可以时常给孩子看一看，让他们了解自己的童年生活，从而更能深深感受到爸爸妈妈的爱和付出。

卡氏支招DIY

育儿日记是爱的记录，是孩子成长的"珍贵史料"，对于父母来说，这是人生最宝贵的一段时光，请立即拿起笔，把爱的过程逐一记录下来。

● **记录越早越好**。育儿日记越早记录越好，最好从小孩子一出生就开始。当然，如果错过了孩子前面成长的岁月，只要从今天开始，永远都不算晚。

● **不必过于拘泥形式**。只要有详细的记载就可以了，至于形式大可不必拘泥。可以用表格形式、记流水账形式、小学生写日记的形式，都可以。当然，在网络发达的今天，在网上为孩子写育儿日记也不失为一个可行的好方法，既方便又漂亮。

● **日记的内容要详细**。每一天的生活起居最好都要记录，可以覆盖孩子的身体、动作、认知、言语、情感及社会能力等多个方面，如孩子什么时候会翻身，什么时候会吃辅食，什么时候长牙等有转折点的事情，都要记录下来。还有身高、体重、成长记事等也都要收录进来。

● **不定期拍照和摄像**。平时的美好时光不能错过，爸爸妈妈可以随时拿起相机抓拍孩子哭时的囧相，笑时的得意，淘气时的滑稽等。并在上面进行批注，记录当时的情况。至于满月、百天、周岁生日，重大节假日等最好要拍照摄像留念的。

● **记录下孩子的声音**。录音更是随时可进行，孩子的第一声啼哭，第一次笑声，第一次喊妈妈，奶声奶气地唱歌、背诵唐诗等，都可以为孩子记录下来。

● **要坚持下去**。无论多忙，都要想办法坚持下去，偶尔可以疏漏一两次，但一定不要就此放弃，因为孩子的成长不能重来。

卡氏小语

父母给孩子记成长日记可以更有效地对孩子进行教育，有利于培养孩子的好习惯，防止染上恶习，也有利于教育设想按照计划正常实施。

表扬，是一门大学问

表扬是一种常用的教育手段，但是表扬也要掌握分寸，恰到好处的表扬，如同天降甘霖，滋润孩子的心田。而不当的表扬，非但起不到应有的作用，还容易令孩子骄傲自满。

阅读时间：25 分钟　　受益指数：★★★★

第七章　理性的爱，卡尔·威特的家教智慧

孩子的好行为，越早夸奖越好

孩子非常在乎爸爸妈妈的感受，如果爸爸妈妈能够给予孩子正面的感受，多多夸奖，他就会一直朝着良好的方向发展。这是一种促使孩子奋发向上、锐意进取的动力源泉。父母千万不要吝啬对孩子的赞美和鼓励！

故事的天空

2岁的婷婷和妈妈一起去广场散步，走着走着，她突然停了下来，弯腰在路旁的便道砖上，捡起一张路人丢弃的雪糕纸，跑到前边不远处的垃圾桶前，小心翼翼地放到里边，然后站在那里等妈妈。

妈妈一路笑着走过来，蹲下身子，亲了女儿一口，说："乖，这样做就对了，真是个好孩子。"

从对面走过来的邻居胡小燕停在她们母女俩的面前，伸手抚摸了一下婷婷的头，说："这孩子可真懂事，还知道把垃圾捡起来，主动放到垃圾桶里。"然后又笑着说，"当我看到婷婷跑去捡废纸，还以为她是捡着玩呢。你说这个小不点儿，怎么就这么爱讲卫生呢？"

婷婷妈妈说："这都是及时表扬她的结果，现在都养成了习惯，知道主动去捡垃圾。"

胡小燕说起了自己的儿子："我家孩子都5岁了，什么也不愿意干，可懒散

235

了。"她有些后悔地说:"都怪当初我们没有及时对他进行表扬,其实他在两三岁时,也是喜欢干这干那的,孩子干了也没有表扬他,不干什么也没有批评他,这不,就惯成了大懒虫。"

婷婷妈妈说:"对于孩子的好行为,越早夸奖越好,孩子养成了好习惯,即使得不到表扬,也会坚持下去的。"

胡小燕表示,今后一定要对孩子的行为进行及时表扬,亡羊补牢还不算晚。

吕姐爱心课堂

卡尔·威特说:"在对孩子的教育中,如果对他表现出来的好的行为不断夸奖,就会刺激他的这种好行为不断重复,从而形成好习惯。但是,许多父母却没有意识到这一点,他们认为孩子的好习惯是与生俱来的,不需要夸奖。其实,孩子的好行为如果得不到及时夸奖,就不会得到强化,良好行为也会慢慢停止。"每个人都需要善意的赞美,孩子十分在乎父母的感受,如果爸爸妈妈能够给予孩子正面的感受,他就会一直朝着良好的方向发展。

好孩子是夸出来的,家长不要吝啬自己的赞美语言。处在学龄前的孩子,由于心理发展和认知水平尚处于较低的发展阶段,父母对他们的教育态度直接影响他们行为习惯的养成。及时给予他们鼓励和夸奖,才能帮助孩子形成良好的行为习惯。

对孩子及时的鼓励、表扬,其实也是在对他们的好行为进行强化。当孩子一次好的举动被爸爸妈妈认同和鼓励后,为了得到更多的鼓励,他会去不断重复这一行为。反之,如果爸爸妈妈没有及时给孩子以关注和鼓励,会使他们感到很失落,从而失去做事的动力,结果便不认真去做了,当然也就难以养成好的行为习惯。所以,爸爸妈妈一定要善于捕捉孩子的闪光点,及时给予

积极的刺激。越早表扬鼓励，对孩子巩固好行为越有利。随后，当同样的良好行为出现时，再逐渐减少积极刺激的次数，直到孩子的好习惯养成。

卡氏支招DIY

对孩子多夸奖，可以激发和调动他们的学习兴趣、热情和愿望，从而不断提高各方面的素质。父母应该给予孩子更多的赏识、期望、鼓励和信任。

●**及时强化孩子的好行为。**当孩子做出良好行为时，爸爸妈妈一定要在第一时间，及时地给予表扬鼓励。如果鼓励延迟的时间过长，不利于条件反射的建立和刺激强化，从而削弱教育结果。如孩子帮妈妈扫地，妈妈没有立即给予表扬，待星期天去奶奶家时才想起夸奖孩子能干，帮妈妈做事。殊不知，健忘的孩子早就忘了受表扬的原因，这就会使表扬效果大打折扣，从而失去了鼓励的教育作用。

●**非语言鼓励让孩子感受到爱。**除了运用语言的鼓励外，一些肢体动作和表情也很关键，如热情的微笑、中肯地点头、伸出大拇指，以及抚摸、拥抱等，都能使孩子真正感受和体验到自己的好行为被爸爸妈妈所认同和喜爱，从而产生积极的教育效果。

●**夸奖孩子的具体行为。**夸孩子要夸对地方，应该是针对孩子的具体行为而不是孩子本人或情感。如孩子把废品放到垃圾桶，父母应就这一具体行为来予以表扬，如"孩子真讲卫生，知道把废品放到垃圾桶里"，孩子就会知道，自己"把废品放到垃圾桶"这件事做对了。而不能笼统地说"孩子真棒"，这会使表扬的效果大打折扣，因为孩子不明白自己到底"棒"在哪儿。

●**给予孩子周期性表扬。**塑造孩子的良好行为，一次表扬往往是达不到目的的，所以应根据孩子的具体行为表现，适时多次地对他们进行表扬鼓励。

●**表扬不能事先许诺。**表扬最好在良好行为之后进行，而不是事先许诺。如爸爸妈妈希望孩子能够配合自己做家务，许诺买糖吃，就有些不妥当了。这会让孩子将表扬的意义理解成为了爸爸妈妈而做，失去了表扬的意义。

卡氏小语♡

在对孩子的教育中，如果对他表现出来的好的行为不断夸奖，就会刺激他的这种好行为不断重复，从而形成好习惯。但是，许多父母却没有意识到这一点，他们认为孩子的好习惯是与生俱来的，不需要夸奖。其实，孩子的好行为如果得不到及时夸奖就不会得到强化，良好行为也会慢慢停止。

阅读时间：30 分钟　　受益指数：★★★★★

夸奖，要适度

许多父母认为，尊重孩子的天性就是给予过多的表扬，而忽视了尺度的把握。其实，只有讲究好分寸，把握好尺度，才能促使孩子进步和发展。

故事的天空

4岁的萱萱嘟着小嘴儿，从幼儿园里闷闷不乐地走了出来，见到等候在门口的妈妈，没有像往常那样扑上来拥抱妈妈。

妈妈爱抚地摸着她的头发说："宝贝儿，怎么了？见到妈妈还不高兴？"

萱萱举起小手，指着从身边跑过去的同班瑶瑶说："哼，都是她不好！"

妈妈抬头看着正在和瑶瑶妈妈亲热的瑶瑶，回头看着自己的女儿，问："怎么回事儿？"

原来，下午老师表扬了瑶瑶，却没有表扬萱萱。这是少有的事情，因为萱萱表现得一直很好，而瑶瑶却很少得到表扬。萱萱认为自己破天荒地没有被表扬，都是因为瑶瑶。整个下午都闷闷不乐的。

妈妈听后，安慰着萱萱，说："咱们一直都很优秀，下次老师一定会表扬你的。"

走在回家的路上，与她们结伴走的丽丽妈妈见两个孩子跑到

前边去玩了，对萱萱妈妈说："我一直在旁听着呢，萱萱太在意表扬了，这对她成长并不利呀。"

萱萱妈妈愿意洗耳恭听。

丽丽妈妈给她讲："爱孩子的方式很多，表扬孩子也要有一个度，萱萱听惯了表扬，容易养成骄傲自满的心理，觉得自己很了不起。如果偶尔一次没有被表扬，就觉得是老师或是小朋友的错，你说自满怎么能利于团结，使孩子养成谦虚的好性格呢？"

萱萱妈妈听后顿悟，想起自己过去确实成天把表扬挂在嘴边，结果孩子一天听不到表扬，就觉得心里不是滋味，看来得改变一下教育方法了。

吕姐爱心课堂

不能因为孩子喜欢表扬，就滥用表扬，过多的表扬，会给孩子造成一种错觉，认为每一次表扬奖励都应有他，如果没有他就接受不了，或是没有表扬，就不去做他应该做的事情。特别不要把表扬理解成物质刺激，通过物质刺激，让孩子按爸爸妈妈的意愿去做。这都不是表扬的真正目的和意义。夸奖，也要有度，只有这样，才不会失去正面激励的作用。

卡尔·威特虽然提倡夸奖，但是他特别强调："当孩子做出正确的行为时，要给予表扬，但不可太过。随便的表扬会失去表扬的作用，过分的表扬会让孩子变得自满而难以纠正。"过度的表扬危害性是很大的，如有的爸爸妈妈在孩子每做对一件他本应该做的事，或每回答对他应该回答出的问题时，都要抛出赞赏之言；有的父母经常喜欢在众人面前大大炫耀自己孩子某方面的与众不同。这些无节制、夸张的表扬，往往是滋生孩子虚荣、自负、骄傲心理的温床，会慢慢毁掉孩子。

表扬作为肯定孩子行为的一种正面教育手段，被越来越多的父母所采用。但是无论什么事情，都讲究一个"度"。表扬孩子也同样如此，既不能不表扬，也不能过多地表扬，否则就会削弱表扬应该起到的作用。

表扬孩子时也要分出等级来，该微笑赞许的，就不要用语言来表达，该用语言来表达的，就不要用奖励的方式。爸爸妈妈要给孩子传达出相应的正确的信息，通过爸爸妈妈的表扬"浓淡"，让孩子知道自己所做的事情的意义有多大。每个孩子都有他们的闪光点，只有恰到好处的表扬，才能收到良好的教育效果。

卡氏支招DIY

表扬是一种正面教育的手段和方法，但是爸爸妈妈在使用时同样需要技巧，把握好它的尺度。在任何情况下，都要让表扬恰到好处，这是家庭教育十分重要的一项内容。

● **感情流露要适度**。在表扬孩子时，爸爸妈妈要高度重视感情的作用，尽量做到适度，最好是情感自然地流露。有时对孩子轻轻的一个微笑或是竖起一个大拇指，就会起到许多赞美之词难以起到的作用。

● **频繁的表扬不可取**。表扬虽然对孩子有激励作用，但是不可过多过滥，这样会让孩子对表扬不敏感，难以达到表扬应有的效果。过分夸张地表扬孩子也是不可取的，会使孩子质疑父母对自己表扬态度的真实性。

● **尽量避免当众表扬孩子**。小孩子都有虚荣心，爸爸妈妈总是当众夸奖他们，会使他们觉得自己很了不起，容易造成孩子爱虚荣、骄傲自满的倾向，不利于孩子成长。

● **不附加否定的赞扬**。有的父母为了孩子能做得更好，在孩子取得成功时，总喜欢在表扬里添加那么一点否定。这会使孩子感到爸爸妈妈像在批评他，认为自己什么都做不好，从而失去自信。所以，当孩子取得成功进步时，最好给他真诚而不加否定的表扬，这会让孩子更充满自信地学习和做事。

● **表扬要有新意**。有新意的表扬能够激发孩子的兴趣，激起他们对表扬内容的敏感性。父母不能总是用"你真棒""了不起"等陈词滥调，应该让孩子感到新鲜提劲儿，才能收到更好的效果。

卡氏小语

当孩子做出正确的行为时，要给予表扬，但不可太过。随便的表扬会失去表扬的作用，过分的表扬会让孩子变得自满而难以纠正。

做合格的父母

卡尔·威特并不是所谓的教育家，却是一位具有远见和爱心的好爸爸。当然，妻子的功劳也是有目共睹的。

卡尔·威特的成功证明了要想培养出一个出类拔萃的孩子，首先要进行自我"修炼"，把自己锻造成合格的爸爸或妈妈才行。因为，爸爸妈妈是孩子的第一任老师，也是终身的老师。孩子童年时代，与爸爸妈妈的生活密不可分，从那里他们学会生活技能，受爸爸妈妈的言谈举止的影响，形成自己的性格和行为习惯。

为人父母，责任重于泰山。既然迎来了可爱的孩子，就要肩负起养育和教育的重任。我们都应该向卡尔·威特学习，为了儿女的成长，付出多么大的艰辛都是值得的。因为，孩子，是爸爸妈妈最值得珍视的作品，不精雕细琢怎么行？

纵观古今中外，爸爸妈妈无一不是在为精心培育自己的子女而做着不懈的努力，孟母三迁而择邻，就是要让自己的儿子有一个好的环境。当今许多爸爸妈妈对教育子女都肯付出。但是，总是对自己没有信心，而是把教育孩子的重任推给专门的机构，认为孩子从小就受到专业的系统的培育，就不会输在起跑线上。于是，经常会看到一个个幼小的身影，在本应游戏娱乐的时间里，在各种培训班的大门穿梭。

孩子幸福吗？他们真的学到了应该学到的东西？答案是不确定的。培训班可以给孩子灌输许多知识，却很难让孩子掌握基本的生存技能，更不能塑造孩子好的性格、坚韧不拔的毅力，还有诸多行为习惯等。

对于孩子来说，他们最好的老师就是爸爸妈妈，和爸爸妈妈开开心心地在一起，就是最大的幸福。爸爸妈妈给孩子的影响是深刻的，甚至是终生难忘的。事实也正是如此，许多教育家都提倡由爸爸妈妈亲自带孩子、教育孩子是最佳的方法。

能做合格的爸爸妈妈也不容易，在孩子到来之前，大家都没有做爸爸妈妈的经验，一切都要从头学起。虽然孩子大体上都差不多，但还是存在一些个体上的区别。爸爸妈妈必须在与孩子相处中，发现孩子的特点，找出适合教育他的规律，和孩子一起在风风雨雨的日子里去共同成长。

卡尔·威特已经为我们做出了榜样，希望爸爸妈妈能从中得到育儿经验，更希望从卡尔·威特夫妇身上，学会怎样做好父母。